京津冀都市圈
发展的脆弱性
研究与评估

冯振环 李书全/著

清华大学出版社
北京

图书在版编目(CIP)数据

京津冀都市圈发展的脆弱性研究与评估 / 冯振环，李书全　著. —北京：清华大学出版社，2016
ISBN 978-7-302-41359-2

Ⅰ. ①京… Ⅱ. ①冯… ②李… Ⅲ. ①城市群—发展—研究—华北地区 Ⅳ. ①F299.272

中国版本图书馆 CIP 数据核字(2015)第 209436 号

责任编辑：王燊娉　胡花蕾
封面设计：赵晋锋
版式设计：方加青
责任校对：曹　阳
责任印制：李红英

出版发行：清华大学出版社
　　　　　网　　　址：http://www.tup.com.cn，http://www.wqbook.com
　　　　　地　　　址：北京清华大学学研大厦 A 座　　　邮　　编：100084
　　　　　社 总 机：010-62770175　　　　　　　　　邮　　购：010-62786544
　　　　　投稿与读者服务：010-62776969，c-service@tup.tsinghua.edu.cn
　　　　　质 量 反 馈：010-62772015，zhiliang@tup.tsinghua.edu.cn
印 装 者：三河市金元印装有限公司
经　　销：全国新华书店
开　　本：185mm×230mm　　印　张：14.5　　字　数：242 千字
版　　次：2016 年 1 月第 1 版　　印　次：2016 年 1 月第 1 次印刷
定　　价：58.00 元

产品编号：065876-01

前　言

　　"京津冀地缘相接、人缘相亲，地域一体、文化一脉"，构成了一个完整的区域系统。京津冀都市圈是我国三大经济圈之一，一般是按照"2+8"模式确定，包括北京、天津两个直辖市和河北省的石家庄、廊坊、保定、唐山、秦皇岛、张家口、承德、沧州8个地级市的地域空间范围。京津冀都市圈地处共和国腹地，政治地位突出，经济作用显著，其发展关系国家大局。2014年2月，京津冀的协同发展上升为重要的国家战略，京津冀的协同发展问题提升至前所未有的新高度，成为一个政府部门和专家学者等都在关注的焦点。

　　脆弱性研究起源于20世纪60年代末的灾害学研究，伴随着其学科知识体系的逐步建立和发展，正在成为可持续分析领域的一种新的重要理论工具和一种较为流行的研究范式。

　　本书尝试按照脆弱性研究范式，研究京津冀都市圈发展的脆弱性，旨在通过降低脆弱性促进京津冀都市圈的可持续协同发展，也是"探索生态文明建设有效路径、促进人口经济资源环境相协调"的需要。本书的研究成果得到了国家社会科学基金项目资助(批准号：11BJL055)。

　　本书由天津财经大学冯振环、李书全、于培民、金高云、王浩波、尹彦等共同完成。其中，第二章由金高云和王浩波完成，第四章由李书全、于培民和尹彦完成，其余章节由冯振环完成；全书由冯振环和李书全汇总定稿。天津财经大学冯领香老师对本书的撰写做出了贡献，在此表示感谢。天津财经大学研究生马洪丽、杨亚柳、路正、王莉娜、袁小妹、贾姗姗、关玉蕊等同学也做出了很大贡献，在此表示感谢。感谢清华大学出版社编辑的辛勤劳动，才使本书得以出版。

在本书的写作过程中，参阅了很多国内外相关文献，并借鉴参考了很多学者的研究成果，在此表示感谢。

由于水平以及时间的限制，书中难免有疏漏甚至错误之处，恳请读者和同行批评斧正。

作　者

2015年4月20日

目　录

第1章 绪 论

京津冀协同发展已经上升为重要的国家战略，而脆弱性研究正在成为可持续研究的一种范式。本书是从脆弱性视角探讨京津冀都市圈可持续协同发展的一种探索与尝试。

1.1 区域发展脆弱性研究的背景与意义

1.1.1 研究背景

"京津冀地缘相接、人缘相亲，地域一体、文化一脉"[①]，构成了一个完整的区域系统。京津冀都市圈是我国三大经济圈之一，一般是指按照"2+8"模式所确定的包括北京、天津两个直辖市和河北省的石家庄、廊坊、保定、唐山、秦皇岛、张家口、承德、沧州8个地级市的地域空间范围[1, 2]。京津冀都市圈总面积18.44万平方公里，占国土面积的1.9%；2013年底户籍人口达到7 574.41万人，占全国总人口的5.6%；生产总值达到56 250.15亿元，占全国的9.9%；北京、天津的人均GDP全国领先，河北省生产总值全国排名第六位[②]。京津冀都市圈地处共和国腹地，政治地位突出，经济作用也非常重要，其发展关系国家大局。

2014年2月26日，在北京召开的京津冀协同发展座谈会上，中共中央总书记、国家主席、中央军委主席习近平强调"实现京津冀协同发展，是面向未来打造新的首都经济圈、推进区域发展体制机制创新的需要，是探索完善城市群布局和形态、为优化开发区域发展提供示范和样板的需要，是探索生态文明建设有效路径、促进人口经济资源环境相协调的需要，是实现京津冀优势互补、促进环渤海经济区发展、带动北方腹地发展的需要，是一个重大国家战略，要坚持优势互补、互利共赢、扎实推进，加快走出一条科学持续的协同发展路子来。"[③]

这标志着京津冀协同发展正式上升为重要的国家战略。京津冀(京津冀都市圈)的

---

① 新华社. 优势互补互利共赢扎实推进努力实现京津冀一体化发展[N]. 人民日报，2014-02-28(01版).

② 数据根据《2013年中华人民共和国国民经济和社会发展统计公报》《2013中国城市统计年鉴》和各城市2013年国民经济和社会发展统计公报的相关资料整理而得。

③ 新华社. 优势互补互利共赢扎实推进努力实现京津冀一体化发展[N]. 人民日报，2014-02-28(01版).

可持续协同发展被提升到前所未有的新高度，这一问题也随之成为决策层和学术界关注的焦点。笔者按照脆弱性研究范式对这一问题进行探讨。

1.1.2 研究意义

1. 理论意义

关于脆弱性的研究可以追溯到20世纪60年代末对自然灾害的研究，随后其研究范围不断扩展到自然、人文、社会等多个领域(郭劲光，2011)[3]，80年代末、90年代初以来，脆弱性研究逐步成为学术界研究的热点与前沿，快速增长的势头日渐显现。罗伯特·凯茨(Robert W. Kates)等学者于2001年在美国《科学》(Science)杂志发表的《环境与发展——可持续性科学》(Environment and Development: Sustainability Science)一文，把"特殊地区的自然社会系统的脆弱性或恢复力研究"列为可持续性科学的7个核心问题之一[4]。"保证安全和减少脆弱性"成为2002年世界经济论坛大会的六大主题之一，论坛的创始人克劳斯·施瓦布先生在这届年会上指出："脆弱性是世界面对的一个现实……要实现可持续发展，首先就要减少发展的脆弱性。"[5]根据马尔科·詹森(Marco Janssen)等学者(2006)对1967年至2005年近40年间2 286份权威出版物进行的研究，发现其中939份(占41%)与"脆弱性"有关[6]。

随着脆弱性研究被多个国际性科学研究计划和机构所采用，如国际陆界生物圈计划(IGBP，International Geosphere-Biosphere Program)、全球环境变化的人类因素研究计划(IHDP，International Human Dimensions Program on Global Environmental Change)、政府间气候变化专门委员会(IPCC，Intergovernmental Panel on Climate Change)等，脆弱性研究的科学知识体系逐步健全；近年来，在全球变化的背景下，脆弱性研究不仅成为可持续分析领域的重要理论工具[7]，也发展成为可持续研究的一种非常流行的范式[8]。经典的区域经济理论侧重研究"如何去实现可持续发展"，脆弱性作为目前研究的前沿，从另一个视角研究"如何才能进行可持续发展"①。

从脆弱性视角探讨区域发展问题，是脆弱性研究范式在区域科学领域的新应用。区域系统是一个变量多、机制复杂、不确定性因素作用显著、人参与其中的、具有学习功能的、开放式的复杂巨系统[9]；而脆弱性是区域系统及其子系统的一种固

---

① 赵国杰，张炜熙.区域经济脆弱性研究[J].上海经济研究，2006，(1): 65-69.

有属性[10]。区域系统发展过程中，内外部因素扰动下，系统的稳定机制就会遭到破坏，不稳定性会增加，可持续发展会随之受到影响。这就是区域发展的脆弱性。但是如何理解脆弱性与可持续性的关系，如何准确界定区域发展脆弱性、剖析其形成机理、区分其类别、进行时间维度和空间维度的评估等都离不开相关的理论指导。

2. 现实意义

京津冀都市圈是我国三大经济圈之一，改革开放后的发展由于种种原因不及珠三角、长三角辉煌，而且自身也存在着这样那样的问题。在自然环境方面，生态脆弱，水资源匮乏而且污染严重，雾霾等更使得河北七市进入了2013年国内"十大污染城市"之列。经济发展差距悬殊，北京早已发展到后工业化时期，2013年天津人均GDP突破10万元大关，与北京一起位居全国前两位；河北省人均GDP却只有38 832元，低于全国平均水平。在社会方面，京津冀城市体系发育不健全，大量人口(外来人口)在京津两个特大城市聚集，使得城市人口承载力面临巨大挑战；更为严重的是，环绕京津、在京津冀的上风上水还存在着连片的贫困地区——"环京津贫困带"。凡此种种，使脆弱性在时间维度、空间维度不断累积，严重威胁着京津冀都市圈的可持续发展。

通过这些纷繁复杂的表象，准确把握京津冀都市圈各种脆弱性的时空特征、变化趋势、产生原因以及解决之道，对降低脆弱性，实现京津冀可持续协同发展具有重大意义。

1.2 研究内容和框架

本书研究京津冀都市圈发展的脆弱性问题，旨在从降低区域发展脆弱性出发，探寻如何促进京津冀都市圈的可持续协同发展，进行如下重点尝试：

(1) 突破了正统的或者说经典的从可持续发展视角研究区域发展问题的思维模式，从脆弱性视角研究区域发展状况、从降低脆弱性出发优化区域发展的新思路去研究区域系统发展问题。

(2) 借鉴国内外相关领域的研究成果，归纳演绎区域发展脆弱性的概念、内涵、特征、形成机理、分类，以完善区域发展脆弱性的理论体系。

(3) 在借鉴经典的脆弱性分析框架、概念模型、评价方法的基础上，根据不同类型脆弱性的特征和形成机理，建立了基于熵权法和集对分析法的累积式脆弱性评价模型、基于自组织特征映射神经网络(SOFM)的冲击式脆弱性评价模型以及复合式脆弱性评价分析流程。

(4) 对京津冀都市圈时空维度上的累积式脆弱性、冲击式脆弱性以及复合式脆弱性进行评价分析，并根据脆弱性产生的原因，提出了旨在降低脆弱性、促进京津冀都市圈可持续协同发展的对策建议。

本书的具体内容如下。

第1章：绪论。介绍研究的背景、研究的理论意义和现实意义、研究框架。

第2章：脆弱性相关研究综述。从学术角度，就灾害学、生态学、地下水三个经典领域以及新拓展领域脆弱性的主要研究成果进行梳理，为区域发展脆弱性研究与评估进行理论铺垫。

第3章：区域发展脆弱性理论分析。从区域系统构成出发，结合脆弱性的相关成果，归纳演绎出区域发展脆弱性的概念、内涵、特征、形成机理，分析累积式脆弱性、冲击式脆弱性、复合式脆弱性的成因以及脆弱性和可持续发展的关系，为脆弱性评估奠定理论基础。

第4章：区域发展脆弱性评估。在借鉴相关领域脆弱性分析框架、概念模型和评价方法的基础上，构建了基于熵权法和集对分析法的累积式脆弱性评价模型、基于自组织特征映射神经网络(SOFM)的冲击式脆弱性评价模型以及复合式脆弱性评价分析流程。

第5章：京津冀都市圈发展脆弱性评估。运用构建的脆弱性评价模型，对京津冀都市圈的时间维度和空间维度的累积式脆弱性、冲击式脆弱性以及复合式脆弱性进行分析与评价。

第6章：降低脆弱性促进京津冀都市圈可持续协同发展。对京津冀都市圈脆弱性差距进行致因分析，在此基础上从降低敏感性、改善和提高应对与恢复能力方面，提出了降低脆弱性、促进京津冀都市圈可持续协同发展的对策建议。

第7章：总结与展望。对研究内容进行总结，指出不足，提出展望，为后期研究确定方向。

第2章 脆弱性相关研究综述

脆弱性研究起源于20世纪60年代的灾害学，经过了半个多世纪的发展，已经扩展到自然、人文、社会等多个领域，但是其主要成果还是集中在灾害学、生态环境、地下水等传统领域。本章从学术研究的角度，就脆弱性主要相关领域研究进展，尤其是概念、内涵等进行梳理概括，为随后区域发展脆弱性研究奠定理论基础。

∷∷ 2.1 灾害脆弱性

2.1.1 灾害脆弱性研究概述

自然灾害是自然界和人类社会经济活动相互作用的产物，伴随着人类的产生而产生。如何最大限度地减轻灾害带来的影响和损失始终是国际社会、学术界关注的重点问题。

早期，在"灾害超自然(super nature)和纯自然(naturalness)认识论"的影响下，自然灾害被认为是"上帝的行动(act of god)"或纯粹自然事件的结果。到了20世纪20年代，灾害学界盛行"致灾因子论"：致灾因子(如洪水、风暴和地震、干旱、核事故、有害化学品排放等)的强度和频率决定灾情的大小，理论与实践中均根据灾害事件的"阈值"来刻画灾害的等级。"致灾因子论"只是从自然灾害产生的机理和规律上去寻求减灾的途径，忽视了人类社会经济活动可以缩小或放大灾情的问题，理论与实践中均没有取得预期的效果[13]。

20世纪70年代，英国学者将"脆弱性"引入灾害学领域。1976年，奥基夫(O'Keefe)等在《自然》(*Nature*)杂志发表了题为《揭开自然灾害的"自然"面纱》(*Taking the Naturalness out of Nature Disasters*)的论文[14]，提出了"不利的社会经济条件决定的脆弱性是自然灾害造成损失的真正原因"的观点①。就像泼赖安达(Pelanda)(1981)指出的那样[15]，"灾害是社会经济脆弱性的表现""是一种或多种致灾因子冲击的结果，其影响已经超过了社会经济的应对能力"②。

20世纪90年代，灾害学研究逐步将防灾、减灾实践向综合化方向发展。肯尼

---

① O'Keefe P, Westgate K, Wisner B. Taking the Naturalness out of Natural Disasters [J]. Nature, 1976(260): 566-567.

② Pelanda C. Disaster and Sociosystemic Vulnerability[M]. Gorizia: Disaster Research Center, 1981.

斯·休伊特(Kenneth Hewitt)(1997)认为，所有灾害的产生都是致灾因子、(承灾体)脆弱性和适应性、灾害干扰、(承灾体)社会经济的应对和调整能力等因素综合作用的结果……所以预防灾害的发生、减轻灾害的损失就需要综合分析相关因素的影响，有效发挥相关政策措施的作用，以便提高承灾体应对灾害和自身调整的能力[16]。

进入21世纪后，由于灾害事件发生的频率、强度、损失不断攀升，给人类社会带来了极大的冲击，有些甚至是毁灭性的。所以旨在服务于区域防灾减灾的灾害研究，尤其是灾害脆弱性的研究被提升到前所未有的高度。如联合国2005年在日本兵库县举行的第二次世界减灾大会通过的《兵库宣言》提出[17]："必须通过减低社会的脆弱度来降低灾害风险水平。"①

另外，围绕着如何实现灾害脆弱性的量化评估，多种有代表性的评价模型、指标体系被提出、改进并应用，丰富了灾害脆弱性的理论研究与实践，助推着灾害研究范式的转型：从自然脆弱性到社会脆弱性[18]。

2.1.2　灾害脆弱性的概念

在灾害脆弱性的研究过程中，不同时期的学者(机构)给出了不同的脆弱性定义。

蒂默曼(Timmerman)(1981)认为脆弱性是一种度，也就是系统对灾害事件所带来的不利变化的响应程度[19]。道(Dow)(1992)指出，脆弱性就是社会个体或社会群体应对自然灾害事件的能力，而这种能力取决于他们在自然环境和社会环境中所处的情形[20]。布莱基(Blaikie)等(1994)提出，自然灾害背景下的脆弱性是个人或群体的一种特征，其衡量标准是人们预测、处置、抵御和从自然灾害中恢复的能力[21]。这一关于脆弱性的定义被红十字会和新月国际联合会所认可，并在此基础上扩展到人为灾害的脆弱性[22]，"脆弱性是个人或群体的一种性质，其衡量标准是人们预测、处置、抵御和从灾害(自然或人为)的影响中恢复过来的能力。"②沃明顿(Warmington)(1995)将脆弱性定义为影响人们对危险进行准备、抵御和反应能力的一种状况或状况的集合[23]。卡特(Cutter)(1996)认为，脆弱性是人或群体因为暴露于致灾因子而受

---

① 孙蕾，石纯. 沿海城市自然灾害脆弱性评估研究进展[J]. 灾害学，2007，22(1)：102-105.

② Xi Yu, Yandong Tang, Huiyan Wang. Basic Connotation of Vulnerability in the Context of Disasters[A]. Chinese Perspective on Risk Analysis and Crisis Response (RAC-2010)[C]. Changchun: Northeast Normal University Press, 2010: 525-529.

到影响的可能性，脆弱性是致灾因子和社会体系相互作用的产物[24]。萨帕塔(Zapata)和卡瓦列罗斯(Caballeros)(2000)认为，脆弱性是指由于强烈的外部扰动事件和暴露组分的易损性所造成的生命、财产及环境发生损害的可能性[25]。坎农(Cannon)等(2002)认为，脆弱性是用来描述具有不同准备、适应和恢复水平的人们遭受特定危害伤害的可能性，以及可能性的类型和不同危害对他们的影响程度[26]。特纳二世(Turner II)(2003)认为，脆弱性是系统、子系统或系统组分因暴露在灾害下可能经历的损害程度[27]。卡特(Cutter)等(2003)将脆弱性定义为潜在的损失，并进一步提出脆弱性研究应包括暴露于灾害下的脆弱性、社会脆弱性和区域脆弱性[28]。奥布赖恩(O'Brien)等(2004)认为，脆弱性是用来解释灾害发生后和灾害发生前损失程度差异的原因[29]。2009年修订的国际减灾战略(ISDR)将脆弱性定义为[22]："社区、系统或资产易于受到某种致灾因子损害的性质和处境。"①

刘毅等(2010)将自然灾害的区域脆弱性界定为[30]：在一定社会经济背景下，区域承灾体的人类社会经济活动在自然灾害的扰动或压力作用之下所可能遭受的损害程度②。于瑛英(2011)认为[31]，脆弱性是指人类社会各个系统(承灾体)对某种灾害或者突发事件发生时易受攻击程度、敏感程度、应对能力以及恢复能力的总和③。商彦蕊(2013)在分析诸多学科领域对脆弱性研究成果的基础上[32]，把脆弱性概括为：系统(自然系统、人类系统、人与自然复合生态系统、基础设施系统等)易于遭受伤害和破坏的一种性质，这种性质由一种或一系列条件决定，呈负向影响着人们对灾害的准备、承受和反应能力④。

概括上述关于灾害脆弱性的概念，不难看出灾害脆弱性是孕灾环境与人类社会各种经济活动相互作用的结果。

---

① Xi Yu, Yandong Tang, Huiyan Wang. Basic Connotation of Vulnerability in the Context of Disasters[A]. Chinese Perspective on Risk Analysis and Crisis Response (RAC-2010)[C]. Changchun: Northeast Normal University Press, 2010: 525-529.

② 刘毅，黄建毅，马丽. 基于DEA模型的我国自然灾害区域脆弱性评价[J]. 地理研究，2010，29(7): 1153-1162.

③ 于瑛英. 城市脆弱性评估体系[J]. 北京信息科技大学学报，2011，26(1): 57-62.

④ 商彦蕊. 灾害脆弱性概念模型综述[J]. 灾害学，2013，28(1): 112-116.

2.1.3 灾害脆弱性的内涵

脆弱性被引入灾害学研究领域后，其内涵不断扩充、深化，由此演变成为一个涵盖自然、环境、经济、社会的综合性词语[33]，其构成涉及诸多要素，如暴露(性)、敏感(性)、适应(性)、应对(能力)、恢复(能力)等。学者们对上述要素与脆弱性之间关系的理解不尽相同，有较大的争议与分歧，甚至存在着激烈的交锋。

乔治(George)(1989)认为，脆弱性是暴露、应对能力和恢复能力三种要素共同作用的结果[34]。博勒(Bohle H.G.)(2001)认为，脆弱性可以分为内部脆弱性和外部脆弱性，内部脆弱性是指系统对外部扰动或冲击的应对能力，而外部脆弱性是指系统对外部扰动或冲击的暴露[35]。克拉克大学的地理工作者(2003)认为，脆弱性主要由暴露性、敏感性、适应性(或弹性)组成[36]。卡特(Cutter)等(1996，2003)认为，脆弱性可以有3种理解：其一是作为暴露的脆弱性，即使人或地区陷入危险的自然条件；其二是作为社会弹性的脆弱性，这是对经济社会抵御灾害能力的衡量；其三是暴露与社会弹性在特定地区结合起来的脆弱性[24, 28]。再比如，佩林(Pelling)(2003)把人类(包括个体)对自然灾害的脆弱性分解为暴露性、抵抗力和恢复力[37]。国内学者苏桂武、高庆华(2003)认为，脆弱性可以从暴露性、敏感性、弹性和恢复能力等四个角度进行描述[38]。王静爱等(2006)认为，脆弱性仅指承灾体承受和抵抗致灾因子而产生不同程度损失的能力，包括敏感性、暴露性、易损性等，不包括恢复性[39]。由此可以看出，上述学者都将暴露性作为灾害脆弱性的构成要素，但是反对者也不乏其人。

加洛潘(Gallopín G.C.)(2003，2006)认为，暴露并不是脆弱性的构成要素，脆弱性是系统受到扰动和压力时显现出来的属性，因此脆弱性由系统面对外界扰动的敏感性和反应能力构成[40, 41]。国内不少学者对暴露性也持否定观点。尹占娥博士(2009)认为，自然灾害脆弱性是承灾体本身在灾害发生后表现出来的一种属性，这种属性无论灾害发生与否都会存在；相比而言，暴露性是致灾因子与承灾体相互作用的结果，反映承灾体暴露于自然灾害风险下的状况，与致灾因子作用的时间长度和空间范围等有关，并不是承灾体本身的属性，因此暴露性不属于脆弱性的构成要素[42]。石勇等(2011)在肯定尹占娥博士的观点的基础上，进一步指出脆弱性包括敏感性、应对能力和恢复力，其中敏感性强调承灾体本身属性，应对能力主要表现在灾害发生的过程中，恢复力是灾害发生之后表现出来的属性[43]。

:::: 2.2 生态脆弱性

2.2.1 生态脆弱性研究概述

大自然是人类赖以生存和发展的基础。近代，随着人类在全球范围内对大自然过度与无序的开发，再加上全球气候的异常变化，生态环境日益恶化，大量生态与环境问题不断涌现，生态环境问题越来越受到关注。自20世纪60年代开始，从脆弱性角度研究生态问题开始成为一种潮流。比如，60年代的国际生物学计划(International Biological Program，IBP)、70年代的人与生物圈计划(Man and Biosphere，MAB)以及80年代的国际陆界生物圈计划(International Geosphere-Biosphere Program，IGBP)都把生态脆弱性作为重要的研究领域[44]。1992年，美国生态学会就曾指出[45]：脆弱性生态环境如何实现可持续发展、被破坏的脆弱生态环境如何恢复重建等问题应是生态学研究优先考虑的重点①。

20世纪80年代末、90年代初，气候变化的频率和幅度增加，生态系统遭受破坏的程度不断增加，空间范围不断扩大，生态脆弱性研究又有了新的专门主题。1988年世界气象组织(World Meteorological Organization，WMO)及联合国环境规划署(United Nations Environment Programme，UNEP)联合建立了政府间气候变化专门委员会(Intergovernmental Panel on Climate Change，IPCC)，专门负责研究人类活动所造成的气候变迁。由此，以IPCC为代表的一些国际机构和学者们又开始从一个新的视角对生态脆弱性开展研究，IPCC已先后在1990、1995、2001和2007年发表了4次正式的"气候变迁评估报告"，大大丰富了生态脆弱性及其相关研究的成果。

需要指出的是，随着研究的不断深入，生态脆弱性研究早已经突破单纯的自然系统，涉及社会系统、社会—生态耦合系统(徐广才等，2011)[46]。脆弱性研究的前提在于人类社会对于生态系统有着直接或间接的威胁，脱离人类社会的生态脆弱性研究没有任何意义(靳毅，蒙吉军，2011)[47]。

---

① Adger N, Kelly P. Social Vulnerability to Climate Change and the Architecture of Entitlements [J]. Mitigation and Adaptation Strategies for Global Change, 1999, 4(3): 253-266.

2.2.2　生态脆弱性的概念

1. 由Ecotone[①]引申而来的生态脆弱性

生态脆弱性的概念与术语Ecotone密切相关。Ecotone是1905年美国学者克莱门茨(Clements)首先引入到生态学研究领域的，专门指不同群落间的交错带[48]。1988年，第七届国际科学联合会环境问题科学委员会(SCOPE)大会通过了巴黎工作组提出的新概念，并重新定义Ecotone为[49]："在生态系统中，凡处于两种或两种以上的物质体系、能量体系、结构体系、功能体系之间所形成的'界面'，以及围绕该界面向外延伸的'过渡带'的空间域，即称为生态脆弱带。"[②]

20世纪90年代初，生态脆弱区用来描述处于脆弱状态的生态系统，生态脆弱区被认为是生态系统物质、能量分配不协调的产物。巴罗(Barrow)(1991)指出，相对于稳定生态系统而言，脆弱性生态系统在面临相同的扰动下更容易偏离原有的平衡状态，向着不利的方向发展[50]。苏联学者科丘诺夫(B. Kochunov)(1993)认为，生态脆弱性是系统质量重建发生的情况，包括结构变化、行为变化(对外界的响应)以及自身发展的恶化[51]。刘燕华、李秀彬将美国R.卡斯佩尔森等学者(2001)的观点概括为，环境脆弱性包括所观察到的固有的和不可弥补损失的环境变化，对人类活动特别脆弱的系统和区域，有预兆发生突然的变化[52]。梅茨赫尔(Metzger)(2006)认为，脆弱性是一种生态系统对全球变化敏感的程度，依赖于该系统不适应变化的程度[53]。

Ecotone这一术语于20世纪80年代引入中国，国内关于脆弱性的研究最早始于对生态脆弱性区域的识别，围绕着典型地貌类型区域(如喀斯特地区)的生态脆弱性及其脆弱生态环境的整治、恢复与重建展开，形成了一批非常有代表性的研究成果。刘秀华(1995)认为，脆弱性生态环境在不同时间尺度和空间尺度的表现形式有所差异，敏感性和不稳定性是脆弱性生态环境的两个主要特征[54]。赵平等(1998)认为，脆弱性是生态系统内固有的特性，只能在干扰(自然干扰和人为干扰)的状态下才显现出来，所以脆弱性并不取决于生态系统是否暴露于干扰之下[55]。赵坷等(2004)认为，严格的生态脆弱性概念应侧重于突出生态系统偏离原系统的程度，即生态系统受到外界干扰后所表现出的不稳定性特征[56]。刘燕华和李秀彬(2007)认为，无论对象如何，

---

① 21世纪以来，生态学家们以Ecozone代替Ecortone。

② 牛文元. 生态环境脆弱带ECOTONE的基础判断[J]. 生态学报，1989，9(2)：97-105.

脆弱性概念都有三层含义[57]：一是表明该系统、群体或个体存在内在的不稳定性；二是该系统、群体或个体对外界的干扰和变化(自然的或人为的)比较敏感；三是在外来干扰和外部环境变化的胁迫下，该系统、群体和个体易遭受某种程度的损失或损害，并且难以复原①。刘燕华和李秀彬的观点非常有代表性，被很多研究所引用。乔青等(2008)认为[58]，生态脆弱性是指生态环境对外界干扰抵抗能力弱，在干扰下容易由一种状态转变为另一种状态，而且一经改变就很难恢复到初始状态的性质②。肖磊等(2012)认为[59]，生态脆弱性是生态系统在特定时空尺度下，面对外界干扰所具有的敏感反应和自我恢复能力，由此可见敏感性和恢复能力是脆弱性必不可分的组成部分，脆弱性是敏感性和自我恢复能力叠加的结果③。

显然，以上这些概念基本上都是由自然生态系统出发来定义脆弱性的。

2. 气候变化背景下的生态脆弱性

关于气候变化背景下的生态脆弱性，以下一些国内外学者、机构的观点很有代表性。

IPCC(1996)第二次评估报告将脆弱性定义为[60]，气候变化对系统损伤或危害的程度，脆弱性取决于系统对气候变化的敏感性(系统对气候有益和有害变化情况的反映)和系统对新的气候条件的适应能力(在一定气候变化情景下，系统通过各种方式能够减缓或弥补潜在危害或利用有利机会的程度)④。IPCC(2001)第三次评估报告就脆弱性给出了更为明确的定义[61]：一个自然系统或社会系统容易遭受或缺乏能力应对气候变化持续不利影响的程度，这里的所谓气候变化主要是指气候变化率和极端气候事件⑤。国内学者赵慧霞等(2007)对此给出了进一步的解释[62]，敏感性是指系统受到与气候变化等有关刺激因素影响的程度，包括不利的和有利的影响；适应能力是

① 刘燕华，李秀彬. 脆弱生态环境与可持续发展[M]. 北京：商务印书馆，2007：6-7.

② 乔青，高吉喜，王维，等. 生态脆弱性综合评价方法与应用[J]. 环境科学研究，2008，21(5)：117-123.

③ 肖磊，黄晋，刘影. 湿地生态脆弱性研究综述[J]. 江西科学，2012，30(2)：152-167.

④ Houghton J T, Meiro Filho L G, Callander B A, et al. Climate Change 1995: The Science of Climate Change: Contribution of Working Group I to the Second Assessment Report of the Intergovernmental Panel on Climate Change [M]. UK Cambridge: Cambridge University Press, 1996.

⑤ McCarthy J J, Osvaldo F. Canziani, et al. Climate Change 2001: Impacts, Adaptation, and Vulnerability: Contribution of Working Group II to the Third Assessment Report of the Intergovernmental Panel on Climate Change [M]. UK Cambridge: Cambridge University Press, 2001.

指系统适应、减轻潜在损失，利用机会或对付气候变化后果的能力[①]。吕尔斯(Luers)
(2005)认为[63]，脆弱性是气候变化导致潜在破坏量以及遭到致灾事件打击之前系统内
存在的一种状态[②]。李克让等(2005)认为[64]，气候变化下自然系统的脆弱性是指气候
变化对该系统造成的不利影响，而系统的脆弱性则取决于对环境变化的敏感性和适
应性[③]。IPCC(2012)在其2011年的特别报告中给出了一个关于脆弱性的最新描述[65]，
认为脆弱性是人员、生计、环境服务和各种资源、基础设施，以及经济、社会或文
化资产受到不利影响的可能性或趋势[④]。

气候变化背景下的脆弱性的界定及其研究尺度、维度等在不断变化发展。IPCC
评估报告中，气候变化对自然系统、人工系统、人—环境耦合系统和社会经济系统
的影响及这些系统的适应能力和脆弱性成为报告的主要内容(张平宇等，2011)[8]。

3. 复合系统视角的生态脆弱性

随着脆弱性研究的不断深入和国内外学术交流的日益频繁，生态脆弱性也已突
破单纯的自然生态系统，还涉及社会系统、社会—生态耦合系统等。

博勒(Bohle)等(1994)曾指出(生态)脆弱性研究应该包括社会系统这一领域[66]。唐
宁(Downing)等(1993，1997)认为，脆弱性应该包括3个方面：第一，脆弱性是一个结
果，而不是一种原因；第二，脆弱性暗示着一种不利的结果；第三，脆弱性是相对
的，随着研究对象的不同而不同，并不能对某一社会经济群体或研究区域的损失程
度进行准确度量[67, 68]。

王小丹和钟祥浩(2003)认为，生态环境脆弱性的定义可以分为生态系统观点下的
脆弱性、狭义人文观点下的脆弱性和广义人文观点下的脆弱性[69]。王介勇等(2004)认
为，生态脆弱性是生态系统在人类活动干扰和外界环境胁迫下所表现出来的易变性

① 赵慧霞，吴绍红，姜鲁光. 自然生态系统响应气候变化的脆弱性评价研究进展[J]. 应用生态学报，
2007，18(2)：445-450.
② Luers A L. The Surface of Vulnerability: an Analytical Framework for Examining Environmental Change [J].
Global Environmental Change, 2005, 15(3): 214-223.
③ 李克让，曹明奎，於琍，等. 中国自然生态系统对气候变化的脆弱性评估[J]. 地理研究，2005，
24(5)：653-663.
④ Field C B, Barros V, Stocker T F, et al. Managing the Risks of Extreme Events and Disasters to Advance
Climate Change Adaptation: Special Report of the Intergovernmental Panel on Climate Change [M]. Cambridge,
UK: Cambridge University Press, 2012: 42-43.

以及生态系统所做出的可能响应，其前提在于生态环境因子的类型、数量和质量在时间配置上的不均衡性[70]。於琍等(2005)提出[71]，生态系统的脆弱性就是指系统在面临外界各种压力和人类活动的扰动下，可能导致系统出现某些损伤和退化特征的程度的一个衡量①。孔庆云(2005)指出，区域生态脆弱性是自然因素和人为因素共同作用的结果，包括自然生态、经济和社会3个系统的脆弱性，是与人类生存和发展息息相关的经济、自然、社会等因素的综合表现[72]。蔡海生等(2009)提出[73]，作为一个宏观概念，生态系统脆弱性是生态系统在特定时空尺度上，相对于外界干扰所具有的敏感性和自恢复能力，是自然属性和人类干扰行为共同作用的结果②。于波涛和王成成(2011)认为[74]，生态环境脆弱性是生态系统本身、人类活动干扰和外界环境胁迫共同作用的结果，外在表现是环境资源的承载以及经济发展水平，进而体现为社会发展水平③。田亚平等(2013)认为，区域人地耦合系统脆弱性主要是针对全球气候变化扰动下与自然灾害有关的脆弱性，其内涵特征可主要概括为生态性、敏感性、易损性、系统性和区域性[75]。

由此不难看出，生态脆弱性已经超过自然生态系统本身，发展成为一个综合性的概念。

2.2.3 生态脆弱性的内涵

1. 生态脆弱性构成要素

从目前收集的文献资料来看，生态脆弱性研究已经由早期只就自然生态系统自身来研究脆弱性，演变成现在的将自然生态系统和社会系统、经济系统结合起来进行；从研究范围来看，不仅有微观，还有宏观；不仅有特定区域层面，还涉及国家层面。

关于脆弱性的构成要素同样主要涉及敏感(性)、暴露(性)、适应(性)、应对(能力)、恢复(能力)等，但其中争议、交锋不断。不过就敏感性而言，基本已经

---

① 於琍，曹明奎，李克让. 全球气候变化背景下生态系统的脆弱性评价[J]. 地理科学进展，2005，24(2): 61-69.

② 蔡海生，张学玲，周丙娟. 生态环境脆弱性动态评价的理论与方法[J]. 中国水土保持，2009，(2): 18-22.

③ 于波涛，王成成. 基于熵权灰度关联法的国有林区生态环境脆弱性分析[J]. 中国林业经济，2011，(11): 20-23.

达成共识。敏感性是脆弱性基本构成因素的观点被大多数学者、机构所认可唐宁
(Downing)，1992，1997；霍顿(Houghton)，1996；施罗特(Schroter)等，2005；刘燕
华和李秀彬，2007；蔡海生等，2009；冯振环等，2013；余中元等，2014)[67, 68, 60, 76, 57, 73, 10, 77]。有学者进一步指出，生态脆弱性是系统具有的一种内在属性，敏感
性则是其外在表现形式，二者以干扰体系为纽带(王小丹，钟祥浩，2003；布鲁克斯
(Brooks)等，2005)[69, 78]。

在生态脆弱性研究发展进程中，关于"暴露"的争议最大，而且还在持续。不
少学者认为脆弱性由包括暴露在内的诸多因素构成，比如施罗特(Schroter)等(2005)
认为，生态脆弱性涉及的因素首先是暴露，其次是敏感性[76]。梅茨赫尔(Metzger)等
(2006)在指出脆弱性是气候变化潜在影响和适应性能力函数的基础上，进一步提出潜
在影响程度与系统暴露以及系统对变化的敏感性有关[79]。徐广才等(2009)认为，生态脆
弱性研究涉及暴露、敏感性和适应性[46]。对此持反对意见者也很多。霍顿(Houghton)等
(1996)认为，脆弱性是一个系统对气候变化的敏感性和系统对气候变化适应能力的函
数[60]。赵平等(1998)认为，脆弱性是生态系统固有的特性，其存在不取决于生态系统
是否暴露于干扰之下[55]。蔡海生等(2009)提出，生态环境脆弱性是生态系统在特定时
空尺度相对于外界干扰所具有的敏感反映和自恢复能力[73]。IPCC也许正是由于注意
到这种争议的存在，在其第三次评估报告中采取了一个"模糊"做法[65]，认为脆弱
性是人员、生计、环境服务和各种资源、基础设施，以及经济、社会或文化资产受
到不利影响的可能性或趋势[①]。

生态系统脆弱性的研究是基于系统的稳定性进行的，所以稳定性与脆弱性的关
系也引起了关注。一种广为认可的观点是，脆弱性与稳定性是表现形式不同但内涵
相同的两个概念，脆弱性较高往往意味着稳定性较低(刘利，2011)[80]。但是，由于研
究主体时空尺度的变化，这种关系可能会变得很复杂。因为某一生态系统短期是脆
弱的，但是长期的角度是稳定的。比如，美国西部针叶林在经常出现的火灾干扰下
是脆弱的，但是这种局部的火灾能够维持森林景观(林相结构、多样性、种类等)长期
的总体稳定。所以，从长期的尺度考虑又是稳定的(王小丹，钟祥浩，2003)[69]。

---

① Field C B, Barros V, Stocker T F, et al. Managing the Risks of Extreme Events and Disasters to Advance
Climate Change Adaptation: Special Report of the Intergovernmental Panel on Climate Change [M]. Cambridge,
UK: Cambridge University Press, 2012: 42-43.

2. Ecotone/Ecozone的内涵

Ecotone由最初的"不同群落间的交错带"发展到20世纪80年代的生态脆弱带，90年代的生态脆弱区，再到21世纪以来的Ecozone(生态脆弱区)，其含义在不断变化，关于生态脆弱区的理解有以下3种[69, 81, 82]：

其一是纯生态学的理解，即生态系统的正常功能被破坏，其程度超过了自我调节的"阈值"，恢复能力丧失，从而导致脆弱性。这种理解强调脆弱性是自然的、系统内部演替所引起的，回避了人为干扰对生态系统的作用和影响。

其二是自然(地学)—(狭义)人文的理解，即生态环境发生了变化，以致影响了当前或近期人类生存和自然资源利用。这种理解虽然将人类活动纳入进来，但是忽略了人类社会经济发展技术进步对生态环境的直接/间接影响，当然其影响可能是正向的，也可能是负向的。

其三是冠以人文观点的理解，即认为生态系统的退化超过了现有社会经济、技术水平下能长期维持目前的人类利用和发展的能力。这种理解暗含着可以通过经济发展、技术进步来解决/缓解环境退化和资源耗竭，降低脆弱性；同时也有助于我们正确认识人与自然的相互关系，从而为制定脆弱性区域恢复与重建规划提供依据。因此，最后这种理解更具有理论性与实用性，是一种主流观点。

2.3 地下水脆弱性

水资源是包括人类在内的一切动植物、微生物赖以生存所不可替代的资源，在当今经济、社会发展中具有举足轻重的地位。但是，由于不合理的开发利用、极端气候变化的影响等，水资源安全性在全球范围内受到威胁。近几十年水资源供需矛盾日益尖锐，许多国家、地区对水的需求已经超过水资源本身所能负荷的程度，由此诱发的部族、国家之间的冲突屡见不鲜，甚至升级为战争。水资源安全性问题引起国内外的普遍关注。

从广义上讲，地球上的水资源是指水圈①内水量的总体；狭义而言，是指地表水

---

① 水圈是地球表层水体的总称，包括海洋、河流、湖泊、沼泽、地下水和大气中的水分。水圈内全部水体的总储量为13.86亿立方公里，其中海洋为13.38亿立方公里，占总储量的96.5%。分布在大陆上的水包括地表水和地下水，各占余下的一半左右。在全球水的总储量中，淡水仅占2.53%，其余均为咸水。

(河流、湖泊或淡水湿地等的蓄水)和地下水(位于土壤缝隙与岩石中的淡水)构成的淡水资源。自从法国人马尔加(Margat)在1968年首次提出"地下水脆弱性"以后,水资源脆弱性多研究地下水问题[83]。所以,本节只就地下水脆弱性的研究进展进行梳理。

2.3.1 地下水脆弱性研究概述

法国水文地质学家马尔加(Margat)于1968年首次提出了Groundwater Vulnerability (地下水脆弱性,也有学者称之为"地下水环境脆弱性"[84])这一术语,并通过图件来描述地下水对污染的脆弱程度,以此来唤醒人类社会对地下水污染危害性的认识[85]。近年来,随着水问题的日益突出,地下水脆弱性成为水文地质领域的一个新兴热点与前沿问题。从时间维度划分,地下水脆弱性的研究,以1987年为界可以分为两个阶段[86~88]。

在1987年以前,学者们把脆弱性当作地下水系统的一种自然属性,多从水文地质本身的内部要素来定义地下水脆弱性[89];而且认为脆弱性是一个相对概念[90],即地下水脆弱性是"一个地区的地下水相对于另一个地区的地下水对污染物更脆弱"①。

1987年,荷兰"土壤与地下水脆弱性"国际会议召开后,专家们开始将人类活动和污染物等水系统外部要素的影响考虑进来,研究取得了新突破。如福斯特(Foster)认为地下水污染是由含水层本身的脆弱性与人类活动产生的污染负荷造成的[91]。

1993年,美国国家研究院(US National Research Council,简称USNRC)给出了一个被誉为里程碑式的经典定义,成为学术界的主流观点[92]。20世纪90年代以后,地下水的特殊脆弱性成为研究的重点。

国外对地下水脆弱性评价中,普遍使用的主要工具是以DRASTIC模型、GOD模型、SINTACS模型等为代表的迭置指数法[93],其中由美国环保署开发的侧重于评价地下水对污染脆弱程度的DRASTIC模型在美国、加拿大及南非、欧共体等国家普遍采用。随着GIS技术的完善与普及,研究对象地域空间的不断扩大,国外学者开始应用GIS技术结合污染过程模型评价地下水脆弱性,不仅使评价结果更加形象直观,而且更新周期大为缩短,时效性大为提高[94]。

国内关于地下水脆弱性的研究,始于20世纪90年代中期,一般是针对局部城市

---

① 邹君,杨玉蓉,谢小立. 地下水资源脆弱性:概念、内涵及定量评价[J]. 水土保持通报,2007,27(2): 132-145.

或水源地的本质脆弱性展开研究。一度曾以"地下水的易污染性"等代替地下水脆弱性，使用的工具主要是DRASTIC评价方法。如王维琦等(2013)[95]、孟宪萌等(2007)[96]、雷静等(2002)[97]分别运用DRASTIC方法对延吉市河谷地区、济宁市、唐山市平原区地下水的易污性/脆弱性进行的评价。由于GIS技术未能充分运用，许多尚处在脆弱性制图方面[92]。

2.3.2 地下水脆弱性的概念

如前所述，地下水脆弱性研究以1987年"土壤与地下水脆弱性"国际会议为分水岭，形成了两个阶段。

"在自然条件下污染物从地表渗透与扩散到地下水的可能性"①，是马尔加(Marget)与阿尔比耐特(Albinet)(1970)最初关于地下水脆弱性的描述[98]，之后，威卢姆森(Villumsen)(1983)，弗拉纳(Vrana)(1984)，克劳科(Klauco)(1987)等学者给出了类似的界定[89]。这其实是将地下水脆弱性概括为一种受地下水系统内部要素影响的自然属性，认为天然地质环境对地下水可以起一定程度的保护作用[99]。

1987年后，界定地下水脆弱性时，人类活动、污染源等外部要素也被纳入研究视野。索托米克瓦(Sotornikova)和弗尔巴(Vrba)(1987)认为水文地质系统脆弱性是系统应对来自系统外部(人类和自然)冲击的能力，而这种冲击会在时间和空间维度上影响系统状态和特征[89]。帕姆奎斯特(Palmquist)(1991)将地下水脆弱性定义为人类活动或污染源作用于地下水而使其遭受污染危险的可能性，而相对于其他因素而言，人类活动对地下水脆弱性起着主要作用[100]。

美国国家研究院(USNRC)(1993)的定义是公认的经典定义[101]，"地下水脆弱性是地下水系统对人类和(或)自然的敏感性，是污染物到达含水层上部某一位置的趋势和可能性"；地下水脆弱性分为本质脆弱性(Intrinsic Vulnerability)和特殊脆弱性(Special Vulnerability)，前者即在天然状态下不考虑人类活动和污染，而只考虑水文地质内部因素的脆弱性，后者即地下水对某一特定污染源或人类活动的脆弱性②。随

---

① 孙才志，林山杉. 地下水脆弱性概念的发展过程与评价现状及研究前景[J]. 吉林地质，2000，19(1)：30-36.

② Barnali Dixon(贝娜里·迪克森)，李大秋，Julie Earls(朱丽·艾尔思)，等. 地下水脆弱性评价方法研究[J]. 环境保护科学，2007，33(5)：64-67.

后的地下水脆弱性研究基本都采用这一界定和分类。

2.3.3　地下水脆弱性的内涵

美国国家研究院(USNRC)关于地下水脆弱性的界定及其分类得到了国内外众多学者、机构的认可，对地下水脆弱性的界定虽然或许有所不同，但是其内涵并无实质的区别[86, 87]，争议性比其他领域的脆弱性研究明显要小。

国际水文地质协会(International Association of Hydrogeologists，IAH)在1994年曾提出，地下水脆弱性取决于系统对人类活动和自然干扰的敏感性[102]。戈克(Gogu)等(2000)认为脆弱性就是地下水系统对人类和(或)自然的有效敏感性[103]。

国内学者在研究地下水脆弱性时也给出一些有代表性的提法。付素蓉等(2000)认为，地下水脆弱性是地下水对有碍于其使用价值的人为活动的敏感性，即抵御人为污染的能力，由水文地质、污染物排放条件等因素决定[104]。姜桂华(2002)认为[105]，地下水脆弱性就是地下水系统在自然条件或(和)人为活动的影响下产生潜在不良后果的可能性(倾向性)①。陈攀等(2007)将地下水资源脆弱性概括为[106]，特定地域天然或人为的地下水资源系统在服务于生态经济系统的生产、生活、生态功能过程中，或者在抵御污染、自然灾害等不良后果出现过程中所表现出来的适应性或敏感性②。夏军等(2012)在分析概括水资源(包括地下水)系统脆弱性时指出，水资源脆弱性是由其内部结构和特征所决定的内在属性，包括水资源系统对外来影响的敏感性和适应性，其中敏感性指水资源系统遭受破坏后系统所产生的变化，适应性包括水资源系统对外部驱动的适应能力和系统遭受破坏后的恢复能力；脆弱性的影响因素来自自然环境和社会经济，各种影响因素对不同尺度、空间分布的水资源系统的脆弱性影响程度不同[107, 108]。谢轶等(2012)认为[109]，地下水脆弱性是综合反映了系统对人类活动和(或)自然冲击(特别是污染物)所产生不利影响的敏感程度和应变能力，是一个不可衡量的相对属性值③。

由此可以发现，地下水脆弱性被视为地下水系统的一种属性，而对这种属性的

---

① 姜桂华. 地下水脆弱性研究进展[J]. 世界地质，2002，21(1)：33-38.
② 陈攀，李兰，周文财. 水资源脆弱性及评价方法国内外进展[J]. 水资源保护，2011，27(9)：32-38.
③ 谢轶，彭跃，石敏，等. 地下水脆弱性评价进展与存在问题探讨[J]. 农业与技术，2012，32(2)：152-153，198.

研究同样也已经突破了地下水系统本身，来自系统外部的人类活动和污染源等被纳入到研究范畴内。地下水脆弱性和敏感性、适应能力以及恢复能力等有着密切的联系，暴露性基本未被考虑。

2.4 脆弱性研究新进展

随着研究的不断深入，脆弱性研究不但在灾害、生态、地下水等传统经典学科领域开展，而且逐步进入经济、社会、人文等多个领域。在区域系统脆弱性和人地系统脆弱性方面成果颇丰[①]，国内研究更是如此。

2.4.1 区域系统脆弱性

1. 区域经济脆弱性

20世纪90年代，"既满足当代的需求，又不危及后代满足需求能力的发展"(Brundtland定义，亦称布氏定义)的可持续发展理论(Sustainable Development Theory)被提出，并在世界范围内取得政治上的共识[110]。联合国1992年发表了《21世纪议程》(Agenda 21)，并以此作为联合国各组织推动可持续发展的行动纲领；为了小岛屿发展中国家(Small Island Developing States, SIDS)执行《21世纪议程》，1994年又通过了《巴贝多行动纲领》(Barbados Programme of Action)，明确指出SIDS要注意解决经济脆弱性和生态脆弱性，还提出通过脆弱指数(Vulnerability Indices)等来整合生态脆弱性与经济脆弱性以反应SIDS的可持续发展状况。联合国开发计划署(The United Nations Development Programme，简称UNDP)于1999年正式提出的"经济脆弱性"的概念中，经济脆弱性被描述为一种承受损害的能力，即经济主体所具有的承受经济发展过程中未预料到的事件冲击所造成损害的能力[111]。

凯茨(Kates)等于2001年在《科学》(Science)杂志上发表的《环境与发展——可持续性科学》一文中把"特殊地区的自然社会系统的脆弱性或恢复力研究"列为可持续性科学的七个核心问题之一[4]。"保证安全和减少脆弱性"成为2002年世界经济

---

① 区域系统与人地系统既有区别又有许多共同之处，从检索的文献资料来看，关于它们的脆弱性研究是分开来进行的，所以笔者依然延续其现有的格局，各自进行梳理。

论坛大会的六大主题之一，论坛的创始人克劳斯·施瓦布先生在这届年会上指出："脆弱性是世界面对的一个现实……要实现可持续发展，首先就要减少发展的脆弱性[5]。"此后，经济发展的脆弱性问题越来越受到重视，学者们相继将欧共体[112]、非洲国家[113]、新兴市场经济国家[114]的经济脆弱性问题纳入到研究视野。不过，相对而言，国外关于经济脆弱性的研究对象更为宏观。

国内学者较早进行的是区域经济脆弱性的研究，随后扩展到区域社会经济系统，以及区域系统的脆弱性，呈现一种研究视角逐步扩展的趋势，此类研究也因此成为国内经济脆弱性研究的重点。当然，关于我国宏观经济的脆弱性[115]、旅游经济的脆弱性[116]也有学者涉足。

冯振环(2003)首先提出了区域经济发展脆弱性的概念[5]，将其定义为衡量区域经济发展水平的一种度，指某个地区经济发展的稳定性差、对外部经济条件改变反映敏感、在外部条件干扰和变化下遭受某种损失的程度比较大①；并对我国西部地区经济发展的脆弱性进行了分析与预测[117]。

李尊实等(2005)认为[118]，在区域经济系统发展过程中，由于外部因素的影响所造成的经济系统稳定机制破坏和不稳定性增加就是区域经济系统的脆弱性②；脆弱性是区域经济系统内部存在的本质特征，也有其外部表现。

赵国杰和张炜熙(2006)对海岸带经济脆弱性进行了研究[119]，同样将海岸带经济脆弱性定义为一种度，即海岸带自然系统和社会系统遭受外部环境胁迫下的剩余影响和程度③；并对河北省沿海各市的脆弱性进行了评价与预测。

曲波和丁琳(2007)在延续脆弱性是衡量区域经济发展水平的一种度的基础上[120]，认为脆弱性与地区经济自我发展能力、对外部经济条件的敏感性、不利变化的经济替代能力等有关④。

李鹤和张平宇(2008)认为区域经济系统脆弱性，是指由于系统对区域内外扰动的敏感性以及缺乏应对能力而使其容易向不利于可持续发展方向演变的一种状态⑤；并

---

① 冯振环，赵国杰. 区域经济发展的脆弱性及其评价体系研究——兼论脆弱性与可持续发展的关系[J]. 现代财经，2005，25(10)：54-57.

② 李尊实，刘艳红，高铭杉. 区域经济系统脆弱性的内涵与界定[J]. 经济论坛，2005，(20)：9-11.

③ 赵国杰，张炜熙. 河北省海岸带经济脆弱性评价[J]. 河北学刊，2006，26(2)：227-229.

④ 曲波，丁琳. 对区域经济脆弱性内涵的理论阐释[J]. 当代经济，2007(2)：62-63.

⑤ 李鹤，张平宇. 东北地区矿业城市经济系统脆弱性分析[J]. 煤炭学报，2008，33(1)：116-120.

对我国东北地区14个典型矿业城市经济系统脆弱性进行了评价与分析[121]。类似的研究还有王士君等(2010)以大庆市为例进行的石油城市经济系统脆弱性发生过程、机理及程度的研究[122]，孙平军和修春亮(2010a)关于辽宁矿业城市经济系统应对能力和脆弱性的分析与评价[123]，苏飞和张平宇(2010)对大庆市经济系统脆弱性的定量评价与分析[124]，孙平军和丁四保(2011)所进行的阜新市经济发展脆弱性动态演变与关联分析[125]。上述研究的共同特点是将敏感性和应对能力作为区域经济系统脆弱性的主要构成要素，并由这两个构成要素出发构建指标体系，定量评价东北地区资源型城市经济发展的脆弱性问题。

2. 社会系统脆弱性

李博和佟连军(2008)将社会系统脆弱性概括为[126]，衡量社会发展水平的一种度，这种度与某个地区社会发展的稳定性、外部条件改变所反映的敏感性以及外部条件干扰和变化下系统遭受损失的程度等有关①。

苏飞和张平宇(2009)认为社会系统脆弱性是由于社会系统对内外各种扰动的敏感性和缺乏应对不利扰动的能力而使系统容易向不可持续方向发展的一种状态，而这种状态在系统遭受扰动时才表现出来②；在分析矿业城市社会脆弱性产生内在结构原因的基础上，从敏感性和应对能力两个方面构建指标体系研究阜新市各区县社会系统脆弱性问题[127]。

孙良书等(2009)认为脆弱性是系统处于没有抵抗力、没有恢复力的一种状态③；根据自然灾害框架下的脆弱性理论，从胁迫现状和危险程度两个方面构建指标体系，运用PAR模型对东北地区典型煤矿城市的社会系统脆弱性进行了综合评价[128]。

李丽娜等(2009)在IPCC脆弱性的基础上，认为(城市)脆弱性是指一个城市系统及其子系统的组成部分在外界压力(胁迫和干扰)下有可能造成损害的程度，是压力状况、敏感性和适应能力等各个组成部分在不同空间尺度下相互作用的复杂关系④；并依据压力—敏感性—恢复力理论建立了涵盖社会和自然的城市交互式脆弱

---

① 李博，佟连军. 阜新市社会系统的脆弱性研究[J]. 安徽农业科学，2008，36(14)：6078-6079.

② 苏飞，张平宇. 矿业城市社会系统脆弱性研究——以阜新市为例[J]. 地域研究与开发，2009，28(2)：71-74，89.

③ 孙良书，刘大千，杨凤敏. 基于脆弱性理论的东北地区典型煤炭城市社会系统研究[J]. 现代农业科学，2009，16(6)：119-122.

④ 李丽娜，达良俊，由文辉. 城市脆弱性驱动因子分析[J]. 城市问题，2009(11)：18-21.

性评估框架[129]。

刘继先等(2010)认为矿业城市社会脆弱性是矿业城市在社会发展过程中受到内、外部扰动的敏感性以及缺乏应对能力而使系统内部发生变化的一种属性①；并对辽源市1990年至2007年间社会系统脆弱性进行了量化分析[130]。

周利敏(2012b)认为社会脆弱性是指社会群体、组织或国家暴露在灾害冲击下潜在的受灾因素、受害程度及应对能力的大小②；社会脆弱性3个主要讨论面向是脆弱性是一种灾前既存的条件、灾害调适与因应能力、一个特定地点的灾害程度；将社会脆弱性评估模型具体化为空间整合模型、灾害周期模型、微观与宏观模型及函数关系模型[131]。显然周利敏教授的研究是灾害脆弱性的一种外延与深入。

冯振环等(2012a)认为，区域社会系统脆弱性是衡量区域社会发展水平的一种度，是区域社会系统存在的、当系统遭受内外部扰动时表现出来的一种与可持续相背的发展状态③，并对京津冀都市圈内10城市的社会脆弱性进行了评价与分级[132]。

束良勇等(2013)认为社会系统脆弱性是指一个社会系统在受某种干扰或压力下，可能经历某种灾害的程度④；这是一种源于系统本身的、只有在社会系统受到干扰时才表现出来的属性；并运用脆弱性指数对我中部地区矿业城市社会脆弱性进行了量化分析[133]。

3. 社会经济系统脆弱性

夏建新和杨若明(2003)最先给出了社会经济系统脆弱性的提法，但并未就社会经济系统脆弱性概念、内涵等进行界定与分析[134]。

于维洋(2012)[135]，王红毅和于维洋(2012a)[136]，王红毅和于维洋(2012b)[137]给出了几乎相同的观点，认为区域社会经济系统脆弱性是指系统在特定时空尺度相对于内外各种扰动的敏感性和恢复能力，是系统的一种内在本质属性，在系统遭受扰动

---

① 刘继先，那伟，房艳刚. 辽源市社会系统的脆弱性及其规避措施[J]. 经济地理，2010，30(6)：944-948.

② 周利敏(2012b). 社会脆弱性：灾害社会学研究的新范式[J]. 南京师大学报(社会科学版)，2012(4)：20-28.

③ Feng Zhenhuan, Lu Zheng, Zhang Huafeng (2012a). Evaluation on the Vulnerability of Beijing-Tianjin-Hebei Metropolitan Circle's Social System [A]. Soft Power Study from Culture, Education and Social System Perspective [C]. Sydney Australia: Aussino Academic Publishing House, 2012: 156-160.

④ 束良勇，苏飞，张靓. 我国中部地区煤炭城市社会脆弱性评价[J]. 北方经贸，2013(4)：29-31.

时才表现出来[①]；并对河北省的经济社会系统脆弱性进行了研究。

4. 区域系统脆弱性

人类的一切活动都离不开某一特定的地域空间，人类活动与这一特定地域空间的结合便产生了"区域系统"[138]，近年来一些学者开始从脆弱性的角度去研究区域系统发展问题。

冯振环等(2010，2012b)认为，区域发展的脆弱性是衡量区域发展水平的一种度，是区域系统内部存在的、当系统遭受扰动时才会表现出来的本质特性，区域发展脆弱性可以分为累积式脆弱性、冲击式脆弱性和复合式脆弱性[②]；对京津冀都市圈内10城市的累积式脆弱性现状、趋势、原因等进行了研究[139, 140]。

张炜熙(2011)认为区域系统发展脆弱性具有动态性、反馈性和时滞性等特征，根据外部特征可以分为累积式脆弱性和冲击式脆弱性；以河北省海岸带、张北地区为例，对脆弱性的现状和趋势进行了评价与预测[141]。

尹航等(2011)指出，区域系统发展脆弱性是复合系统内部存在的本质特性，受到内外部驱动因素的影响[③]，区域系统同时存在结构性脆弱性和胁迫性脆弱性；从经济、生态和社会3个方面构建指标体系，运用Entropy-Topsis模型对黑龙江省1999年至2007年的脆弱性进行了实证研究[142]。

区域科学方面的脆弱性研究正在成为区域发展研究的热点，就如同生态脆弱性不单纯是自然生态系统自身的问题，需要涉及社会系统、经济系统一样，为实现区域可持续发展，区域经济发展脆弱性问题要研究，社会系统、自然环境系统以及区域系统整体的脆弱性问题同样受到学者们的关注。但是研究成果相对较少，而且研究对象多为矿业城市；脆弱性的概念等依然存在些许分歧，一般定义为一种度或一种状况，是系统内部存在的本质特性，内外部扰动下会表现出来；关于内涵和构成要素的探讨相对较少，学者们鲜有涉足区域发展脆弱性形成机理的研究。就脆弱性评价而言，相关学科的模型、分析架构被借鉴使用，但以综合指数法评价为主；尚

---

① 于维洋. 河北省区域社会经济系统脆弱性综合评价[J]. 燕山大学学报(哲学社会科学版)，2012，13(1)：64-66.

② 冯振环，刘玉霞，杨亚柳. 京津冀经济圈发展的累积式脆弱性评价[J]. 现代财经，2010，30(10)：63-68.

③ 尹航，石光，李柏洲. 基于Entropy-Topsis的区域系统发展脆弱性分析与测评[J]. 运筹与管理，2011，20(1)：78-86.

未出现跨尺度的脆弱性研究和不同尺度上的区域发展脆弱性的对比分析[143]，笔者在第4章将就评价问题作进一步分析。

2.4.2 人地系统脆弱性

人地系统，全称为人地关系地域系统，吴传钧院士(1991)给出的定义被广泛引用[144]："人地系统是由地理环境系统和人类活动两个子系统交错构成的复杂的开放巨系统，内部具有一定的结构和功能机制；在这个巨系统中，人类社会和地理环境两个子系统之间的物质循环和能量转化相结合，就形成了发展变化的机制。"① 在脆弱性研究发展过程中，人地系统脆弱性是一个重要的分支，国内学者对此作出了重大贡献。

"人地系统脆弱性"这一词汇是蔡博峰等(2002)最早提出的，认为北方农牧交错带脆弱性(如沙漠化)原因在于自然系统和社会系统的相互作用，解决的重点在于着力调节社会系统[145]。

史培军等(2006)认为在可持续、气候变化等诸多领域中，脆弱性被用来测度人地关系相互作用(特别是当人类经济社会系统受到某种打击时)的程度②，尽管在如何定量测度人地相互作用的脆弱性水平问题上学术界有分歧，但是脆弱性已经成为一个基础性的科学知识体系[146]。

那伟和刘继先(2007)认为人地系统脆弱性是一个相对性概念，具有一定的度量尺度；而矿业城市人地系统脆弱性是一种人类活动造成的胁迫型脆弱性，具有不稳定性、敏感性、易损失性等特征[147]。

辛馨和张平宇(2009)认为矿业城市人地系统脆弱性可被看作是由资源环境、经济和社会子系统脆弱性组成，其脆弱性指数可以由3个子系统的脆弱性指数加和组成[148]。

李博和韩增林(2010)强调沿海城市人地关系系统具有内部不稳定性，对外界干扰敏感，干扰容易造成损失和损害，并且难以复原；并以大连市为例，就其人地关系系统脆弱性进行了定量分析[149]。

孙平均和修春亮(2010b)在研究矿业城市人地耦合系统脆弱性问题时，同样强调

① 吴传钧. 论地理学的研究核心——人地关系地域系统[J]. 经济地理，1991，11(3)：1-6.

② 史培军，王静爱，陈婧，等. 当代地理学之人地相互作用研究的趋势——全球变化人类行为计划(IHDP)第六届开放会议透视[J]. 地理学报，2006，61(2)：115-126.

系统内部结构存在的不稳定性、对扰动的敏感性以及缺乏应对能力，而由此造成系统容易向人与自然、经济社会与生态不协调发展方向演变的可能性就是矿业城市人地系统的脆弱性[150]。类似的观点还出现在韩瑞玲等(2012)对鞍山市[151]、王乃举等(2012)对铜陵市[152]人地系统脆弱性的研究中，但是评价方法并不一样。

田亚平等(2013)认为，区域人地耦合系统脆弱性主要是全球气候变化扰动下与自然灾害有关的脆弱性，主要要素是敏感性、暴露性和适应性[①]；区域耦合系统脆弱性可被划分为基底脆弱性、潜在脆弱性和现实脆弱性；构建了针对南方水土流失敏感区人地耦合系统脆弱性评价的理论模型[75]。

哈斯巴根等(2013)认为生态地区人地系统是以经济系统脆弱性为主要矛盾的脆弱性耦合系统，压力、敏感性和恢复力是其基本属性；并对宝鸡市太白县2000年至2010年人地系统脆弱性进行了评价[153]。

人地系统脆弱性的概念争议不大，研究的对象以矿业城市为主；研究过程中已经突破社会和地理环境两个子系统的简单分类，就像研究区域系统脆弱性问题一样，许多研究从经济、社会、自然等子系统的角度展开；脆弱性的结构要素多以敏感性和应对能力为主，部分涉及恢复能力以及暴露性；并利用数学模型对脆弱性进行量化评价。

2.5 脆弱性研究综述总结

经过多年来不同学科领域国内外学者的共同努力，脆弱性横向研究不断扩展领域，纵向研究不断深入，成果斐然。尽管还存在分歧，但是很多共识已经初步达成，脆弱性理论体系已经基本形成，为区域系统脆弱性研究奠定了坚实的理论基础。

2.5.1 脆弱性概念分类

如前所述，脆弱性在各自的学科领域有着不同的界定，但是大致可作如下分类：

第一类是把脆弱性作为人或人群承受、应对灾害的一种能力，文献[20]～[22]及

---

① 田亚平，向清成，王鹏. 区域人地耦合系统脆弱性及其评价指标体系[J]. 地理研究，2013，32(1): 55-63.

[59]是这类脆弱性定义的典型代表。这种界定侧重于系统应对扰动的各种因素的分析，曾在早期研究中较为流行。

第二类是把脆弱性作为系统面对外界扰动遭受损失的可能性、遭受损失程度以及状态的测度标准来定义的，典型的代表如文献[5]、[19]、[24]~[27]、[30]、[53]、[60]、[61]、[65]、[71]、[101]等。这种界定实际是把扰动作用的结果作为系统的脆弱性，意味着系统对扰动是敏感的，而且越是敏感，脆弱性程度越高。这一类界定在IPCC关于气候变化背景下的脆弱性、地下水脆弱性以及区域社会经济系统脆弱性研究方面更为常见。

第三类是将脆弱性作为测量标准和应对能力的集合(包括敏感性、适应性、恢复力以及暴露性等)，也就是第一、二类的整合，或者第二类定义中系统在扰动下遭受损失的可能性、遭受损失程度以及状态某些方面的整合。国外学者唐宁(Downing)[67]和国内学者刘燕华[57]、商彦蕊[32]等的脆弱性概念是最为典型的代表，类似的还有文献[23]、[31]、[70]、[72]、[121]、[127]等。

从上述各学科领域关于脆弱性研究的整理中不难发现，第三类关于脆弱性的界定正在成为一种趋势，使得脆弱性逐渐演绎成一个庞大的体系[154]。

2.5.2 脆弱性的内涵

如前所述，伴随着研究应用范围的不断扩大，不同学科之间、不同学者之间交流的日益广泛与深入，脆弱性已经演变成为一个跨学科的、多维度的、多要素的概念体系，已经从单纯的自然生态系统扩展到社会、经济、环境等多个维度[7]，其构成涉及暴露(性)、敏感(性)、适应(性)、应对(能力)、恢复(能力)等诸多要素。但是就某一领域的脆弱性由哪些要素构成还存在着较大分歧，甚至争论，如表2-1所示。

表2-1　脆弱性相关学科领域关于脆弱性构成要素的分歧①

	敏感(性)	暴露(性)	适应能力(性)	应对(能力)	恢复(能力)
灾害学	√√√	√?		√√	√
生态环境	√√√	√?	√	√√	√
地下水	√√√		√√		√

---

① 表中结论是笔者对相关文献阅读分析的结果，存在一定的主观性。另外，在区域系统领域中涉及脆弱性构成要素的研究本身就较少，而在灾害和生态领域关于恢复(能力)是否包含于其中也存在一些争议。

(续表)

	敏感(性)	暴露(性)	适应能力(性)	应对(能力)	恢复(能力)
人地耦合系统	√√√			√√	√
区域系统	√√√			√√	√

注: √√√ 表示本领域绝大多数学者对此要素持肯定观点; √√ 表示本领域较多学者对此要素持肯定观点; √ 表示本领域有部分学者对此要素持肯定观点; √? 表示本领域学者对是否包含此要素存在争议。

从现已查阅的文献资料来看, 敏感(性)是几乎所有领域脆弱性都涉及的要素, 其次是应对(能力), 部分涉及恢复(能力)。

2.5.3　区域系统脆弱性

区域系统脆弱性与人地耦合系统脆弱性关系密切, 都是脆弱性研究的新领域, 远不如灾害、生态和地下水等领域的成果丰富。相比较而言, 人地耦合系统脆弱性的研究更多, 但是研究对象基本集中在矿业城市, 尤其是东北的矿业城市; 评价以指数法为主, 而且多从敏感性和应对能力两个方面选取指标。

就区域系统脆弱性研究而言, 研究多集中在经济、社会方面, 区域系统整体脆弱性研究相对较少; 一般认为脆弱性是区域系统内部存在的、扰动下表现出来的一种特性, 可定义为一种度或一种状况; 关于脆弱性内涵的研究较少, 形成机理更是少见; 以指数法为主的一些量化方法被应用于脆弱性评价, 尚未出现跨越时空尺度的区域系统脆弱性评价。关于脆弱性评价的问题, 笔者将在第4章进一步探讨。

第3章

区域发展脆弱性理论分析

从脆弱性视角去探讨区域发展问题，是脆弱性研究范式在区域科学领域的新应用。本章从区域系统构成要素出发，结合脆弱性的相关研究成果，归纳演绎区域发展脆弱性的概念、内涵，阐述其形成机理，构建其概念模型，将区域发展脆弱性分为累积式脆弱性、冲击式脆弱性和复合式脆弱性，力图揭示脆弱性是可持续发展的一个时间函数和空间函数，是衡量区域可持续发展水平、趋势、可能性的一种量度，是区域系统的固有特性，只有抑制脆弱性，才能实现区域系统的可持续发展。

⣿ 3.1　区域系统

3.1.1　区域与系统

1. 区域

人类的一切活动都离不开某一特定的地域空间，人类的活动与这一特定地域空间的结合便产生了"区域系统"[138]。这里的"地域空间"其实就可以理解为区域，然而不同学科对区域概念有着不同的理解。

《辞海(第6版)》对区域有两种解释：其一为土地的界化；其二为界限、范围①。

在《中国大百科全书(第2版)》中，区域是指"用某个指标或某几个特征指标的结合，在地球表面中划分出具有一定范围的连续而不可分离的空间单位"②。

《不列颠简明百科全书》指出，"根据一定标准，区域本身具有同质性，并以同样标准而与相邻诸地区或者区域相区别"③。

在地理学科中，区域是一个用来表示地理空间的概念，一般是指地球表面上具有一定地理位置和可度量的实体，其构成要素有内在的本质联系，外部形态有相似特征[155]。

随着不同学科相互交融与渗透，区域的内涵和外延也在延伸，地理科学中的区域概念也由最初的"自然统一观"发展到"综合观"以及"系统观"[156]。因此，即使是地理科学的"区域"也不再是最初的简单的"地域空间"，要以系统的观点去看待。

---

① 夏征农，陈至立. 辞海(第6版)[M]. 上海：上海辞书出版社，2010.

② 中国大百科全书总编委会. 中国大百科全书(第2版)[M]. 北京：中国大百科全书出版社，2009.

③ 不列颠百科全书公司. 不列颠简明百科全书[M]. 中国大百科全书出版社，译. 北京：中国大百科全书出版社，2005.

2. 系统

"系统"一词在学术领域和人们的日常工作生活中频繁出现，是一个非常泛化的学术概念，其定义、特征相对较难规范。

按照钱学森先生的观点，系统"是由相互作用、相互依赖的若干组成部分结合而成的，具有特定功能的有机整体，而且这个有机整体又是它从属的更大系统的组成部分"①。按照系统与其所处环境是否有物质、能量和信息的交换，系统可分为开放系统和封闭系统；按照系统的形成和功能是否有人参加，系统可以分为自然系统、人造系统以及复合系统；根据组成系统的子系统种类的多少以及它们之间关系的复杂程度，系统可以分为简单系统和复杂系统；如果系统的子系统种类很多并有层次结构，它们之间关联关系又很复杂，这就是复杂巨系统[157]。

系统的特性是由其组成部分(子系统)的特性决定的，但是其整体特性并不同于其组成部分的特性，往往是"整体大于部分之和"[158]。

3.1.2 区域系统

结合对区域和系统的理解与分析，并参考相关学者的研究成果[159, 160]，笔者认为，区域系统是由一定的功能单元在复杂的物质、能量和信息交换过程中，通过相互作用、相互影响、相互依赖和相互制约所形成的具有一定功能结构的地域空间有机整体。区域系统具有一般复杂系统的复杂性、开放性、层次性、动态演化性、自组织性和自适应性等特征，而且人还参与系统之中，并扮演重要角色，在很大程度上左右着区域系统的演化与发展[161]。

区域系统按照空间结构维度可以划分为一系列行政单元子系统，如城市、区县、村镇等；按照功能结构维度可以划分为自然环境、经济、社会等若干功能子系统[9, 12, 118]，如图3-1所示。

区域系统就是由功能维度中的自然环境、经济、社会等若干子系统和空间结构维度中的行政单元子系统在两个维度上相互缀合而成的，各个子系统又由数量众多的子系统和要素组成。系统与其所处外部环境之间、子系统及其组成要素之间不断进行着各种复杂的、人参与下的物质、能量、信息交换，区域系统不仅存在各行

---

① 钱学森，于景元，戴汝为. 一个科学新领域——开放的复杂巨系统及其方法论[J]. 自然杂志，1990，13(1)：3-10.

政单元在产业结构、区域分工与协作、生产要素流动、流域开发与综合治理、环境保护等方面错综复杂的竞争与合作关系，而且还有区域自然环境子系统、经济子系统、社会子系统之间相互作用、相互影响、相互依赖、相互制约的复杂作用关系。因此，区域系统是一个变量多、机制复杂、不确定性因素作用显著、人参与其中的、具有学习功能的、开放式的复杂巨系统[9]。

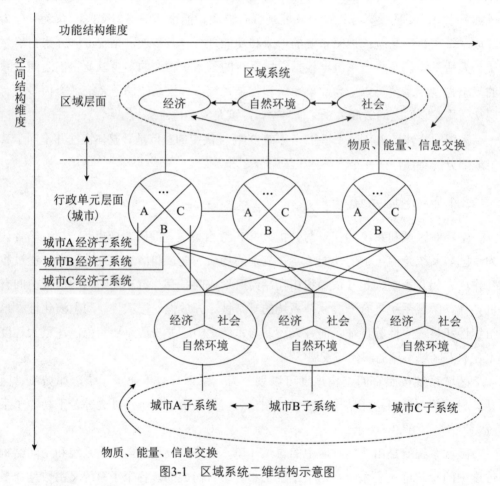

图3-1　区域系统二维结构示意图

数据来源：曾珍香，张培，王欣菲.基于复杂系统的区域协调发展——以京津冀为例[M].北京：科学出版社，2010：23.(有改动)

3.1.3　区域功能子系统及其关系

在功能结构维度上，区域系统可以分为自然环境子系统、经济子系统和社会子系统，其结构如图3-2所示。

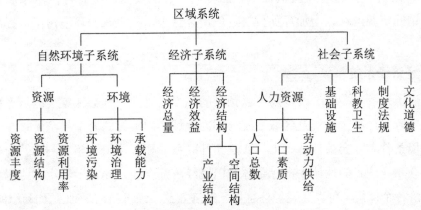

图3-2　区域功能子系统及其结构

资料来源：李尊实，刘艳红，高铭杉.区域经济系统脆弱性的内涵与界定[J]. 经济论坛，2005，(20)：9-11.(有改动)

1. 自然环境子系统

自然环境是环绕人们周围的各种自然因素的总和，如大气、阳光、水、土壤、岩石矿物、生物等，是人类赖以生存的物质基础，可以概括为资源与生态环境两大部分[118]。

这里的资源主要是指自然资源。根据联合国环境规划署(United Nations Environment Programme，UNEP)的定义，自然资源就是在一定的时间和技术条件下，能够产生经济效益、提高人类当前和未来福利的自然环境因素和条件的总称，主要有各种矿产资源、土地资源、水资源、海洋资源、森林资源等。由于先天禀赋和后天开发利用的影响，区域系统内不同空间单元的资源丰度、资源结构以及资源利用率等存在差异，会对其各自的发展产生不同的影响。区域系统的发展其实就是一个资源利用与再利用的过程，但是这一过程往往会造成资源丰度的降低和资源结构的改变。当然，随着人类认识水平的提高、技术的进步，资源的丰度、结构和利用率等也可得到相应改善。

生态环境主要由大气环境、水环境、土壤环境、生物环境等组成，为包括人类在内的各种生物的生存和发展提供了空间。为了经济的发展、社会的进步，人类必须开发利用各种自然资源，势必对生态环境形成污染与破坏，造成环境承载力的下降。同时，伴随着人类认知水平的提高、经济实力的提升，区域系统也可以降低无谓的资源消耗、增加环保投资、应用环保技术等来减少环境污染，提高环境承载力。

2. 经济子系统

经济子系统，在现阶段以及可以预见的相当长时期内都会在整个区域系统中处在核心位置。经济子系统是区域系统内不同地域空间单元的若干经济元素在一定的自然环境条件和社会条件基础上，通过相互联系、相互作用、相互制约共同形成的并有机联系在一起的地域生产综合体和国民经济综合体，涵盖了三次产业所涉及的国民经济各个部门，可以通过经济总量、经济效益、经济结构(产业结构和空间结构)等几个主要变量进行描述[141]。

经济子系统具有物质生产和再生产功能，能够为其自身以及整个区域系统提供经济支持。所以，经济发展往往被置于区域发展首位，欠发达地区特别容易片面追求经济增长速度，区域发展的种种问题往往也就由此而产生。

3. 社会子系统

社会子系统是最为复杂的子系统，广义上是由经济基础结构、社会文化结构、政治上层结构、意识形态结构等组成，笔者将其简化为人力资源、基础设施、科教卫生、制度法规和文化道德等关键要素[162]。

人的要素是最为关键的要素，是区域系统发展的内在原动力。从社会子系统本身来讲，高素质的人口不仅能够提高人力资源水平，推动技术创新与科技进步，而且还可以加快民主法治进程，有利于文化道德的传承与建设。人既是生产者又是消费者，既进行着自身的生产再生产，又进行着社会的生产再生产，人的各项活动往往会决定区域系统及其子系统发展的方式和方向。

基础设施就是通常意义上的公路、铁路、机场、通讯、水电煤气等公共设施，是区域系统长期持续稳定发展的重要基础。科学技术是第一生产力，是先进生产力的集中体现和主要标志，能够把巨大的自然力和自然科学并入生产过程，大大提高各个部门的劳动生产率。教育能够为国民经济发展培养劳动后备力量和不同技能水平的各种劳动力，还能促进知识的传播与技术的进步。医疗卫生能够为人们提供医疗保健，有利于劳动效率、健康水平的保持与提高。作为上层建筑的政府部门，也肩负着管理经济社会的重任，可以通过政策法规等予以刻画。良好的社会伦理道德、历史文化沉淀等社会因素是区域系统发展的保证。

上述要素的相互联系、相互作用共同推动着社会子系统乃至整个区域系统的存在与发展。

4. 各功能子系统之间的关系

在这3个功能子系统中，自然环境子系统能为经济和社会子系统提供空间载体，给予人类经济社会发展物质支撑。同时，自然环境子系统的载体功能、支撑功能也可以限制人类经济社会发展的速度和深度[163]。人类的经济社会活动既可以维系、修复、改善自然环境，又可以很容易地破坏自然环境。

经济子系统在自我发展的同时，也可以为自然环境子系统和社会子系统提供资金支持，如环境保护、教育、消费等，这是一种非生产性投入，会使生产性投入减少，从而影响甚至抑制自身的发展。但是，这种非生产性投入往往可以使自然资源、生态环境、社会环境等要素质量提高，有利于改善经济总量、经济效益和经济结构，促进经济子系统的发展[141]。当然，经济子系统内部各个地域单元之间、各次产业之间也有统一协调问题，要处理好生产和再生产过程中的生产、交换、分配、消费各个环节的关系。现阶段，经济子系统处在核心地位。

社会子系统能够为自然环境子系统和经济子系统提供各种保障，如各种政策法规、劳动力、科学技术等。同时，社会子系统也是区域发展的终极目标所在。因为发展是为了实现人的全面充分发展[164]，而社会子系统的关键要素恰恰是人。从长远来看，社会子系统才是区域系统最终的核心。

自然环境、经济和社会3个功能子系统及其各子系统的构成要素不是简单的机械堆积，而是相互作用、相互影响、相互依赖、相互制约的，由此构成了这个变量众多、机制复杂、不确定性因素作用显著、人参与其中的、具有学习功能的、开放式的复杂巨系统[9]。

⊞ 3.2　区域发展脆弱性的概念与特征

3.2.1　脆弱性的含义

1. 脆弱性的语言学释读

脆弱(性)在《辞海(第6版)》中被解释为"易折易碎",如《考工记·弓人》有"夫角之末,远于脑而不休于气,是故脆"之说;又有"脆性——材料受力破坏时,无显著的变形而突然断裂"的提法①。《现代汉语词典(第6版)》和《新华字典(第11版)》对脆弱的解释为"禁不起挫折,不坚强"②③。

英文中"脆弱性"主要被译为"vulnerability",部分文献中将之译为"frailty"。"vulnerability"的拉丁文词源为"vulnerare"/"vulnus",其意为"to wound"/"a wound"。《牛津高阶英汉双语词典(第7版)》对vulnerable给出的解释是:"(to somebody/something)weak and easily hurt physically or emotionally"④,其意是:(身体或感情上)脆弱的、易受……伤害的。

所以,从语言学角度来看,"脆弱性"可以被理解为事物自身所具有的、在受到外力作用时容易受到损害而不易恢复的性质,或者由于事物自身具有不稳定因素而造成事物自身不稳定、不坚韧、容易消亡的性质[165];而之所以"自身具有"往往是由自身所处状态、性质事先所造成的。"脆弱性"的语言学上的释义提示应该内因或内外因结合起来去研究事物的"脆弱性",这为各相关学术领域对"脆弱性"的研究提供了出发点和直接基础。

2. 脆弱性的学术含义

根据第2章的综述分析,人们对不同学科背景的脆弱性界定各不相同,大致可以分为以下3类:作为人或人群承受、应对灾害的能力的脆弱性;作为系统面对外界扰动遭受损失的可能性、遭受损失程度以及状态测度标准的脆弱性;作为测量标准和

① 夏征农,陈至立. 辞海(第6版)[M]. 上海:上海辞书出版社,2010.
② 中国社会科学院语言研究所. 现代汉语词典(第6版)[M]. 北京:商务印书馆,2012.
③ 中国社会科学院语言研究所. 新华字典(第11版)[M]. 北京:商务印书馆,2011.
④ [英]霍恩比. 牛津高阶英汉双语词典(第7版)[M]. 王玉章,等译. 北京:商务印书馆,香港:牛津大学(中国)出版社,2009.

应对能力集合以及功能整合的脆弱性。虽然各领域关于脆弱性的概念在不断发展变化，但是也不乏规律在其中：

其一，脆弱性往往是针对某一具体研究对象而言的。对象涉及面很广，既可以是某个个体或群体，也可以是某个系统，诸如自然系统、经济系统、人类系统、人与自然组成的复合生态系统等，脆弱性的含义也因此演化成为一个庞大的体系；这个体系自然会由于时间、空间的变化而发生变化。

其二，脆弱性的产生往往是系统内外部环境(包括社会条件)等因素的不利扰动，以及研究对象自身对外部扰动的敏感性、应对不利扰动并从中恢复的能力等因素共同作用的结果，扰动作用强度不同和(或)敏感程度不同、应对能力与恢复能力不同时会表现出不同程度的脆弱性。这其实也表明脆弱性具有动态性，在外部环境不变的情况下，也可以随着系统的变化而变化，是可调控的。

其三，脆弱性应该是一个相对概念，并不代表绝对水平。一方面，研究对象不同，即使相同的扰动也会有不同程度的脆弱性；另一方面，相同研究对象在不同的时空环境下，脆弱性的表现也会存在差异。也就是说，在一定标准下，某研究对象的脆弱性是相对于其他研究对象而言的，或者说某研究对象在某一特定时空条件下与其在不同时空条件下相比是脆弱的。当然，"标准"也会影响脆弱性程度。所以，脆弱性在一定程度上符合"测不准原理"[①]。

就脆弱性的内涵而言，从现已查阅的文献来看，敏感(性)是几乎所有领域脆弱性都涉及的要素，其次是应对(能力)；就已有的区域系统以及人地耦合系统脆弱性而言，恢复(能力)往往也列入其中，而暴露(性)鲜有涉及。

3.2.2 区域发展脆弱性的概念

1. 对脆弱性的再认识

基于前述不同章节关于脆弱性的概念、内涵以及脆弱性语言学含义的梳理，在研究区域系统脆弱性时，笔者认为：

---

① 测不准原理可以简单概括为，在量子力学系统中，粒子的位置与动量不能同时被确定，要精确地确定一个力学量的同时必定不能精确地确定另一个力学量。这一原理是德国物理学家沃纳·卡尔·海森堡于1927年通过对理想实验的分析提出来的，后被证实。在社会科学领域被引申为，当我们由条件X得出结论Y时，关键是条件X是否影响结论Y。

第一，不同学科、不同领域、不同主体的脆弱性研究，其概念内涵应该可以有所不同，尤其是实证研究，不宜过早设立统一标准。这一方面，政府间气候变化专门委员会(IPCC，Intergovernmental Panel on Climate Change)的做法值得推崇。也许正是意识到脆弱性领域在不断扩展，但是其内涵争议的广泛存在，IPCC在其2012年的报告中采取了"模糊"界定[65]，将脆弱性简单概括为"脆弱性是人员、生计、环境服务和各种资源、基础设施，以及经济、社会或文化资产受到不利影响的可能性或趋势"①。

第二，脆弱性是系统自身的一种固有属性，和暴露与否无关。暴露是系统与外部环境的一种相对关系，而非系统自身的属性[43]，是致灾因子(扰动)与脆弱性相互作用的结果[166]。这就如同一个身体素质差、免疫能力低的人，无论是否面临细菌病毒的侵袭(即暴露)，这个人都是脆弱的。暴露虽然对系统脆弱性有所影响，但始终要通过扰动间接作用于系统。另外，在对区域系统这样的复杂巨系统脆弱性进行研究时，诸多影响要素都被系统内化了，可以暂不考虑"暴露"；或者，实际上已经考虑了。因此，可以暂时不将"暴露(性)"纳入区域系统脆弱性问题的研究。

第三，脆弱性意味着系统对扰动是敏感的。系统的脆弱性只有在一定的扰动下，才会有所表现；同时，并不是对所有扰动都脆弱。就如同谷物的产量对干旱是敏感的，在干旱的扰动下，谷物是脆弱的；而谷物对地震是不敏感的，在地震扰动下是不脆弱的。但是，如果没有旱灾的发生，那么谷物(对干旱)的脆弱性也无法表现出来。所以，脆弱性离不开系统对外部扰动是敏感的这一前提。

第四，应该将应对能力、恢复能力一并纳入区域发展脆弱性的概念体系中。应对能力是被广泛认可的脆弱性基本构成要素；脆弱性是否包含恢复能力在学术界一直存在着争议(详见第2章)。基于以下原因，笔者对恢复能力持肯定意见。首先，恢复能力是系统应对扰动的反映，是系统的主动反映，这与区域系统是人参与其中的复杂巨系统是一致的。其次，诚如有些学者指出的那样，"脆弱性是一种表征状态的量，恢复性是一种表征过程的量"[39]，按照此逻辑，区域系统不同时点的脆弱性则是过程变量，区域系统发展过程中表现出来的脆弱性更是如此，因此研究区域系

① Field C B, Barros V, Stocker T F, et al. Managing the Risks of Extreme Events and Disasters to Advance Climate Change Adaptation: Special Report of the Intergovernmental Panel on Climate Change [M]. Cambridge, UK: Cambridge University Press, 2012: 42-43.

统以及系统内不同城市在不同时点、时空范围的脆弱性时，对表征系统瞬间反映的应对能力要予以考虑，对表征系统过程变化的恢复能力更应予以关注，笔者一并称之为应对与恢复能力，即系统应对扰动并从扰动中恢复的能力。

2. 区域发展脆弱性的界定

基于脆弱性以及区域系统的分析与理解，笔者认为，区域发展脆弱性是衡量区域系统可持续发展水平、趋势、可能性的一种量度[①]，是在区域系统发展过程中遭受内外部扰动时表现出来的固有属性。脆弱性和敏感性正相关，和应对与恢复能力负相关，是敏感性、应对与恢复能力的函数，即

$$v=f(s,r) \tag{3-1}$$

式(3-1)中：v 为区域发展脆弱性；s 为区域系统对扰动的敏感性；r 为区域系统面对扰动的应对与恢复能力。其中敏感性主要与区域系统结构和功能，即系统自身条件有关，而应对与恢复能力主要与区域系统自我调节机能和人类社会对区域系统的干预调控强度等有关[10]。

在区域发展过程中，其脆弱性程度会随着系统内外部条件的改变而处在不断的变化之中。

3.2.3 区域发展脆弱性的特征

综合国内外相关研究成果[167, 168]，笔者将区域发展脆弱性的主要特征概括为以下几个方面。

1. 时间性

发展本身就是一个蕴含着"时间"因素的概念，所以区域系统的脆弱性在时间维度上的演化就是区域(系统)发展的脆弱性。区域发展脆弱性可以分为历史、现状和未来的脆弱性；或者是某一时点和时段的脆弱性。由此，区域发展脆弱性可以通过时间进行标识。

---

① 量度，英文一般译为measurement，是指对某种不能直接测量、观察或表现的东西进行测量或指示的手段。而如前所述，脆弱性只是一个相对概念，在某种意义上符合"测不准原理"。因此"量度"一词与"度"等词汇相比就更为准确了。

2. 空间性

区域系统在空间维度上，可以被划分为若干不同质的行政单元子系统，即各自的敏感性、应对与恢复能力是不同的；同一扰动的作用结果也会随着空间尺度的不同而不同。这就意味着在同一大区域内，不同地区会有不同的脆弱性。就如同地震发生时，震中区和非震中区有着不同的受灾程度，地震应急机制健全和不健全的地区受灾程度也是不一样的。同时，有了空间尺度，也便于将脆弱性因素和扰动区分为内在因素和外在因素、系统内扰动和系统外扰动。

3. 可调控性

区域发展脆弱性和敏感性正相关，和应对与恢复能力负相关，所以脆弱性是可以降低的。例如，通过对区域系统及其构成要素的调整，优化其结构、完善其功能，可以降低系统对扰动的敏感性，提高系统应对扰动并从中恢复的能力；采取积极主动的措施还可以降低扰动强度，甚至规避扰动的不良后果。从而达到脆弱性的优化调控，实现可持续发展。脆弱性的调控其实也是进行脆弱性研究的目的所在。

3.3 区域发展脆弱性的形成机理

3.3.1 区域发展脆弱性构成要素及其作用

1. 扰动是诱因

如前所述，脆弱性是一个系统(或个体)在扰动下所表现出来的属性，扰动可以说是脆弱性的诱因。

扰动，作为专业术语，一般认为最早出现在建筑工程领域，是指原状土因为受到自然或人为因素干扰而发生性质的改变，扰动不利于地基基础施工质量的保证。在这里，扰动可以理解为区域系统在发展过程中，对其可持续发展产生不利影响的各种干扰。扰动可能是突发的，如极端气候事件；也可能是持续的，如经济危机；也可能是多重的、多尺度的，如经济危机下的自然灾害。

区域系统是复杂巨系统，其面临的扰动有可能来自系统内部，即区域系统自身运动过程中孕育产生的扰动，如地区产业结构调整、资源的过度开发利用、地方流行病爆发等；也可能来自区域系统外部更大尺度上的扰动，如国家经济政策的调整、国内或国际市场原材料价格的变化、全球气候变迁等。

区域系统内各子系统会相互扰动，某一子系统也可以受到其他子系统的联合扰动。

2. 敏感性是前提

敏感性是区域系统对内外部扰动所产生响应的程度，能够决定区域系统是否会遭受扰动损害以及损害的程度。诸多实例和实证研究都表明，相同强度、时空范围的扰动，不同系统(或个体)会表现出不同程度的脆弱性，其原因往往就在于敏感性的不同。

敏感性是系统脆弱性的公认构成要素，是系统在遭受扰动前就有的属性。区域系统在功能维度上由自然环境、经济、社会3个子系统缀合而成，这些子系统及其构成要素也就直接影响着区域系统对扰动的响应程度，即敏感性。当然，也可以通过系统结构和功能的优化来改善敏感性，改变响应程度，降低脆弱性。一般来说，在其他条件一定的情况下，对扰动的敏感性越高，区域系统脆弱性越高；反之，则越低。

3. 应对与恢复能力是根本

应对与恢复能力是指区域系统应对扰动并从扰动的不利影响中恢复的能力。应对能力是指区域系统抵御扰动并使系统维持其原状的能力，是系统对扰动做出的"瞬间"反应，应对能力在一定程度上可以降低甚至消除扰动带来的不利影响。而扰动发生后，使区域系统恢复或回到初始状态的能力就是恢复能力，隐含着区域系统在扰动下已遭受某种程度的损失或扰动是持续的。恢复能力同样可以消除扰动的不利影响，还可以通过区域系统结构和功能的改善而承受更为强烈的扰动。但是，其作用的发挥往往需要一定的时间和空间。

敏感性相同或剔除敏感性因素后，如果相同强度、时空范围的扰动造成不同系统(或个体)不同程度的损害(也就是不同程度的脆弱性)，就应该在应对与恢复能力上寻找差别了。一般来说，在其他条件一定的情况下，应对与恢复能力越强，区域系统脆弱性越低；反之，则越高。

应对与恢复能力同样是由区域系统的结构和功能决定的，影响因素往往是交叉作用的，主要是区域系统能够利用的、为自身所拥有的各种现实的和(或)潜在的资源。这些资源可以是有形的，如劳动力、物资、资金等，也可以是无形的，如文化道德、科学技术、政策、法规等。当然，必要时区域系统可以获得更大尺度空间上的域外资源来提升应对与恢复能力，如国家的政策倾斜、财政资金注入、相关补偿机制建立等，即主动的干预调控也影响着系统的应对与恢复能力。

3.3.2 区域发展脆弱性的形成机理

1. 自然环境子系统脆弱性的形成

自然环境是人类社会赖以生存和发展的物质基础，人类及其活动都要以自然环境为依托，人类经济社会的发展就是一个开发利用各种资源(尤其是不可再生资源)，并向自然环境排放各种副产品的过程。伴随着区域发展进程，资源赋存减少、品质下降，废弃物(特别是污染物)排放增加，自然环境的敏感性会随之提高；同时，也势必使自然环境的自我调节功能、恢复功能逐渐丧失，系统的应对与恢复能力受到抑制。那么，扰动一旦发生，自然环境子系统势必表现出高脆弱性，其作用过程如图3-3所示。

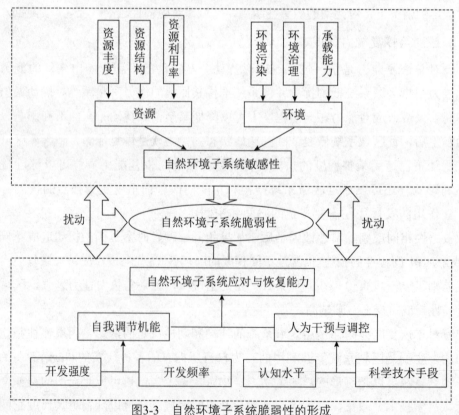

图3-3　自然环境子系统脆弱性的形成

　　当然，伴随着经济社会的发展、认知水平的提高，人们也会主动或被动地运用各种科学技术手段去改善资源丰度、结构和利用率，提高自然环境承载力，寻找各种自然资源的替代品。这样，自然环境的敏感性、应对与恢复能力就会得到改善，脆弱性会随之降低[10]。

2. 经济子系统脆弱性的形成

　　经济子系统进行物质生产和再生产，要为自身及其整个区域系统提供经济支持，其经济支持功能的实现主要取决于经济总量、经济效益和经济结构(包括产业结构和空间结构)，任何方面的问题都会导致经济脆弱性的产生，尤其是经济结构。如果经济结构或产业结构较为单一，如对某种资源高度依赖，那么经济的敏感性就较高。当发生较大范围产业结构调整或所依赖的资源发生不利变化时，自身准备不足、应对无力，就会遭受较为严重的损失，表现出较高的脆弱性，如图3-4所示。

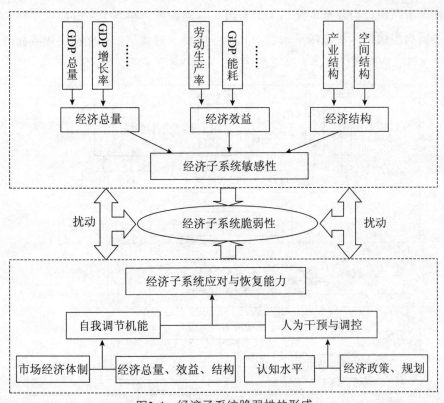

图3-4　经济子系统脆弱性的形成

桂林是世界著名的风景游览城市，2012年旅游业收入占到GDP的18.1%，直接从业人员达到20万人[169]。桂林经济对旅游业相对较为依赖，而旅游业最容易受到自然灾害、突发事件、社会骚乱等的干扰[170]，2003年的"非典"可以说给桂林市带来了巨大的冲击。据《中国旅游报》报道，仅2003年3月18日后的一个月内，退团的国外游客达74 141人，国内游客减少了50%以上；4月下旬，星级酒店的入住率不足10%；到5月下旬，桂林的80多家旅行社基本已放假休息，26家星级酒店中申请休假的占81%(其中，歇业的占36%)[171]。由此就不难想象"非典"扰动对桂林造成的经济损失有多大。较其他非旅游城市而言，桂林经济系统(特别是旅游经济系统)具有相对较高的脆弱性。当然，由于应对得当，再加上"非典"在全国范围内得到有效控制，桂林旅游业也较快得以恢复。

3. 社会子系统脆弱性的形成

社会子系统最为复杂，是由人力资源、基础设施、科教卫生、制度法规和文化道德等要素组成的区域保障子系统，其中任一要素的调整、变化都会影响社会子系统的敏感性、应对与恢复能力及其脆弱性，如图3-5所示。

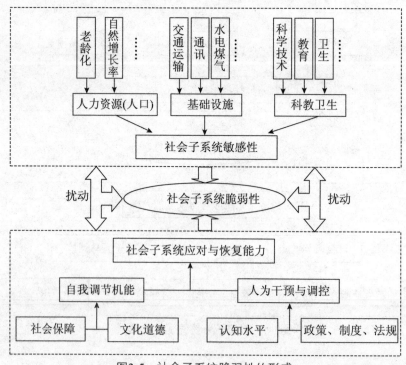

图3-5 社会子系统脆弱性的形成

以其中最为关键的要素——人为例，可以从多个方面影响社会子系统的脆弱性，如人口老龄化问题。人口老龄化是区域发展中的一个现实问题，在我们国家已经逐步彰显。随着人口红利的逐渐丧失，劳动力人口的赡养系数提高，负担加重，社会子系统敏感性随之提高。所谓人口红利[173]，是指"人口转型过程中出现的人口年龄结构优势导致的高劳动参与率对一国经济增长的积极效应"①。如果经济危机扰动形成大量失业，而没有足够的新增岗位接纳这些失业人员，社会保证体系又不能提供足够的失业保险金额来维持失业人员的正常生活(即应对与恢复能力不足)，那么居民的日常生活无法保障，就会导致家庭暴力、犯罪等社会问题，甚至引发更为严重的社会动乱，脆弱性必然大幅攀升。

4. 区域系统整体脆弱性的形成

区域系统的自然环境、经济、社会各子系统之间相互作用、相互影响、相互依赖、相互制约，子系统之间不仅存在着相互的扰动，而且还相互影响着敏感性、应对与恢复能力以及脆弱性；在区域发展过程中，子系统的脆弱性又发展演化为区域系统的整体脆弱性，如图3-6所示。

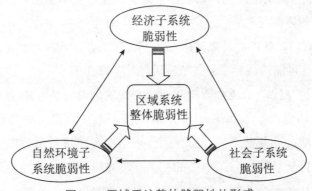

图3-6 区域系统整体脆弱性的形成

我国的一些石油城市的发展历程就很有说服力。由于石油的特殊战略地位，一经探明，开采就成为重中之重，尤其在新中国成立初期。石油城市往往"先油后城""先生产后生活""先开采后治理"，相关城市基础设施建设明显不足。而且石油城市大多位于脆弱生态区，如大庆市就处在北方生态脆弱带的关键地段，还属

① 汪小勤，汪红梅．"人口红利"效应与中国经济增长[J]．经济学家，2007，(1)：104-110．

于欧亚沙漠盐碱带的东端[174]。经济方面产业结构较为单一、产业链条短，对石油的"路径依赖"明显，轻工业、第三产业发展落后；在国家计划经济背景下，石油城市往往是石油关联产业利益分配中的"受害者"，财政收入低，积累不足，经济实力不强；生产性和非生产性投入的规模、比例都不尽合理[122]。另外，受到产业结构的影响，劳动力受教育年限短、技能单一，男女比例严重失调[175]。这就造成石油城市在自然环境、经济、社会方面都明显存在先天不足，对扰动具有较高的敏感性，而应对与恢复能力又没有主动地培育。在一定时空条件下，自然环境、经济、社会就会暴露出诸多问题，如资源枯竭，生态环境退化，环境承载力下降，城市经济发展停滞，居民收入减少，失业增加，社会矛盾容易激化等，对石油城市的发展产生扰动。

石油城市各个子系统还会彼此扰动，彼此制约敏感性的改善和应对与恢复能力的提升，导致脆弱性突显[176]：自然环境子系统会受到石油开采加工活动(经济子系统)、居民日常生活(社会子系统)扰动的影响，如工业生产、日常生活造成的污染物、废弃物的增加；经济子系统会受到石油资源赋存下降(自然环境子系统)、社会环境状况(社会子系统)扰动的影响，如赋存下降造成生产成本增加、经济效益下降，劳动力结构、技能的限制导致产业无法升级换代；社会子系统会受到石油资源赋存下降(自然环境子系统)、城市经济停滞(经济子系统)扰动的影响，如收入减少、失业增加。这些扰动还有可能造成各子系统敏感性的进一步上升。

各子系统的相互扰动，还会影响其他子系统的应对与恢复能力，使脆弱性愈加突出，特别是石油资源渐近枯竭时[176]。对经济子系统而言，石油赋存下降，开采成本的提高，石油产业效益下降，单一的经济结构和经济总量难以保证经济的自我转型，而退化的自然环境、问题多多的社会环境难以吸引域外的新型产业。这是自然环境子系统、社会子系统对经济子系统应对与恢复能力的影响。对社会子系统而言，以失业为主的社会子系统问题同样难以解决，因为衰退的石油工业只会带来失业的增加，很难提供新的就业岗位；恶劣的生态环境、落后的基础设施又难以招商引资，无法吸纳失业人员。这是经济子系统、自然环境子系统对社会子系统应对与恢复能力的影响。自然环境子系统的治理恢复由于社会子系统人力、技术手段和经济子系统物力、资金的限制，也无法有效开展。这是社会子系统、经济子系统对自然环境子系统应对与恢复能力的影响。凡此种种，对自然环境、经济、社会子系统的应对与恢复能力必定产生负向影响。

在自然环境、经济、社会子系统的扰动中，各自的脆弱性被诱发，如果没有相关的有效应对与恢复(包括必要的区域外支持)，就容易产生"链式"反应，导致区域系统整体脆弱性的"螺旋式"上升，造成严重的后果。

3.3.3　区域发展脆弱性的概念模型

区域系统的脆弱性是自然环境、经济、社会3个子系统在一定的时空条件下演化而成的。按照马世骏院士等的观点[177]，区域系统发展要"使综合效益B最高，导致危机的风险R最小，存活进化的机会O最大"①。仿此关系，加入脆弱性下降这一目标后，有如下多目标决策概念模型，即

$$
\begin{aligned}
\mathrm{Min}\,V &= F(V_{NE},V_{EC},V_{SO},t,s)\\
&= V_{NE}\oplus V_{EC}\oplus V_{SO}\\
&= f_1(S_{NE},R_{NE},t,s)\oplus f_2(S_{EC},R_{EC},t,s)\oplus f_3(S_{SO},R_{SO},t,s)\\
\mathrm{Max}&\{B(NE,EC,SO,t,s),-D(NE,EC,SO,t,s),O(NE,EC,SO,t,s)\}\\
s.t.\quad &G(NE,EC,SO,t,s)\leqslant 0
\end{aligned} \tag{3-2}
$$

式(3-2)中，V为区域发展的脆弱性，是区域自然环境子系统NE、区域经济子系统EC和区域社会子系统SO的脆弱性在一定的时间条件t、空间条件s下叠加而成的；V_{NE}为自然环境子系统脆弱性，且$V_{NE}=f_1(S_{NE},R_{NE},t,s)$，是自然环境子系统在扰动下的敏感性$S_{NE}$、应对与恢复能力$R_{NE}$以及时间$t$和空间$s$的函数；$V_{EC}$为经济子系统脆弱性，且$V_{EC}=f_2(S_{EC},R_{EC},t,s)$，是经济子系统在扰动下的敏感性$S_{EC}$、应对与恢复能力$R_{EC}$以及时间$t$和空间$s$的函数；$V_{SO}$为社会子系统脆弱性，且$V_{SO}=f_3(S_{SO},R_{SO},t,s)$，是社会子系统在扰动下的敏感性$S_{SO}$、应对与恢复能力$R_{SO}$以及时间$t$和空间$s$的函数；$B$为区域发展的综合效益；$D$为区域发展的危机风险；$O$为区域发展的机会；$G$为区域发展过程中在一定时空范围内的自然环境、经济、社会的约束条件集合。

这里的区域系统可以大到由一个或多个省市级行政单元组成的区域，也可以小到由一个或多个区县级(甚至更低行政级别)的行政单元组成的区域。

这一概念模型表明区域发展脆弱性研究，可以从不同时间维度、空间维度(即行政单元维度)和功能维度(即自然环境—经济—社会的维度)分别进行或不同维度结合

---

① 马世骏，王如松. 社会—经济—自然复合生态系统[J]. 生态学报，1984，4(1)：1-9.

进行，而区域发展脆弱性是不同维度上脆弱性共同作用的结果。

在相同的外部环境下，由于时空维度和自身条件的差异，不同区域系统(子系统)面临的扰动是不一样的，敏感性以及应对与恢复能力也是不一样的，其脆弱性也会存在明显的时空差异。最终目标是区域系统的可持续发展、整体脆弱性的降低，所以要重视各个子系统之间及其构成要素在时空范围内的协调统一，不可以偏概全。

3.4 区域发展脆弱性的类别

作为衡量区域系统可持续发展水平、趋势、可能性的一种量度，区域发展脆弱性会在扰动下表现出来，和区域系统所决定的敏感性、应对与恢复能力相关。根据脆弱性及其各相关要素的作用状况，区域发展脆弱性可以分为累积式脆弱性、冲击式脆弱性和复合式脆弱性[139]。

3.4.1 累积式脆弱性

1. 累积式脆弱性的含义

在发展过程中，区域系统(包括子系统)会不断受到各种不同的扰动，由于敏感性的存在，扰动会对发展造成负向影响。如果扰动不是很强烈，而应对与恢复能力又不能使区域系统完全恢复或回到初始状态，那么这种负向影响就会被累积；虽然累积只是一种量变，但是一旦超过某一阈值就会发生质变，严重影响区域系统的发展。这种脆弱性就是区域发展过程中的累积式脆弱性。

从扰动的角度看，区域系统的脆弱性阈值主要取决于扰动的强度、频率、持续时间等因素；从区域系统自身的角度看，其结构和功能也会影响阈值的大小[178]。脆弱性的累积程度一旦达到并超过阈值，区域系统的结构、功能就会被破坏，脆弱性激增，就会产生震荡，可能导致动乱、分裂、战争，甚至区域系统崩溃。理论上，区域经济社会发展水平低，自然环境状况差，而扰动的强度大、频率高、持续时间长，脆弱性阈值就会较低；而且不同区域系统的脆弱性阈值也是不一样的。

黄土高原就是发生在我们身边关于累积式脆弱性的典型事例。黄土高原是全世界最大的黄土高原，地处干旱半干旱湿润气候带，是中国古代文明孕育发展的摇篮；黄土高原地区还蕴藏着丰富的矿产资源，又是新中国重要的能源、化工基地。然而，如今的黄土高原必须面对一个残酷的现实——脆弱，尤其是自然环境。

据考证，黄土高原曾是"山木清丽，竹木翁郁"的膏腴之地[179]，是随着人类持续的、大规模的开发行为(扰动)才使黄土高原如此脆弱的。自秦汉时期的"移民实边"和"屯垦戍边"开始，高原晋北陕北和广大山区的森林就遭到大规模的严重破坏；南北朝至唐宋(包括辽、金)元时期，黄土高原的生机得到一定程度的"修养"；明朝政府推行"屯田制"，强令边防士卒毁林毁草开荒，到了"西渡黄河，历永宁入延绥(黄土高原北部，也就是如今陕西省延安、绥德、榆林地区和山西省北部地区)，即山之悬崖峭壁，无尺寸不耕"的地步；清承明制，还奖励垦荒，以致内蒙古南部鄂尔多斯千里草原也被开垦为农田[180~182]。各封建王朝的屯垦、屯田行为对边疆巩固、政权稳定起到了很大作用，但正是人类跨越千年的不适度、不合理"开发"的负作用被累积、放大，引起黄土高原生态环境的颠覆性破坏：沟壑纵横、植被覆盖率低[183]，水土流失和土壤侵蚀严重[184, 185]，泥石流、水旱灾害频发[186]，相关地区的经济社会发展水平也相对不高。就人类现有的技术经济条件而言，要使其恢复到原来的状态已是不可能了。"文明人跨越地球表面，足迹所过之处留下一片荒漠"①，古巴比伦文明、玛雅文明、撒哈拉文明等诸多文明的消亡等，就是一种真实的写照[187]。

2. 累积式脆弱性与区域系统各要素的关系

对区域发展产生渐进负作用的因素可能来自区域系统的各个子系统。

(1)自然环境因素对累积式脆弱性的诱发

自然环境涉及资源和环境，而任何区域系统的发展都离不开资源的开发利用和环境的承载。在发展初期，资源开发力度小，环境破坏程度相对较低。而随着经济社会的发展，特别是制造业的兴起和人口的膨胀，就会使得资源消耗量超过资源再生量(有些资源是不能再生的)，废弃物排放超过环境承载能力，自然环境子系统的敏感性随之提高、自身调节机能逐渐丧失，脆弱性就会累积、提高。如果没有有效的人为干预与调控，如政策法规的制定实行，资金、技术等的投入，其自我调节机能已很难降低自然环境子系统的脆弱性，脆弱性一旦累积超过极限，自然环境就会以

---

① 周鸿. 生态文化与生态文化建设[N]. 中国环境报，2007-3-20(003).

自然灾害频发、生态环境恶化的方式报复人类，经济子系统、社会子系统也会被殃及。同时也会阻碍经济子系统、社会子系统对自然环境子系统敏感性、应对与恢复能力的正向作用的发挥。如此"恶性循环"一旦形成，区域系统不仅难以发展，甚至会引起震荡。

(2) 经济因素对累积式脆弱性的诱发

区域系统中，经济发展水平往往处于较为重要的地位，发展中国家和地区尤为如此。如果区域经济发展落后，环境保护的投入可能就会不足，社会保障子系统也难以有效建立、维系，造成这两个子系统敏感性提高，应对与恢复能力有限。同时，出于追赶的需要，极有可能采取外延方式促进经济增长，这又会加快资源开发、环境破坏(自然环境子系统敏感性提高，应对与恢复能力降低，造成脆弱性的提高)；同时，还有可能拉大不同阶层之间、不同地区之间的收入差距，使社会子系统敏感性提高。经济子系统一旦遭受扰动，脆弱性就可能在3个子系统内同时增加，相互"促进"，极有可能造成严重后果，影响区域系统的发展。

(3) 社会因素对累积式脆弱性的诱发

区域发展中的效率与公平问题的解决有赖于相关的政策法规的制定以及文化道德的取向。分配不公，贫富差距拉大，社会子系统脆弱性随之逐步累积增加。这不仅不利于人力资源的生产再生产，而且还可导致大量社会问题的出现。印尼暴乱事件频繁发生，原因多多，但是与其国内贫富差距过大、失业严重等问题长时间内不能得到有效解决密不可分[188, 189]。社会子系统脆弱性的累积极易引起社会动荡，难免波及经济、社会子系统，给区域系统发展带来更为严重的影响。

3.4.2　冲击式脆弱性

冲击式脆弱性是指，区域系统及其子系统敏感性高，应对与恢复能力相对不足，而扰动的作用强度又如此之大、频率如此之高，以致脆弱性在极短时间内就超过阈值，而使区域系统遭受严重损失，区域系统的结构和功能需要很长时间才能恢复，甚至不能恢复。

扰动强度大、频率高，以及系统的高敏感性、应对与恢复能力不足是冲击式脆弱性的主要特征。导致这种脆弱性的扰动可能来自疫病流行、社会骚乱、金融危机、战争、部族冲突、自然灾害等；显然，地震、海啸、极端天气(气候)事件等自然灾害的扰动损害"最为常见"。如2004年12月印度洋海啸、2005年8月美国"卡特里娜"飓风、2008年5月中国"5·12"汶川地震、2011年3月日本"3·11"大地震、2012年7月中国华北地区洪涝风雹灾害等，给人类的生命财产造成重大损失，扰乱了人们正常的学习、工作、生活秩序，有的还引发严重事件而导致社会骚乱的发生。冲击式脆弱性对区域发展带来的影响往往是突发的，但又往往在一定的背景下发生。灾害脆弱性研究表明[14, 15, 17]，"不利的社会经济条件决定的脆弱性是自然灾害造成损失的真正原因"①，是由于"致灾因子的影响已经超过了社会经济系统的应对能力"②，"我们必须通过减低社会的脆弱度降低灾害风险水平，抑或通过加强国家和社会的减灾能力，在减灾大循环体系中体现高效的综合减灾措施"③。因此，不断优化系统结构、完善系统功能，以降低敏感性、提升应对与恢复能力，随时监控扰动因素，在一定程度上可以降低冲击式脆弱性；借助于必要的域外资源，系统结构和功能也可以更好地恢复，并能承受强度更大、频率更高的扰动。

3.4.3　复合式脆弱性

区域发展的负作用还未累积到阈值或脆弱性程度低，区域系统遭受到一定程度的新的扰动；这种扰动虽然强度不大、频率不高、持续时间不长，但是也可能使区域系统遭受严重损害，甚至崩溃。这就是复合式脆弱性。复合式脆弱性是累积式脆弱性和冲击式脆弱性联合作用的表现，也许楼兰文明消失的事例就是一个很好的诠释。

楼兰是汉朝时期西域三十六国之一，位于塔里木盆地罗布泊北岸，与敦煌相邻，曾是古丝绸之路上的重镇之一。《汉书·西域传》曾有如下记载[190]："鄯善国，本名楼兰，王治扞泥城，去阳关(长城)千六百里，去长安(西安)六千一百里。户千五百七十，口万四千一百，胜兵二千九百十二人。"④ 然而，大约在公元330年(大约1600年前)，楼兰古国突然消失了。关于楼兰古国的消失之谜有多种解释，不一而是。由于知识背景的关系，笔者无意也无力一一对其进行辨析。但是如果将这些看

---

① O'Keefe P, Westgate K, Wisner B. Taking the Naturalness out of Natural Disasters [J]. Nature, 1976, (260): 566-567.

② Pelanda C. Disaster and Sociosystemic Vulnerability [M]. Gorizia: Disaster Research Center, 1981.

③ 孙蕾，石纯. 沿海城市自然灾害脆弱性评估研究进展[J]. 灾害学，2007，22(1)：102-105.

④ [德]阿尔伯特·赫尔曼. 楼兰[M]. 姚可崑，高中甫，译. 乌鲁木齐：新疆人民出版社，2013：48.

法进行综合，"结果"就耐人寻味了。

人类的经济社会活动对楼兰及其周边的生态环境造成了很大破坏，脆弱性被不断累积增加。罗布泊原本不适宜农耕，但是当时汉朝政府却把它作为屯田的一个主要地区，士兵们"徙石为田，运土植谷"，不仅加剧植被破坏、土地沙化，而且淡水资源也随之匮乏[191]。罗布泊中的水含盐量高，不能用于饮用和灌溉，孔雀河是楼兰地区(罗布泊)的主要淡水来源[192]。胡杨林是沙漠绿洲的屏障，可以防风固沙、调节绿洲气候，对沙漠河流地区生态平衡稳定的作用十分重要。但是，胡杨树却被广泛砍伐充当建筑材料，楼兰的皇室、贵族更是实施大量使用胡杨树的奇特墓葬形式——太阳墓①，由此形成的砍伐量就可想而知了。

屯田垦荒、滥砍滥伐，原本脆弱的楼兰(罗布泊)地区的生态环境日趋恶化，当时就已经到了非常严重的地步。《后汉书·班超传》记载，班超就屯田上书皇帝时曾言[193]，"臣见莎车、疏勒田地肥广，草木饶衍，不比敦煌、鄯善间也"②。人类的"开发"行为已经使得沙漠绿洲上的楼兰生态环境越发敏感，生态系统本身已经不能使其恢复，而当时的科学技术水平又难以作为，所以只能任脆弱性累积增加。而恰在这一背景下，青藏高原逐渐抬升等原因造成的气候变迁使得罗布泊(包括楼兰)周边地区进入了寒冷干旱期，冰川融水对淡水资源补给总体减少[194]。更为不幸的是，"压死骆驼的最后一根稻草"又来了，风沙的长期磨蚀在孔雀河上游河谷造成了两次严重的崩塌滑坡(没有以前屯田垦荒、滥砍滥伐行为对生态环境的破坏，也许滑坡不会发生，或许晚些发生)，形成了堰塞湖，楼兰的水源进一步减少[195]。如果"断水"还"不够"的话，还有瘟疫造成的大量人口死亡[196]。

先是无序开发行为(屯田垦荒、胡杨林砍伐)已经使脆弱性累积到较高程度——脆弱的生态环境，再及雪上加霜的淡水资源危机(气候变化和自然灾害所致)以及"瘟疫"的冲击扰动，楼兰古国轰然倒塌、彻底崩溃以至消失。"昔日塞外绿洲，今朝黄沙乱冢"，楼兰兴衰成败之间的落差给后人留下的不应只是无尽的思考。

---

① 一座"太阳墓"由围绕着墓穴的一层套一层的胡杨树原木组成，由里至外共计七层，木桩粗细有序，俯视时整体酷似太阳。太阳墓1979年被中国新疆考古队考古专家侯灿、王炳华等发现，位于孔雀河古道北岸，有数十座之多。

② 朱绍侯. 两汉屯田制研究[J]. 史学月刊，2012，(10): 26-37.

3.5 区域发展脆弱性与可持续发展的关系

3.5.1 可持续发展

可持续发展就是一种"既满足当代的需求，又不危及后代满足需求能力的发展"，是科学发展观的基本要求之一。

可持续发展的最终目标可概括为实现人类的共同发展、代际(或当代)间的公平、区际(或国际)间的合作、自然—社会—经济的协调[197]。可持续发展要求人类的经济社会发展不能超过资源和环境的承载力，学会尊重自然、施法自然、保护自然、与自然和谐相处；"事实上，只有当人类向自然的索取被人类对自然的回馈所补偿时，可持续发展才能真正实现"①。

3.5.2 区域发展脆弱性与可持续发展的关系

在对可持续发展这一终极目标的追求过程中，如果发展、公平、合作、协调某一个或几个方面不能达到理想状态，就会出现弱可持续发展、非可持续发展，造成各种直接的或潜在的损失，对区域系统的发展产生负向影响。而脆弱性是区域系统发展过程中普遍存在的一种固有属性，所以，在区域发展过程中，可持续性和脆弱性就如同一枚硬币的两面，总是相伴而生；但是其关系却如"跷跷板"，是一种此消彼长的负相关关系。脆弱性较低才能实现可持续发展；脆弱性较高时，政府就应该通过各种政策法规或借助于市场的力量进行调控，降低脆弱性，以将其控制在允许的阈值内。否则，就会造成严重后果。因此，区域系统可持续发展的过程就是一种以抑制脆弱性为核心的螺旋式上升过程，零脆弱性是不现实的。

1. 脆弱性是可持续发展的时间函数

某一个国家或地区在特定的时空条件下，为达到整体的可持续发展，可能需要暂时牺牲某个甚至某些子系统(行政单元或功能单元)的利益，即允许脆弱性"长期"存在，而待时机成熟后再重点解决局部问题。例如，发展过程中消除差距和追求经济增长问题既是一个"鱼与熊掌不可兼得"的两难问题，又是实现可持续发展过程

① 路甬祥.寻求一条理性的发展途径[N]. 光明日报，2000-03-02(Z08).

中必须妥善解决的问题。在经济全球化的背景下，每个地区(或国家)都面临着其他地区(或国家)的竞争，往往要优先考虑经济增长。因为没有经济的高速增长，面临的只能是贫困、落后。这样，在一定的时空条件下就可能使某一地区(或国家)内经济社会等差距扩大，造成区域内部的不稳定，敏感性提高，导致区域的脆弱性提高；当这种脆弱性累积到一定程度时就需要认真解决。如果任其发展，不要说最终的可持续发展目标不能实现，近期还有可能引发更大的动荡，导致区域系统的崩溃。"南斯拉夫和苏联解体、崩溃的一个重要因素就是分种族居住的共和国之间收入差距日益拉大的结果"[198]。

当然，发现脆弱性累积提高后实施调控，到调控效果的显现也需要一定的周期，不可能一蹴而就。所以说，区域发展脆弱性是可持续发展的一个时间函数。

2. 脆弱性是可持续发展的空间函数

之所以认为脆弱性是可持续发展的空间函数，是因为即使在刻意追求可持续发展的过程中，也可能存在一定程度的脆弱性。

其一，区域发展在一个地区(或国家)内是不均衡的。人们无法在地球表面找到任何两个完全相同的地方，区域行政单元之间资源的丰度、自然环境的适宜性、区位的优劣等，都存在不同程度的差异，由此所表现出的"发展状态"和"发展水平"自然也不可能是均衡的、稳定的。

其二，人类社会发展的进程本质上也要求这种不均衡的存在。在一个完全没有差异的空间中，物质的迁移、能量的交换、信息的流动将会全部陷于停滞，这其实不是社会的进步与发展，而是对发展活力的扼杀。

因此，不刻意追求"理想状态"的发展，保持"合理的"脆弱性，把脆弱性规范在某个阈值之内，在脆弱性不超过这一临界值的情况下，寻求各区域的良性可持续发展，也不失为正确的战略选择。

第4章

区域发展脆弱性评估

区域发展脆弱性评估是区域发展脆弱性研究的重要环节。要想准确评估区域系统脆弱性程度，就需要相关的脆弱性分析框架和评价模型。本章将在各相关领域脆弱性分析框架、概念模型、评价方法梳理的基础上，构建区域发展累积式脆弱性、冲击式脆弱性和复合式脆弱性的评价模型。

⣿ 4.1　脆弱性研究的经典模型与方法

脆弱性研究在横向不断扩展其研究领域的同时，纵向也在不断深入，一系列分析模型、评价方法在相关领域中出现，使得脆弱性研究得以从理论层面深入到操作层面，指导着人类的社会实践活动。

4.1.1　脆弱性分析框架与概念模型

1. RH模型

RH(Risk-Hazards)模型，即风险—灾害模型，是灾害脆弱性研究早期的模型，认为灾害影响是暴露性和敏感性的函数[199]，如图4-1所示。但是RH模型忽视了人类社会政治、经济活动对灾情的放大或缩小作用，只是从致灾因子推断灾害影响的大小[27]。

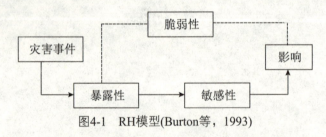

图4-1　RH模型(Burton等，1993)

2. PAR模型

PAR(Pressure-and-Release)模型，即压力与释放模型，认为灾害是致灾因子和承灾体脆弱性的函数，而承灾体脆弱性是作为根本原因的社会因素在"动态压力"和"不安全的环境"下形成的[21]，如图4-2所示。PAR模型反映了致灾因子和人文因素对脆弱性的共同作用，为灾害脆弱性研究提供了基本思路[200]，但是PAR模型对可持续发展问题的研究还不够全面[32]。

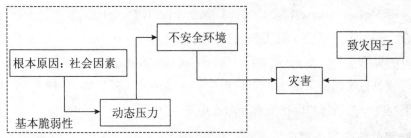

图4-2　PAR模型(Blaikie等，1994)

3. HOP模型

HOP(Hazards of Place)模型，即地方灾害模型，如图4-3所示。HOP模型能够将自然灾害脆弱性研究中的"风险"和社会脆弱性研究中的恢复力、应对能力等对系统的调节结合起来，通过它们之间的相互作用来研究某一特定地区的脆弱性。HOP模型的构建促进了自然脆弱性研究和人文脆弱性研究的有效整合，拓展了灾害脆弱性研究的视野[24]。模型的缺陷在于将地方脆弱性和最初的风险与调节组成闭回路结构，可能会忽视外部因素对系统脆弱性的影响[8]。

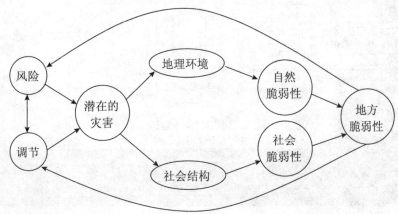

图4-3　HOP模型(Cutter, 1996；张平宇，李鹤，佟连军，等，2011)

4. 二维/三维概念模型

二维/三维概念模型被广泛应用于贫困脆弱性研究中。罗伯特·钱伯斯(Robert Chambers)等(1992)认为脆弱性要素包括内外部两个方面：外部要素指系统可能面临的风险、冲击、压力等，内部要素是指系统面对风险、冲击、压力等自身所具有的响应和恢复能力。相比而言，对脆弱性内部要素方面的研究不足[201]。随后，马丁·普劳斯(Martin Prowse)将罗伯特·钱伯斯(Robert Chambers)等学者的脆弱性分析框架整合，提出了更适合于贫困脆弱性研究的"暴露—应对能力—后果"的三维脆弱性分析的概念模型：暴露是主体面临风险或承受冲击的规模、频率、时间、强度以及不可预见性等，应对能力被细化为应对风险或冲击的机制、财产、权利、能力等，后果则是外在暴露和内在应对能力作用下主体生计和贫困的变化[202]。

5. 脆弱性综合评价模型

脆弱性综合评价模型，也有文献称之为AHV(Airlie House Vulnerability)模型[200]，如图4-4所示。脆弱性综合评价模型是由PAR模型发展而来的，可以在不同尺度空间内应用，是脆弱性研究在可持续科学领域中应用的一个经典范例。

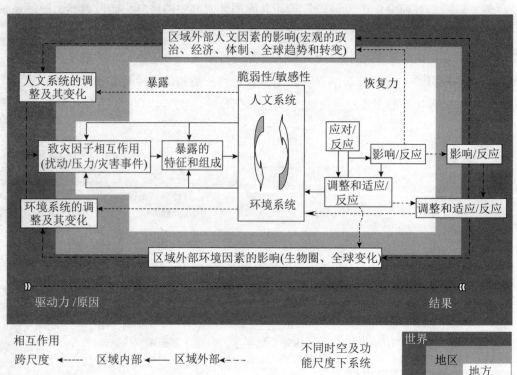

图4-4　脆弱性综合评价模型(Turner等，2003；黄建毅等，2012)

随着研究的不断深入，学术界开始认识到以往灾害脆弱性、生态脆弱性研究是不全面的，在人与自然复合系统的大背景下，要以区域系统为分析对象，从自然、社会、经济等方面综合衡量系统的脆弱性；而且要把系统因时间、空间、地域等变化而导致的脆弱性变化考虑在内。特纳(Turner)等(2003)认为，可持续发展背景下复合系统的脆弱性分析应该包括[27, 200]：系统中多种相互作用的扰动及其后果；系统对扰动的暴露及其灾害带来的损失；系统的敏感性；系统应对、响应扰动及其从中缓慢恢复的能力；响应扰动(如调整或适应)后的系统重建；灾害对系统多种时间、多重空间、多种力度的作用及其系统的响应。脆弱性综合评价模型的基本原理，如图4-4所示。

该模型将暴露、敏感性、恢复力、应对能力等要素及其要素之间的相互作用纳入到脆弱性研究，突出面临扰动时系统自身调整与适应以及外部驱动的作用，为分析复合系统、耦合系统脆弱性提供了一个多要素、多重循环、多尺度性的闭回路分析模型，在一些国际性研究计划(如IGBP等)、某些国家以及地区层次的脆弱性研究中被采纳；但也有学者对模型中关于驱动力和结果的划分以及实施的可能性提出过质疑[203]。

6. 气候变化脆弱性评价模型

20世纪80年代末、90年代初，全球气候变暖的势头及影响逐步加剧，引起了国际社会的广泛关注。1988年成立的IPCC(政府间气候变化专门委员会)将脆弱性引入气候变化影响的研究与评估中，IPCC相继发布了多次评估报告，由此也形成了一系列较有代表性的脆弱性概念模型与分析框架。

国内学者王祥荣和王原(2010)将气候变化脆弱性从理论角度归纳为：影响评价模型、第一代脆弱性评价模型、第二代脆弱性评价模型、适应政策评价模型[204]，模型基本原理及其演化过程，如图4-5～图4-8所示[205]。

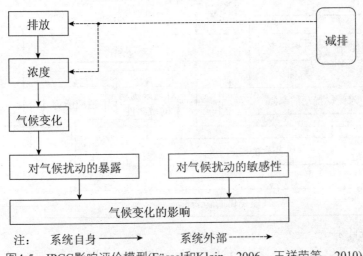

图4-5 IPCC影响评价模型(Füssel和Klein，2006；王祥荣等，2010)

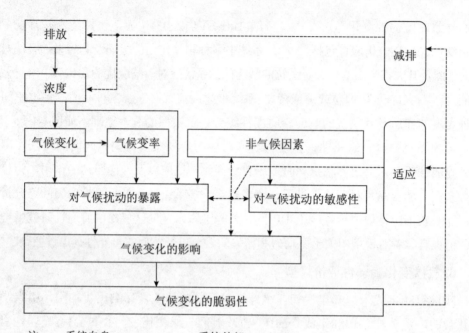

注： 系统自身 ——→ 系统外部 ------→

图4-6 IPCC第一代脆弱性评价模型(Füssel和Klein，2006；王祥荣等，2010)

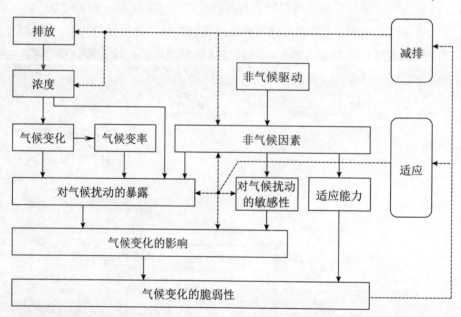

注：系统自身 ——→ 系统外部 ------→

图4-7 IPCC第二代脆弱性评价模型(Füssel和Klein，2006；王祥荣等，2010)

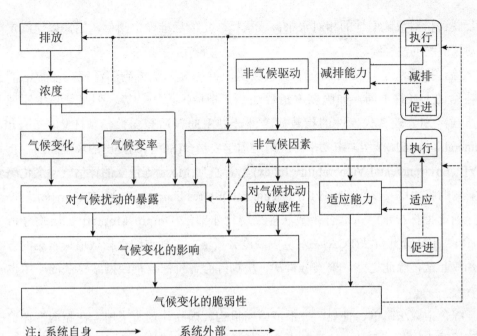

注：系统自身 ——→ 　　　系统外部 --------→

图4-8　IPCC适应政策评价模型(Füssel和Klein，2006；王祥荣等，2010)

由此反映了气候变化脆弱性评价的演进趋势：从线性到复杂；从忽视考虑适应能力到考虑适应能力，再到促进适应政策的制定、实施和评估；从只关注气候变化平均水平到重视气候变率和极端气候事件对脆弱性的影响；从单一考虑气候变化的扰动，到综合考虑环境胁迫、经济发展、政策实施等非气候变化因素对气候脆弱性的影响[204, 205]。

4.1.2　脆弱性评价的基本方法

随着研究的不断深入，脆弱性评价在自然灾害、生态环境、地下水等领域取得了丰硕成果，一些定量、定性定量相结合的脆弱性评价方法被建立并应用，以下将就各学科领域脆弱性评价的通用方法及其各自的经典方法进行梳理。

1. 通用方法——综合指数法

综合指数法一般是从脆弱性的内涵或概念模型出发，根据脆弱性的构成要素，选取能够表征要素性态的指标构成指标体系，设定指标权重，通过统计学处理，使不同性质、量纲的指标值标准化后整合成为一个关于脆弱性的综合指数(即评价值)，以反映评价对象脆弱性的相对水平；或根据一定的标准设定阈值范围，以便确定评价对象的脆弱性等级。

综合指数法是一种在不同学科领域脆弱性研究中都得到广泛应用的方法，虽然在称谓上或许不同，如脆弱度指数法[58]、指标评价法[71]等，但是其基本原理并无本质区别。较具代表性的指数如美洲计划中的普适脆弱性指数(PVI，Popular Vulnerability Index)[206]、南太平洋应用地理学委员会(SOPAC)提出的环境脆弱性指数(EVI，Environmental Vulnerability Index)[207]、莫斯(Moss)等建立的评估气候变化脆弱性影响的脆弱性—弹性指标(VRIP，Vulnerability-resilience Indicator Prototype)[208]等。

确定指标权重时，综合指数法多采用德尔菲法(Delphi Method)、层次分析法(AHP)、主成分分析法(PCA)、灰色关联度分析法等。确定综合指数值最常见的方法是加权和法，除此之外，聚类分析法、模糊综合评价法、神经网络算法的应用也较为普遍。

综合指数法简单、直观，被很多国家机构、国际计划所采用，在脆弱性评价中的应用最为广泛。但是，这种基于指标体系的脆弱性评估方法一直被学术界热议，源于这种方法存在一些明显缺陷：首先，评价结果的有效性难以检验，难免对评价结果产生疑问；其次，没有考虑脆弱性构成要素之间的相互作用关系；再次，指标选取和权重确定难免随意，同时还存在指标数据可得性的约束；最后，即使是公认的指标体系，在不同的时空领域、文化背景下也会存在调整问题。

2. 模拟法

模拟法是通过建立一个与脆弱性研究对象(称为原型)相似的模型，然后通过该模型间接研究原型相关特征、规律的实验方法。模拟法在各领域脆弱性研究中均有应用，但是称谓略有不同。

(1) 生态脆弱性模拟模型

在生态脆弱性研究中，影响较大的是生态系统响应气候变化的模拟模型，可以分为经验模型和过程模型。

经验模型有针对植被—气候关系的Thornthwaite模型、Memorial模型、Chikugo模型、Holdridge生态地带模型等，这类模型能够模拟生态系统功能的变化，但是植物的生理反应和复杂的生态功能变化未被考虑进来[46]。

过程模型包括可以模拟生态系统功能变化的生物地球化学模型和可以模拟生

态系统结构动态变化的生物地理模型。生物地球化学模型如陆地生态系统模型
(TEM)、CENTURY模型等,生物地理模型如BIOME模型、MAPSS模型等[62]。相比
而言,在生态脆弱性研究中,生物地球化学模型的应用较多。这种模型不但能够对
生态系统物质循环的过程进行模拟,而且还能分析预测区域系统或全球性碳、氨等
的循环规律,能够为脆弱性评价提供有力的工具支撑[209]。

(2) 情景模拟法

灾害领域的模拟法一般称为情景模拟法。基于情景模拟的灾害脆弱性评估,主
要是根据相关理论模型,编制数值模拟软件,对不同情景下的自然灾害进行模拟,
以直观显示灾情的时空变化以及对所在区域产生的影响。情景模拟法还能够根据不
同的评估对象或评估条件,实现评估结果的实时调整[210]。

在国外,情景模拟法评估灾害脆弱性已被应用多年,较为成熟,但其在国内的应用
还不够充分。

(3) 过程数学模拟法

地下水脆弱性研究中的模拟法一般称为过程数学模拟法。

过程数学模拟法是在水分和污染物运移模型的基础上,建立数学方程来模拟污
染物的运移与转化过程,包括影响水资源脆弱性的物理、化学及生物过程,然后根
据模拟数据结果计算得出脆弱性综合评价指数。同时,过程数学模拟法还可以根据
模拟的结果对污染物在时间、空间上的运移情况进行预测[87]。

实际应用多集中在模拟污染物在土壤和包气带的一维运移,二维、三维模型尚
处在理论研究阶段。

3. 函数模型法

函数模型法是按照对脆弱性的理解,根据构成要素与脆弱性之间以及要素之间
的相互作用关系函数来实现对脆弱性评估的一种定量方法[154]。

如梅茨赫尔(Metzger)等(2005)根据脆弱性是系统扰动作用下遭受潜在影响和适
应能力函数而建立的脆弱性评价模型[211];再如阿科斯塔·米其力可(Acosta-Michlik)
(2008)提出的面向适应者的脆弱性评价模型:作为适应者的脆弱性不仅是暴露水平、
敏感性和适应能力的函数,而且还是适应者对风险和系统变化认知过程的函数[212]。

国内学者哈斯巴根等(2013)从AHV模型出发,将脆弱性定义为压力、敏感性和
恢复力的函数,系统的脆弱性与压力、敏感性成正比,与恢复力成反比,由此而建

立的脆弱性理论评价模型[153]：

$$
\begin{cases}
v_i = P_{ia} \cdot S_{ib} / r_{ic}^2 \\
m = a + b + c
\end{cases}
\tag{4-1}
$$

式(4-1)中：m为系统总指数；a为压力指数；b为敏感性指数；c为恢复力指数；v_i为系统i的脆弱度；P_{ia}为系统i的压力度；S_{ib}为系统i的敏感度；r_{ic}为系统i的恢复力。

函数模型法的优点是有利于脆弱性成因的分析，但是要素与脆弱性之间函数关系的确定往往缺乏说服力，不易证明，而且影响要素的量化有时也较为困难。

4. 基于GIS技术的脆弱性评价方法

GIS是英文Geographic Information System(GIS，地理信息系统)的缩写[213]，是一种以地理空间数据库为基础，在计算机软件、硬件的支持下，运用系统工程和信息科学等相关理论科学管理和综合分析具有空间内涵的动态地理数据，为研究和决策提供服务的计算机技术系统①。

随着GIS技术的不断成熟完善，并且与遥感技术(Remote Sensing Technology)实现了有效结合，GIS技术不仅具有了综合分析和空间建模的能力，而且还能及时修改、更新数据库，有效弥补了传统脆弱性评价方法的不足。在实际应用过程中，GIS技术往往与其他脆弱性的定量评价方法链接，使得评价过程更加便捷，评价结果更加直观，因此应用GIS及其相关技术评价脆弱性已经成为各领域的一种趋势和方向[214]。

由GIS技术发展而来的图层叠置法就是一种典型的脆弱性评价新方法[154]。脆弱性构成要素图层间的叠置分析已被用于评估区域灾害脆弱性[215]，如内蒙古牧区雪灾脆弱性的空间差异[216]，等等。

5. 地下水脆弱性评价的经典方法——DRASTIC模型法

DRASTIC模型法是定性定量相结合的评价方法，在地下水研究领域属于迭置指数法，是一种最为经典的地下水脆弱性评价方法。

DRASTIC模型是由美国环保署(EPA)阿勒尔(Aller)等于1985年开发的，其名称源自影响地下水脆弱性的7个水文地质因素词组/单词的字母：地下水埋深D(Depth to the Water)、含水层的净补给R(Net Recharge)、含水层介质(类型)A(Aquifer Media)、土壤类型S(Soil Type)、地形T(Topography)、渗流区的影响I(Impact of Vadose Zone

---

① 陆守一. 地理信息系统[M]. 北京：高等教育出版社，2004.

Media)、含水层压力传导系数C(Hydraulic Conductivity of the Aquifer)[217]。

DRASTIC模型各参数的权重是预先设定的，不可随意改变，一般分为评价地下水固有脆弱性和向农田喷洒农药污染情况下的脆弱性两种情形。模型还定义了各评价参数不同取值范围/类型下的评分值，一般取值在1～10[218]。

评价过程中，可依据评价对象的水文地质资料确定各评价参数的评分值，然后按照如(4-2)式计算DRASTIC指数[219]：

$$DRASTIC \quad Index = D_r \cdot D_w + R_r \cdot R_w + A_r \cdot A_w + S_r \cdot S_w \\ + T_r \cdot T_w + I_r \cdot I_w + C_r \cdot C_w$$

(4-2)

式(4-2)中：D_r，R_r，A_r，S_r，T_r，I_r，C_r分别为各评价参数的评分值；D_w，R_w，A_w，S_w，T_w，I_w，C_w分别为各评价参数的权重。

计算得出的DRASTIC指数值越大，则地下水脆弱性越高，越容易受到污染。

6. 脆弱性评价新方法

随着脆弱性研究的不断深入，一些新的数学方法被学者们尝试应用到脆弱性的研究中。

孙平均、修春亮(2010)利用物理学中的容量耦合(Capactive Coupling)概念和容量耦合数学模型评价矿业城市人地系统的耦合度，低耦合度意味着高脆弱性[150]。

数据包络分析法(Data Envelopment Analysis，DEA)是评价研究对象相对有效性的系统分析方法，其优点是不需预先估计权重和函数模型[220]，刘毅等(2010)用于自然灾害脆弱性的评价[30]，石勇等(2011)用于上海农业水灾脆弱性的评价[221]。

三角图形法是国内学者詹巍等(2004)为在更宏观层次上评价人类活动对区域生态系统景观格局影响而提出的一种方法[222]，先后被辛馨和张平宇(2009)用于矿业城市人地系统[148]、李博和韩增林用于沿海城市人地系统[149]脆弱性的分类研究之中。

应该说，上述这些方法都属于综合指数法这一大类别。即在指标体系确定的基础上，对综合指数值的确定方法。

4.1.3 脆弱性评价模型与方法小结

随着研究领域的不断拓宽，许多脆弱性分析的概念模型、分析框架相继建立，对各自学科领域中脆弱性评价工作的开展发挥着重要指导作用。在诸多模型中，脆弱性综合指数评价模型尽管还存在一定的缺陷，但是由于可以在跨尺度的时间、空间中应用，因此对可持续科学领域脆弱性研究的指导性最大。

脆弱性评价离不开具体的方法，各学科领域中都有一些定量或半定量的脆弱性评价方法已经被提出并得到应用，最终使得脆弱性研究具有了可操作性。这其中，综合指数法应用最为普遍，在各个领域的脆弱性评价中都有涉及；而几乎所有的方法都离不开指标体系的构建。

4.2 区域发展脆弱性评估概述

4.2.1 脆弱性评估的含义

脆弱性实证研究的一般范式是，"脆弱性概念模型→脆弱性评估→脆弱性调控"[223]，也就是说，脆弱性评估是最为关键的一个环节。

参考相关的经典成果[57, 154]，从总体上讲，区域发展脆弱性评估就是对某一区域系统自身结构、功能进行探讨，评价和预测内外部扰动对区域系统可能造成的影响，评估区域系统对扰动的敏感性，以及应对扰动并从扰动的不利影响中恢复的能力，脆弱性评估目的是减轻扰动对区域系统造成的不利影响，降低脆弱性，促进区域可持续发展。

区域发展脆弱性可以分为累积式脆弱性、冲击式脆弱性、复合式脆弱性3种类型，区域发展脆弱性评估最终要实现这3类脆弱性的评价与分析。

4.2.2 脆弱性评估的基本步骤

结合区域发展脆弱性的内涵、形成机理、特征等，并借鉴国内外脆弱性评估实践[76, 141]，笔者确定的区域发展脆弱性评估程序的基本步骤如下。

步骤1：确定相应时空尺度下的评估对象。评估对象可以是不同时间尺度下的区域系统整体，也可以是不同时间尺度、空间尺度下的区域功能子系统或(和)行政单元子系统。

步骤2：表征区域系统发展脆弱性指标体系的建立。评价区域发展脆弱性的指标体系由一系列具有层次结构的功能指标群组成，每一功能指标群又是由一组基本指标组成；根据评估对象时空条件的差异，可以选取一定的功能指标群组成具体的评价指标体系。指标的选择既要以区域发展脆弱性理论为依据，又要以数据可得性为约束。同时，要科学合理地确定各功能指标群、基本指标的权重。

步骤3：构建区域发展脆弱性评价模型。评价模型就是根据脆弱性的形成机理，将不同功能指标群(或基本指标)整合成脆弱性评价值的数学量化方法。可以根据不同时空条件下、不同评估对象、不同类型脆弱性评估的需要，选择合适的数学模型。

步骤4：区域发展脆弱性评估的实施。通过各种方式、渠道获取相应的数据资料，按照相关评价模型的原理获得脆弱性的评价结果；同时还要进一步分析评价结果中蕴涵的各种信息，分析评估对象脆弱性在相应条件下的特征、规律、发展趋势及其现状形成的原因等。

步骤5：根据上述步骤的评估结果，提出针对性的对策措施，降低区域系统脆弱性，使其向着可持续的方向发展。

4.2.3　评价指标选择的指导原则与方法

脆弱性评估离不开相关的评价指标，必须坚持一定的原则，使用科学的方法来选择指标。

1. 指导原则

为了便于在众多的反映区域自然环境、经济、社会发展状况的相关指标中选择出能够反映不同时空条件下研究对象脆弱性的关键指标，笔者遵循了以下主要原则。

第一，科学性原则。指标体系整体上能够真实描述区域发展状况，反映区域发展脆弱性的时空特征，准确测度区域发展的脆弱性程度。

第二，可比性原则。区域发展脆弱性评价指标体系应具有纵向、横向的可比性，便于不同研究对象在不同时空条件下进行脆弱性的对比分析。

第三，可操作性原则。评价指标的选取要考虑评价过程中的可操作性。其一，指标要概念明确，意义要清楚，计算统计口径要统一；其二，以定量指标为主、定性指标为辅，定量指标数据主要来自官方的权威统计部门。

第四，动态性原则。区域系统在内外扰动下，以及系统自身结构、功能改变的过程中，脆弱性会不断变化。出于调控的目的，需要把握脆弱性的发展变化趋势，所以指标体系应该能够较好地反映区域系统的动态变化特征。

第五，系统性和整体性原则。区域系统由若干子系统及其要素构成，它们通过相互影响、相互作用，共同决定着系统、子系统的功能与结构。所以，区域发展脆弱性评价指标体系要系统反映子系统、构成要素之间的作用关系，以及对区域系统整体的影响。同时，区域系统具有"整体功能大于部分之和"的特点，要求指标选取的系统性和整体性。

2. 指标体系构建的方法

脆弱性评价指标遴选的常用方法有两种：其一是基于脆弱性概念模型、理论框架自上而下选择评价指标的演绎法；其二是基于大量相关变量数据统计分析的自下而上选择评价指标的归纳法[224]。"自上而下"的演绎法能够反映区域发展脆弱性的内涵、形成机理以及脆弱性构成要素之间的相互作用关系，但是对脆弱性理论模型、概念框架的合理性等有较为严格的要求；"自下而上"的归纳法有利于指标选择的必要性、完备性、一致性等，但是要求有庞大的数据支撑。

综合两种方法的优缺点，特别考虑到现有统计数据可获得性的硬约束，笔者以演绎法为主，同时辅以专家咨询的方式选取相关评价指标。

4.3 累积式脆弱性评价模型

4.3.1 累积式脆弱性评价的基本思路

区域发展脆弱性是衡量区域可持续发展水平、趋势、可能性的一种量度，区域系统的整体脆弱性是由自然环境、经济、社会3个子系统的脆弱性叠加而成。在发展过程中，区域系统及其子系统会受到各种扰动；由于敏感性的存在，扰动会对区域发展造成负向影响；如果应对与恢复能力不能使区域系统完全恢复或回到初始状态，那么这种负向影响就会逐步累积，即所谓的累积式脆弱性。所以，累积式脆弱性评价的重点在于扰动的作用结果和作用结果的累积状况。累积状况不仅仅是脆弱性在时间维度上的累积，还涉及脆弱性在空间维度上不同地区(行政单元)间脆弱性相对差距程度的累积。同时，还要关注敏感性、应对与恢复能力的水平，以便探寻脆弱性累积的直接原因。

笔者从区域发展脆弱性概念及概念模型出发，分别从自然环境、经济、社会3个子系统选取能够反映区域系统敏感性、应对与恢复能力的指标构建指标体系，利用熵权法确定指标权重；然后根据脆弱性的形成机理，利用集对分析等数学方法把指标值整合成对应子系统累积式脆弱性的评价值；然后在此基础上，再综合各个子系统的脆弱性评价结果，得到被评价地区整体发展的脆弱性状况。最后，根据同一评价对象(行政单元)脆弱性评价值和不同评价对象(行政单元)脆弱性评价值差距的发展变化情况，对区域发展脆弱性在时间、空间维度上的累积状态进行分析判断。评价某一地区(行政单元)整体脆弱性的基本思路，如图4-9所示。

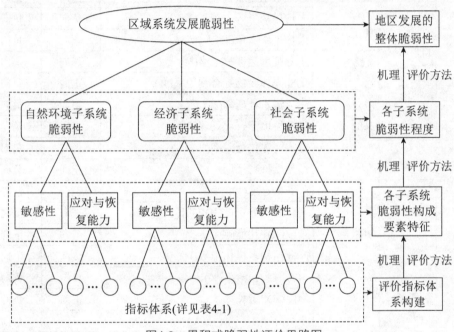

图4-9　累积式脆弱性评价思路图

4.3.2　累积式脆弱性评价指标体系构建

1. 指标体系

利用"自上而下"的演绎法，结合专家组意见，在数据可获得性的硬约束下[①]，

[①]　由于《京津冀都市圈发展的脆弱性研究与评估》涉及不同地区之间脆弱性的横向比较和某一地区脆弱性的纵向比较，数据可获得性是笔者面临的一个难题，很多能够反映自然环境、经济、社会子系统敏感性、应对与恢复能力的指标值不够系统全面，如PM2.5指数、环境保护投资、森林覆盖率、地区间贸易往来、60岁以上人口比重、劳动者受教育年限、犯罪率等。笔者也曾考虑通过抽样调查、向有关职能部门寻求帮助等方式获得，但是由于所需人力、物力较大，而且缺乏权威性，最终只得放弃。

笔者构建的累积式脆弱性评价指标体系如表4-1所示。

表4-1 区域发展累积式脆弱性评价指标体系

目标层	子系统	准则层	指标(单位)	与准则层的关系	与目标层的关系
区域发展累积式脆弱性	自然环境子系统	敏感性	工业废水排放强度(万吨/平方公里)	正向	正向
			工业SO$_2$排放强度(万吨/平方公里)	正向	正向
			工业烟尘排放强度(万吨/平方公里)	正向	正向
			人均耕地资源占有量(亩/人)	负向	负向
			人均年供水量(吨/人)	负向	负向
		应对与恢复能力	工业废水达标排放率(%)	正向	负向
			工业固体废物综合利用率(%)	正向	负向
			生活污水处理率(%)	正向	负向
			生活垃圾无害化处理率(%)	正向	负向
			建成区绿化覆盖率(%)	正向	负向
			域外支持与援助	正向	负向
	经济子系统	敏感性	外贸依存度(%)	正向	正向
			实际利用外资占GDP的比重(%)	正向	正向
			单位GDP耗能(吨标准煤/万元)	正向	正向
			产业结构多样化指数H	负向	负向
			地方财政自给率(%)	负向	负向
		应对与恢复能力	地区GDP增长率	正向	负向
			全员劳动生产率(元/人)	正向	负向
			固定资产投资强度(万元/平方公里)	正向	负向
			科研、技术服务和地质勘查业从业人员比重(%)	正向	负向
			地方财政收入(万元)	正向	负向
			域外支持与援助	正向	负向
	社会子系统	敏感性	人口自然增长率(‰)	正向	正向
			常住人口密度(人/平方公里)	正向	正向
			乡村人口比重(%)	正向	正向
			城镇登记失业率(%)	正向	正向
			恩格尔系数(%)	正向	正向

(续表)

目标层	子系统	准则层	指标(单位)	与准则层的关系	与目标层的关系
区域发展累积式脆弱性	社会子系统	应对与恢复能力	城镇居民人均可支配收入(元/人)	正向	负向
			农民人均纯收入(元/人)	正向	负向
			科技支出占地方财政支出比重(%)	正向	负向
			教育支出占地方财政支出比重(%)	正向	负向
			第三产业就业人数比例(%)	正向	负向
			万人拥有医生数(人/万人)	正向	负向
			万人普通高校在校生人数(人/万人)	正向	负向
			万人国际互联网用户数(户/万人)	正向	负向
			万人公共汽车拥有量(辆/万人)	正向	负向
			人均城市道路面积(平方米/人)	正向	负向
			域外支持与援助	正向	负向

注：域外支持与援助是定性指标，其取值由专家组打分而得。

2. 评价指标说明

脆弱性和敏感性正相关，和应对与恢复能力负相关。敏感性是系统对内外部扰动所产生响应的程度，决定着系统是否因为扰动而受到损害以及所受损害的程度。应对能力是系统抵御扰动并维持其原状的能力，恢复能力是扰动发生后使系统恢复或回到初始状态的能力，合并称之为应对与恢复能力。

(1) 自然环境子系统脆弱性评价指标

自然环境子系统能够为人类的经济社会活动提供物质支持，而人类的经济社会活动又会对自然环境子系统的敏感性、应对与恢复能力形成正向或负向影响。笔者以下列指标表征自然环境子系统的敏感性。

① 工业废水排放强度：用以反映工业生产过程中排出的废水(包括废液)对水环境造成的不利影响。计算公式为：

$$工业废水排放强度=工业废水排放量/行政区域面积$$

② 工业SO_2排放强度：用以反映工业生产过程中所生产的SO_2对大气环境造成的不利影响。计算公式为：

$$工业SO_2排放强度=工业SO_2排放量/行政区域面积$$

③ 工业烟尘排放强度：用以反映工业所产生的烟尘对大气环境造成的不利影响。计算公式为：

$$工业烟尘排放强度=工业烟尘排放量/行政区域面积$$

④ 人均耕地资源占有量：用以反映耕地资源的变化情况。联合国粮农组织提出的人均耕地警戒线是0.795亩，低于此值会严重威胁粮食安全，影响区域系统可持续发展。

⑤ 人均年供水量：反映水资源的丰裕程度。水资源越丰富，自然环境应对污染的能力越强，人民生活、工农业生产也越有保障。

表征自然环境子系统敏感性的5个指标中，前3个是正向指标，即指标值越大，系统敏感性越高，脆弱性程度也越高；后2个指标是负向指标，即指标值越大，系统的敏感性越低，脆弱性程度也越低。

笔者以下述指标表征自然环境子系统的应对与恢复能力。

① 工业废水达标排放率：指工业废水中特征污染物达到国家或地方排放标准的工业废水所占比重。计算公式为：

$$工业废水达标排放率=工业废水排放达标量/工业废水排放量$$

② 工业固体废物综合利用率：指工业固体废物综合利用量占工业废物总量的百分比。计算公式为：

$$工业固体废物综合利用率=工业固体废物综合利用量/(工业固体废物产量+综合利用往年贮存量)$$

③ 生活污水处理率：指处理的生活污水占生活污水排放总量的百分比。计算公式为：

$$生活污水处理率=生活污水处理量/生活污水排放总量$$

④ 生活垃圾无害化处理率：是指无害化处理的生活垃圾占生活垃圾总量的百分比。生活垃圾包括居民日常生活中和为居民日常生活提供服务的过程中产生的固体废物以及法律、法规视为生活垃圾的固体废物。无害化处理的方式有综合利用、卫生填埋、焚烧和堆肥。计算公式为：

$$生活垃圾无害化处理率=生活垃圾无害化处理量/生活垃圾产生量$$

工业废水处理、工业固体废物综合利用、生活污水处理、生活垃圾无害化处理都是人类对自然环境的主动干预行为，可以有效地保护自然环境，提升其应对与恢复能力。

⑤ 建成区绿化覆盖率：指城市建成区的绿化覆盖面积占建成区总面积的百分比。

而绿化覆盖面积为城市中乔木、灌木和多年生草本植物以及草坪等所有植被的垂直投影面积。这一指标已经成为我国环境保护模范城市考核的指标之一。计算公式为：

建成区绿化覆盖率=建成区所有植被的垂直投影面积/建成区面积

⑥ 域外支持与援助：区域发展过程中，往往会得到来自区域外部的各种支持与援助，对应对与恢复能力的改善与提升意义深远，如国家的区域经济政策、区域规划、财政资金注入、重大项目布局，以及各种物资器材的调拨与无偿赠与等。国家的区域经济政策和区域系统中各行政单元的行政级别、经济社会发展水平、区位条件、资源禀赋、历史文化、政治等都会有形无形地影响域外支持与援助的可能性和力度。显然，这是一个较难量化的指标，笔者使用专家打分的方式予以确定。

作为反映自然环境子系统应对与恢复能力的上述指标，指标值越大，系统应对与恢复能力越强，脆弱性程度越低。

(2) 经济子系统脆弱性评价指标

经济子系统进行物质生产和再生产，为自身及其整个区域系统提供经济支持；而且当今的经济都是不同程度的开放经济，即区域系统通过贸易、投资等各种方式与区域外部的国家或地区存在着广泛的联系和影响。由此，以下述指标表征区域经济子系统的敏感性。

① 外贸依存度：反映地区经济运行对外贸活动的依赖程度，外贸依存度越高，经济越容易受到外部扰动的影响。计算公式为：

外贸依存度=进出口总额/地区GDP

② 实际利用外资占地区GDP比重：实际利用外资就是与外商签订合同后，实际到账并投入商业运行的外资额度。外资对推动地区经济发展的作用明显，但是，外资不仅会导致利润外流，还可能会形成对外资的依赖，经济容易受外部扰动的影响。所以，从这个角度来看，可以属于敏感性指标。计算公式为：

实际利用外资占地区GDP比重=实际利用外资额/地区GDP

③ 单位GDP耗能：单位GDP耗能又称万元GDP能耗，能耗越高，经济对资源的依赖程度越高。这一指标既能反映经济结构的变化，又能反映资源利用效率。计算公式为：

单位GDP能耗=能源消耗总量/地区GDP

④ 产业结构多样化指数H：产业结构是指地区各次产业的构成及其各次产业之

间的联系和比例关系。产业结构的多样化，不仅能够满足居民物质文化生活水平提高的需求，而且还有利于克服就业和经济周期波动带来的不利影响，增加区域经济的稳定性。计算公式为：

$$产业结构多样化指数 H = I_i \times In I_i$$

其中，I_i 为第 i 次产业增加值占GDP的比重，且 i=1，2，3。

⑤ 地方财政自给率：财政自给率高，表明地方政府财政资金筹措能力强，对上级政府的依赖程度低。计算公式为：

$$地方财政自给率=财政收入/财政支出$$

上述指标中，前3个为正向指标，即指标值越大，经济子系统遭受经济扰动时的损失程度越大，敏感性越高，越脆弱；后2个指标是负向指标，即指标值越大，经济子系统越能承受不利扰动，敏感性低，越不脆弱。

笔者以下列指标表征区域经济子系统应对与恢复能力。

① 地区GDP增长率：反映区域的整体经济实力。经济实力越强，应对不利扰动并从不利扰动中恢复的能力就越强。

② 全员劳动生产率：以产品及劳务市场价格计算的每一个从业人员在单位时间(一般为一年)内生产产品和提高劳务的价值。全员劳动生产率越高，表明生产的技术水平、管理水平、从业人员技能水平等越高，单位时间内能够提供更多的产品和劳务。计算公式为：

$$全员劳动生产率=地区工业增加值/地区全部从业人员数$$

③ 固定资产投资强度[①]：资金投入是区域经济发展的主要助推因素，这一指标能够反映区域资金投入能力，计算公式为：

$$固定资产投资强度=固定资产投资总额/行政区域面积$$

④ 科研、技术服务和地质勘查业从业人员比重：按照现代劳动经济学的观点，高水平、高技能的劳动力是一种资本——人力资本，对经济发展的重要性越来越高，甚至超过物质资本[225]。这一指标在一定程度上能够反映地区人力资本的投入情况。

---

① 从2011年起，按照国家固定资产投资统计方法制度改革，固定资产投资统计起点由原来的50万元调整为500万元(含500万元)以上。这一统计口径的变化，对相关地区脆弱性的纵向比较可能会造成一定的影响。

⑤ 地方财政收入：地方财政收入一般包括地方本级收入、中央税收返还和转移支付。这一指标在一定程度上反映了地方的经济发展水平，同时也反映了地方政府干预地方事务能力的高低。

⑥ 域外支持与援助：如前所述。

作为反映经济子系统应对与恢复能力的这6个指标，指标值越大，系统应对各种不利扰动并从扰动中恢复的能力也就越强，脆弱性程度也就越低。

(3) 社会子系统脆弱性评价指标

社会子系统能够为自然环境、经济子系统提供各种保障，是最为复杂的子系统，涉及人力资源、基础设施、科教卫生、制度法规和文化道德等多个方面。

笔者将以下指标作为刻画区域社会子系统敏感性的指标。

① 人口自然增长率：能够反映人口自然增长程度和趋势的指标。在一定历史时期和发展水平下，人口压力在我国会广泛存在。过多的人口，不仅会产生社会问题和经济问题，还会对人类赖以生存发展的自然环境产生各种不利影响，使系统敏感性提高。计算公式为：

$$人口自然增长率=人口出生率-人口死亡率$$

② 人口密度：人口密度指标虽然有其不足之处，但是过高的人口密度往往会造成交通拥挤、住房紧张、上学就医困难、各种污染物排放增加等现代城市病；系统内耗增加，就容易导致社会问题的激化。计算公式为：

$$人口密度=人口数量/行政区域面积$$

③ 乡村人口比重：相比较而言，我国现阶段城市的社会保障体系覆盖面、保障程度等要优于农村，所以在一般情况下，农村居民对扰动更为敏感[226]。

④ 城镇登记失业率：反映劳动力就业、失业状况，高失业率会影响社会的稳定性。计算公式为：

$$城镇登记失业率=城镇登记失业人数/城镇劳动力总数$$

其中，城镇就业人数=城镇单位就业人数+城镇私营企业及个体就业人数，城镇劳动力总数=城镇就业人数+城镇登记失业人数。

⑤ 恩格尔系数：食品支出总额占家庭消费支出总额的比重就是恩格尔系数。恩格尔系数越高，表明收入越少，而且收入中用于购买食品以维持生存支出的部分越多，越贫穷，发展水平越低。计算公式为：

$$恩格尔系数=家庭平均食品支出总额/家庭平均消费支出总额$$

在现有的统计年鉴中，只有城市居民的恩格尔系数较为系统全面，农村居民的恩格尔系数部分缺失。

作为反映社会子系统敏感性的这5个指标，均为正向指标，即指标值越大，社会子系统的敏感性越高，承受扰动的能力越差，脆弱性程度越高。

笔者用下述指标刻画社会子系统的应对与恢复能力。

① 城镇居民人均可支配收入：城镇居民人均可支配收入就是城镇居民总收入中扣除各项税费、社会保险后所剩余的、可供居民自由支配的收入部分。指标值越大，居民的生活水平越高，处置各种事件的能力越强。

② 农民人均纯收入：用来反映农村地区居民平均收入水平的指标，一般包括工资性收入、家庭经营纯收入、转移支付和财产性收入。指标值越大，农村居民的生活水平越高，处置各种事件的能力越强。

③ 科技支出占地方财政支出比重：科学技术是第一生产力，是先进生产力的集中体现和主要标志，在当今社会扮演着不可或缺的角色。科技投入(包括教育投入)是地区长远发展的基础性、战略性投资，最终决定着地区科技(教育)发展水平。

④ 教育支出占地方财政支出比重：教育不仅能够培养经济社会发展所需的各类劳动力，而且还能够创造科学知识、物质财富以及精神财富，促进人类社会的发展。教育支出水平已经成为衡量教育水平的一条基准线。

⑤ 第三产业就业人数比例：从世界范围来看，劳动力产业流动的方向是由第一产业向第二产业流动，进而由第一、第二产业向第三产业流动。第三产业发达，不仅意味着经济社会发展的水平高，而且容易创造新的就业岗位，更好地吸纳失业人员。

⑥ 万人拥有医生数：反映地区医疗设施水平。

⑦ 万人普通高校在校生人数：区域发展水平某种程度上取决于劳动力受教育的水平和人力资本存量，而较高的受教育水平又有利于文化道德的建设与传承。用万人普通高校在校生人数反映劳动力受教育水平以及人力资本存量。

⑧ 万人国际互联网用户数：国际互联网是现今最为流行的传媒方式之一，工作、学习、生活都不可缺少，对人类文明起着越来越大的作用，成为经济社会发展水平的标志之一。

⑨ 万人公共汽车拥有量：指标既能反映公共交通建设发展水平，又能反映交通

结构状况。"公交优先"能够解决居民出行难题，还可以减少私家车使用所造成的石油资源消耗和尾气排放所带来的自然环境问题。

⑩ 人均城市道路面积：能够反映基础设施水平，特别是城市陆路交通运输状况。

⑪ 域外支持与援助：如前所述。

这些应对与恢复能力指标值越大，社会了系统应对扰动并从扰动的不利影响中恢复的能力越强，脆弱性程度越低。

3. 指标权重确定

区域发展累积式脆弱性评价指标体系由众多指标构成，每个指标在体系中的重要程度和价值高低显然是不同的，这就需要确定指标权重。确定指标权重的常用方法是主观赋权法和客观赋权法。

主观赋权法主要由专家根据他们的经验做出主观判断来确定权重，较为常见的如Delphi法和AHP法。主观赋权法原理简单，实施简便，故应用范围较为广泛。但是，主观赋权法容易受到评价者意向的影响，客观性较差。

客观赋权法就是根据指标数据之间的内在关系，通过一定的数学量化方法来确定指标权重，常用方法有主成分分析法、离差及均方差法、多目标规划法等。客观赋权法虽然也有对数据的过度依赖、通用性差、计算方法复杂等缺点；但是考虑到客观赋权法不依赖于评价者的主观意向、结果往往有较强的理论依据等优点，笔者拟用客观赋权法——熵权法，确定指标权重值。

熵权法是由热力学概念"熵"发展而来的一种客观赋权法，已经在自然科学、社会科学等多个学科领域中得到应用。熵权法能够避免权重的主观因素干扰，又能确保指标反映数据的绝大部分原始信息[227]。熵权法适用于相对评价和指标层的权重确定，要求有一定的样本单位[228]。累积式脆弱性评价的目的、条件等均与之相符，故拟采用之。

"熵"是德国物理学家鲁道夫·克劳修斯(R. Clausius)于1865年提出的，1948年被克劳德·艾尔伍德·香农(C. E. Shannon)引入信息论中，用于对不确定性的测量。按照"熵"的思想，人们在决策中获得信息的质量和多少影响着决策的精确度和可靠性，而"熵"就是衡量信息质量和数量的一个理想尺度。根据熵理论，如果某项指标的熵值越小(即指标在数值上相差较大)，提供的有效信息就越多，那么该指标的权重也就越大；反之，如果某项指标的熵值越大(即指标在数值上相差较小)，提供的有效信息就越小，那么该指标的权重也就越小；当然，若出现指标在数值上相同，熵值达到最大，则意味着该指标未提供任何有效信息，权重为零，可以将其从指标体系中去掉[229]。

假设有 m 个指标，n 个评价对象或某一个评价对象 n 个年份的数据组成原始数据矩阵 $A=(a_{ij})_{m \times n}$，即

$$A = \begin{bmatrix} a_{11} & a_{12} & \cdots & a_{1n} \\ a_{21} & a_{22} & \cdots & a_{2n} \\ \vdots & \vdots & \cdots & \vdots \\ a_{m1} & a_{m2} & \cdots & a_{mn} \end{bmatrix}$$

熵权法具体计算步骤如下[229]：

(1) 数据归一化

由于各指标的计量标准、正负向关系、量纲等各不相同，所以需要对原始数据进行标准化处理。

在 m 个评价指标中，若指标值与指标存在正向关系，则归一化公式为：

$$r_{ij} = \left(a_{ij} - \min_j \{a_{ij}\} \right) \Big/ \left(\max_j \{a_{ij}\} - \min_j \{a_{ij}\} \right) \tag{4-3}$$

在 m 个评价指标中，若指标值与指标存在负向关系，则归一化公式为：

$$r_{ij} = \left(\max_j \{a_{ij}\} - a_{ij} \right) \Big/ \left(\max_j \{a_{ij}\} - \min_j \{a_{ij}\} \right) \tag{4-4}$$

(2) 定义熵

第 i 个指标的熵为：

$$H_i = -\frac{1}{\ln n} \left(\sum_{j=1}^{m} f_{ij} \cdot \ln f_{ij} \right) \tag{4-5}$$

其中，$f_{ij} = r_{ij} \Big/ \sum_{j=1}^{m} r_{ij}$。

由于当 $f_{ij}=0$ 或 1 时，$f_{ij} \cdot \mathrm{in} f_{ij}$ 没有意义，所以将 f_{ij} 定义为：

$$f_{ij} = (1 + r_{ij}) \Big/ \left(1 + \sum_{j=1}^{m} r_{ij} \right) \tag{4-6}$$

(3) 计算权重

各评价指标的权重为：

$$w_i = (1 - H_i) \bigg/ \left(n - \sum_{i=1}^{n} H_i \right) \tag{4-7}$$

4.3.3 累积式脆弱性评价的集对分析模型

集对分析法(Set Pair Analysis Method)由国内学者赵克勤于1989年提出，是一种适用于复杂系统确定性和不确定性分析的定量方法[230]。近年来，已有学者尝试使用集对分析法进行脆弱性的分析与评价[124, 231~233]。区域系统是一个复杂巨系统，包含着许多确定性的和不确定性的因素；而脆弱性是关于区域可持续发展水平、趋势、可能性的一种量度，有其确定性的一面，也有其不确定性的一面，是一个相对概念。这与集对分析法的适应条件相符。另外，集对分析法不仅可以时空兼顾[234]；而且还可以对脆弱性、敏感性、应对与恢复能力等分别进行评价[10]。因此，笔者采用集对分析法对累积式脆弱性进行分析与评价。

1. 集对分析法的基本原理

集对分析的基本思路是[235]：在问题W的背景下，对所论的两个集合A和B组成的集对H具有的特性作同异反分析，共得到N个特性，其中有S个特性为两个集合所共有，有P个特性在两个集合中相对立，而其余$F=N-S-P$个关系既不对立也不同一，即不确定。从而可以得出A、B这两个集合在问题W背景下的同异反联系度表达式：

$$\mu(W) = \frac{S}{N} + \frac{F}{N}i + \frac{P}{N}j = a + bi + cj \tag{4-8}$$

式(4-8)中，a、b、c分别表示集合A和集合B在问题W背景下的同一度、差异度和对立度，并且满足$a+b+c=1$；i为差异度标记和系数，且$i \in [-1, 1]$；j为对立度标记和系数，且$j=-1$。

这样，就可以通过式(4-8)所确定的联系度分析确定集合A和集合B之间的关系。

2. 联系度计算

对于多属性评价问题[236]，可记为$L=(S, E, W, D)$，其中$S=\{s_1, s_2, \cdots s_n\}$为评价方案集，$n$表示被评价对象；$E=\{e_1, e_2, \cdots e_m\}$为评价指标集，$m$表示评价指标个数；$W=\{w_1, w_2, \cdots w_m\}$为评价指标权重集；$D=(d_{kp})_{mxn}$为被评价对象评价指标的取值。

为了便于在同一空间内进行比较，可以选出各评价对象的最优评价指标值和最劣评价指标值，分别组成最优方案集$U=\{u_1, u_2, \cdots u_m\}$和最劣方案集$V=\{v_1, v_2, \cdots v_m\}$。那么针对集合$\{v_p, u_p\}$，数值矩阵$D=(d_{kp})_{mxn}$中$d_{kp}$的同一度$a_{kp}$和对立度$c_{kp}$的计算如下[236]。

当d_{kp}为正向指标取值时：

$$\begin{cases} a_{kp} = \dfrac{d_{kp}}{u_p + v_p} \\ c_{kp} = \dfrac{u_p v_p}{d_{kp}(u_p + v_p)} \end{cases} \tag{4-9}$$

当d_{kp}为负向指标取值时：

$$\begin{cases} a_{kp} = \dfrac{u_p v_p}{d_{kp}(u_p + v_p)} \\ c_{kp} = \dfrac{d_{kp}}{u_p + v_p} \end{cases} \tag{4-10}$$

这样，集对$\{s_k, U\}$在区间$[V, U]$上的联系度μ就可以表示为：

$$\begin{cases} \mu(s_k, U) = a_k + b_k i + c_k j \\ a_k = \sum w_p a_{kp} \\ c_k = \sum w_p c_{kp} \end{cases} \tag{4-11}$$

于是，方案s_k与最优方案的相对贴近度r_k可以定义为：

$$r_k = \frac{a_k}{a_k + c_k} \tag{4-12}$$

式(4-12)中的r_k实际上反映了方案s_k与最优方案的关联程度，r_k取值越大表示评价对象与最优方案越接近，效果越好。

集对分析法在用于累积式脆弱性评价时，可以按照指标体系将同一个评价对象(即同一个行政单元)在不同年份的相关数据或不同评价对象(即不同行政单元)在某一年份的相关数据组合在一起形成方案集$\{s_k\}$。前者为纵向(时间维度)对比分析，后者为横向(空间维度)对比分析。那么某一对象相对于最优方案的相对贴近度r_k就可以反映其脆弱性程度；进而通过对相对贴近度r_k所组成的时间序列$\{r_k\}$的分析，还可以对区域系统内部各地区脆弱性的累积程度和不同地区脆弱性差距的累积程度及其变化趋势进行分析判断。按照相同思路，可以对系统的敏感性、应对与恢复能力进行评价，借此能够对脆弱性累积的直接原因进行探寻。

4.3.4　区域系统整体脆弱性的合成

在上述评价过程中，实际上是按照区域系统的整体脆弱性是由自然环境、经济、社会3个子系统的脆弱性叠加而成的思路进行的。这就需要对3个子系统的脆弱性进行合成。

结合专家组关于现阶段自然环境、经济、社会3个子系统在区域发展中的作用、地位的意见，并参考其他学者的相关研究成果[124，151]，自然环境、经济、社会的权重值分别确定为0.3，0.4和0.3，则某一评价对象在自然环境、经济、社会3个功能维度组成的区域空间中的脆弱性整体水平为：

$$v_i = \sqrt{\varpi_{NE} v_{NE}^2 + \varpi_{EC} v_{EC}^2 + \varpi_{SO} v_{SO}^2}$$

$$\text{(4-13)}$$

式(4-13)中：v_i为评价对象i的整体脆弱性评价值；ω_{NE}、ω_{EC}、ω_{SO}分别为自然环境、经济、社会子系统的权重，取值分别为0.3，0.4，0.3；v_{NE}、v_{EC}、v_{SO}分别是自然环境、经济、社会子系统的脆弱性评价值。

可以按照同样的原理和方法，合成区域系统的敏感性、应对与恢复能力的整体评价值。

⠿ 4.4　冲击式脆弱性评价模型

4.4.1　冲击式脆弱性评价的基本思路

冲击式脆弱性意指，自身的敏感性高、应对与恢复能力相对不足的区域系统及其子系统受到高强度、高频率的扰动，从而导致脆弱性激增，造成严重损失，以致区域系统的结构和功能需要很长时间才能得到恢复，甚至不能完全恢复。导致这种脆弱性的扰动可能来自经济、社会、自然环境等诸多方面，但是自然灾害的扰动冲击最为明显。笔者主要针对自然灾害的扰动，设计冲击式脆弱性评价模型。

灾害学研究表明，不同地区的社会经济状态以及灾害设防能力有着巨大差异，仅根据致灾因子并不能确定损失和受影响的方式[17]。所以，自然灾害带来的冲击式脆弱性评价的侧重点在于反映和区域系统社会经济状态及设防能力所对应的敏感性、应对与恢复能力，其次才是与致灾因子密切相关的扰动发生的频率、强度等。同时，受到学科专业的限制，笔者不能从自然科学的"专业"视角，只能从社会科学的"外行"视角，进行冲击式脆弱性的评价与分析。这里所做的评价并不是针对某一种具体的自然灾害，而是针对其总体的一般状况；同时，还要考虑到社会经济因素、人文因素对脆弱性程度的影响，以及人类自身对自然灾害的能动抵御作用[237]。

4.4.2 冲击式脆弱性评价指标体系构建

1. 指标体系

自然灾害脆弱性涉及灾害学、工程学、经济学、社会学等诸多学科，脆弱性评价工作量大，而且还存在数据获取困难的硬约束[238]。在借鉴参考相关研究成果的基础上[30, 239~241]，笔者结合专家组意见和数据可获得性，构建了如表4-2所示的旨在评价自然灾害扰动下的冲击式脆弱性评价指标体系。

表4-2 区域发展冲击式脆弱性评价指标体系

目标层	准则层	指标(单位)	与准则层的关系	与目标层的关系
冲击式脆弱性	敏感性	人口密度(人/平方公里)	正向	正向
		经济密度(元/平方公里)	正向	正向
		第一产业增加值比重(%)	正向	正向
		乡村人口比重(%)	正向	正向
		抗震设防烈度(度)	负向	负向
	应对与恢复能力	地方财政收入(万元)	正向	负向
		城镇居民人均可支配收入(元/人)	正向	负向
		农民人均纯收入(元/人)	正向	负向
		万人拥有医生数(人/万人)	正向	负向
		公路密度(公里/平方公里)	正向	负向
		人均公共绿地面积	正向	负向
		应急管理水平	正向	负向

2. 评价指标说明

(1) 敏感性指标

灾害学领域，敏感性一般指承灾体在致灾因子作用下的响应程度或敏感程度，即自然灾害发生时，可能导致损失的可能性以及损失的程度[166]，所以笔者用以下指标表征区域系统在致灾因子扰动下的敏感性。

① 人口密度：反映灾害发生时遭受致灾因子影响的人数。人口密度越大，敏感性越高。

② 经济密度：反映灾害发生时可能造成的经济损失大小。经济密度越高，敏感性就越高。计算式为：

$$经济密度=地区GDP/行政区域面积$$

③ 第一产业增加值比重：第一产业包括种植业、林业、牧业和渔业，是最容易受到自然灾害影响的产业。在同样条件下，第一产业增加值比重越大，灾害冲击的影响程度越大，也就越敏感。

④ 乡村人口比重：相对而言，我国城市的经济发展水平、社会保障体系要优于农村，所以在一般情况下，农村居民对自然灾害的扰动更为敏感[226]。

⑤ 抗震设防烈度：这是国家权威部门规定的建筑物设计建设依据，不同地区、不同结构和不同高度的建筑物有着不同的标准。建筑抗震设计规范(GB50011—2010)列出了我国主要城镇抗震设防烈度[242]。按照较高设防烈度进行设计施工，建筑物越不容易受到地震破坏。

上述反映敏感性的5个指标中，前4个为正向指标，即指标值越大，敏感性越高，承受扰动的能力越差，脆弱性程度越高；最后1个为负向指标，即指标值越大，敏感性越小，承受扰动的能力越强，脆弱性程度越低。

(2) 应对与恢复能力指标

灾害学的应对能力主要是指灾害设防能力，恢复能力主要指"自我修复和自我调整"能力[243]。所以，笔者用以下指标表征区域系统应对致灾因子扰动并从扰动的不利影响中恢复的能力。既包括自然灾害发生时系统的瞬间应对能力，又包括灾害发生后系统的恢复能力。

① 地方财政收入：反映政府部门应对自然灾害和处置灾害不良后果的经济实力。

② 城镇居民人均可支配收入：反映城镇居民自身应对自然灾害和处置灾害不良后果的经济实力。

③ 农民人均纯收入：反映农村居民自身应对自然灾害和处置灾害不良后果的经济实力。

④ 万人拥有医生数：反映自然灾害发生后本地区能够提供医疗救助的服务水平。

⑤ 公路密度：反映陆路通行状况和运输能力。合理的公路密度既能拉动经济增

长，又能保障交通运输体系的便捷和高效，而通畅的交通运输对抢灾救灾和灾后重建往往有着决定性作用。计算公式为：

$$公路密度=公路里程数/行政区域面积$$

⑥ 人均公共绿地面积：该指标一般用来表示居民人均占有的公园、小游园及各种团状和块状绿地的面积，反映灾害发生时的疏散、应急避难水平。

⑦ 应急管理水平：自然灾害的发生往往具有突发性，要求在最短的时间内做出正确反映。这对降低灾害冲击的损失程度往往具有决定性作用，所以应急管理水平应该是应对与恢复能力的构成要素之一。显然，应急管理水平量化难度较大。为了尽可能减少定性指标，笔者以能够从《中国统计年鉴》中收集到的"公共管理和社会组织"从业人员数来近似表示应急管理水平。

上述应对与恢复能力指标值越大，系统应对自然灾害冲击并从不利影响中恢复的能力越强，脆弱性程度越低。

3. 指标权重确定

自然灾害是小概率事件，具有不确定性，所导致的冲击式脆弱性具有类似的性质；而冲击式脆弱性评价是各种自然灾害发生并产生扰动的假设前提下进行的，这就使得一般意义上的指标权重确定方法难以发挥有效作用。

相关学者曾经做过以地震为代表的灾害脆弱性评价分析，研究发现采用神经网络训练样本所确定的权重可以很好地反映"常遇"灾害和"偶遇"灾害(不包括"罕遇"灾害)情况下指标权重对评价结果的影响规律[242]。故拟采用之，详见下一小节。

4.4.3 冲击式脆弱性评价的SOFM模型

区域系统是人参与其中的开放式复杂巨系统，人的主观能动性使得区域系统具有自我学习和自我适应的能力。以自然灾害为代表的冲击式脆弱性是各种自然灾害与人类社会经济活动综合作用的结果，与各种人为因素之间存在着复杂的非线性关系。另外，又因为人工神经网络能够解决具有一定内在规律，且这个规律又有一定模糊性的问题，而脆弱性评价恰恰正是这样的一个问题[244]。这就使得人工神经网络在脆弱性评价中已有较为广泛的应用[245~248]，被证明是一种较为理想的评价方法。

人工神经网络模型有很多种，大都需要采集相当数量的样本。因为没有足够的训练数据会使评价结果存在较大误差。而自组织特征映射神经网络(Self-organizing

Feature Map Neural Network，简称SOFM)，是"一种无教师、自组织、自学习网络，不需要大量的网络训练样本"[1]，正好适合于冲击式脆弱性评价的数据样本相对较少的现实[249]。因此，笔者最终选择SOFM模型作为冲击式脆弱性评价的基本方法。

1. SOFM网络概述

SOFM网络由芬兰赫尔辛基(Helsinki)大学的图沃·科霍嫩(Kohonen T.)教授根据人脑的自组织特性提出的一种神经网络，又称Kohonen网络[250]。

SOFM网络在接受外界输入模式时，会分为不同的应对区域，各应对区域对输入模式的响应特征也是不同的，这个过程是自动完成的[251]。

SOFM网络由输入层和输出层(也称竞争层)构成[252]：输入层通过权向量将外界信息汇集到输出层的各神经单元；输出层神经单元排列有多种，类似于人类大脑皮层的二维形式最为典型，如图4-10所示。

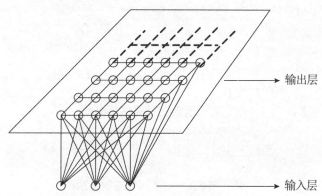

图4-10　二维SOFM平面阵列(李双成，2001)

SOFM网络功能就是通过自组织方式按照Kohonen算法[2]训练样本调整网络权值，使得网络输出能够反映样本数据的内在规律和本质属性。

2. SOFM网络学习算法

SOFM网络采用的学习算法按如下步骤进行[253]。

---

① 范嫦娥，李德华. 基于自组织特征映射神经网络的路面使用性能评价方法[J]. 重庆交通大学学报(自然科学版)，2013, 32(1): 80-83.

② Kohonen算法可以概括为，获胜的神经元对其邻近神经元的影响是由近及远，由兴奋逐渐变为抑制。换句话说，不仅获胜神经元要调整权值，它周围的神经元也要不同程度地调整权向量。常见的调整方式有墨西哥草帽函数、大礼帽函数、厨师帽函数几种，不再赘述。

(1) 初始化

对输出层各权向量赋较小随机数并进行归一化处理，得到$\hat{W}_j$(j=1，2，$\cdots$，m)，建立初始优胜邻域$N_j*(0)$和学习率η初值。其中，m为输出层神经元数目。

(2) 接受输入

从训练集中随机取一个输入模式并进行归一化处理，得到$\hat{X}^p$(p=1，2，$\cdots$，n)，n为输入层神经元数目。

(3) 寻找获胜节点

计算$\hat{X}^p$与$\hat{W}_j$的点积，从中找到点积最大的获胜节点$j*$。

(4) 定义优胜邻域$N_{j*}(t)$

以$j*$为中心确定t时刻的权值调整域，一般初始邻域$N_{j*}(0)$较大(大约为总节点的50%~80%)，训练过程中$N_{j*}(t)$随训练时间收缩。如图4-11所示。

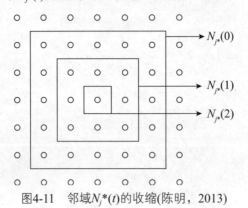

图4-11　邻域$N_j*(t)$的收缩(陈明，2013)

(5) 调整权值

对优胜邻域$N_{j*}(t)$内的所有节点调整权值：

$$w_{ij}(t+1) = w_{ij}(t) + \alpha(t,N)[x_i^p - w_{ij}(t)] \quad i=1,2,\cdots,n \quad j \in N_{j*}(t) \qquad (4\text{-}14)$$

式(4-14)中，$\alpha(t，N)$是训练时间t和邻域内第j个神经元与获胜神经元j^*之间的拓扑距离N的函数，该函数一般有以下规律：$t\uparrow \to \alpha\downarrow$，$N\uparrow \to \alpha\downarrow$；如$\alpha(t，N)=\alpha(t)e^{-N}$，$\alpha(t)$可采用$t$的单调下降函数，也称退火函数。

(6) 结束判定

当学习率$\alpha(t)\leqslant\alpha_{min}$时，训练结束；不满足结束条件时，转到步骤(2)继续。

具体计算过程可以通过MATLAB神经网络工具箱创建神经网络模型来完成。

4.4.4 扰动因素的分析与评价

区域系统的高敏感性、应对与恢复能力不足，以及扰动强度大、频率高，是冲击式脆弱性的主要特征。

上述冲击式脆弱性评价，以敏感性、应对与恢复能力评价为主，在某种意义上是一种"事中—事后"评价，对扰动发生可能性的"事前"评价显然考虑不够。所以，冲击式脆弱性评价还应该兼顾扰动的种类和扰动发生的可能性、强度、频率等。

4.5　复合式脆弱性评价

复合式脆弱性是累积式脆弱性和冲击式脆弱性联合作用的结果：往往是区域发展的负作用还未累积到阈值或脆弱性程度比较低的区域系统，突然受到强度不是很大、频率不是很高、持续时间不是很长的扰动冲击，而使系统遭受严重损害，甚至崩溃。所以，其评价也需要两种评价方法联合运用。

第一步：确定重点关注的脆弱性地区。复合式脆弱性评价首先要根据累积式脆弱性评价结果，确定出要予以重点关注的脆弱性地区。

第二步：确定关键扰动因素。由于地理位置、气候气象条件、资源赋存状况以及经济社会发展水平等的不同，同一区域系统内的不同行政单元、功能子系统受扰动的种类、强度、频率、可能性等是不同的。为此需要收集这些需要重点关注的脆弱性地区的历史数据资料，找出发生概率大、频率高、持续时间长的关键扰动因素。区域发展过程中，常见的扰动因素有地震、干旱洪涝、泥石流、风暴潮、海啸、低温雨雪冰冻等自然灾害；再比如疫病传播、暴乱、战争等。

第三步：评估关键扰动因素。根据关键扰动因素的历史数据资料，预测分析关键扰动因素发生的可能性、影响范围、造成的损失程度等。对这些扰动因素的评估需要专门的人才、专门的机器设备、专门的技术手段，甚至多个机构的跨地区合作，政府部门应该做好相关协调与配合。

第四步：制定防灾减灾措施。针对需要重点关注的脆弱性地区关键扰动因素的评估结果，制定相应的应急措施、减灾措施以降低不利扰动冲击的损失程度。

从现有的成功经验和失败教训来看，应急预案管理制度的建立与完善是应对处置各种自然灾害、事故灾害、公共卫生事件和社会安全事件的较为有效的方式。

第5章 京津冀都市圈发展脆弱性评估

按照脆弱性研究范式，只有准确把握区域系统脆弱性程度，才能有针对性地应对以降低脆弱性，才能实现可持续发展。本章将运用第4章构建的评价模型，重点对京津冀都市圈时间维度和空间维度上的累积式脆弱性、冲击式脆弱性以及复合式脆弱性进行评价与分析。

∷ 5.1　京津冀都市圈及其基本状况

5.1.1　京津冀都市圈的由来

"京津冀都市圈"是近年来的热门词汇。根据中国知网(China National Knowledge Infrastructure，CNKI)所载文献，"京津冀都市圈"最早出现在《瞭望》新闻周刊1996年第37期《九大都市圈——21世纪中国区域布局的构想》一文中。1996年，我国著名经济学家王建提出了"九大都市圈"的设想，即"以我国经济力量较强的大城市为中心划分九大经济圈，以大城市为骨干，在各都市圈内分别部署相对独立的产业结构的区域布局模式"[①]。在该文中，京津冀都市圈仅涉及北京、天津、石家庄[254]。

国家发展和改革委员会于2004年11月在河北廊坊展开"京津冀都市圈区域规划合作座谈会"，正式启动京津冀都市圈区域规划的编制工作。京津冀都市圈包括北京、天津两个直辖市和河北省的石家庄、廊坊、保定、唐山、秦皇岛、张家口、承德、沧州8个地级市[1]，这个"2+8"的界定模式被广泛使用[2]，如图5-1(a)所示[②]。京津冀范围如图5-1(b)所示[③]。

明清时期定都北京，京津冀行政区划就曾同属直隶省。中华民国成立后，国民政府将都城设在南京，直隶省就名不符实了，于是1928年将其改名为河北省。1952年，平原省被撤销，武安、涉县、临漳三县被划归河北省；同年察哈尔省也被撤

---

① 赵忆宁，朱剑. "九大都市圈"——21世纪中国区域布局的构想(访著名经济学家王健)[J]. 瞭望，1996，(37)：9-10.

② 李柯勇，胡梅娟，马书平. 京津冀都市圈发展纳入国家战略，一体化大势所趋[EB/OL]. http://www.tj.xinhuanet.com/2006-12/30/content_8928153.htm.

③ 罗丹阳. 关心京津冀协同发展，习近平十个月内分赴三地考察[EB/OL]. http://bj.people.com.cn/n/2014/0228/c233086-20667896.html.

(a)
(b)

图5-1 京津冀都市圈和京津冀范围示意图

销，察南、察北两个专区被划归河北省；1956年热河省被撤销，原热河省的大部分辖区被划归河北省。1958年，原河北省的顺义、延庆、平谷、通县、房山、密云、怀柔、大兴等县被划归北京市；天津市被划归河北省，省会由保定迁往天津。1966年，天津市成为直辖市，河北省省会又由天津市迁回保定市，1968年石家庄市被确定为省会。1973年，原河北省的蓟县、宝坻、武清、静海、宁河等5县划归天津市，原河北省的天津地区改为廊坊地区，把地区驻地由天津市迁到廊坊。至此，形成现在北京、天津和河北省的辖区范围。

这种行政区划的多次更迭导致了北京、天津与河北形成了"你中有我，我中有你"的复杂格局。就京津冀整体而言，心脏地带在北京，主要出海口(肺)在天津，所以河北省被戏称为"没心没肺"；同时，这种行政区划也使北京、天津失去了腹地，只能在内部"画圈、摊煎饼"。所以，这种行政区划无论对京津冀还是华北地区的发展都是不利的。

5.1.2 京津冀都市圈的基本状况

1. 北京市概况

北京是中华人民共和国首都，全国的政治、文化、国际交流和科技创新中心，四大直辖市之一。北京位于华北平原北部燕山南麓，和天津相邻，并与天津一起被河北省环绕。北京市下辖14个市辖区和2个市辖县，行政区域总面积16 410.54平方公里，市区面积12 187平方公里，建成区面积1 386平方公里；截止到2013年底，常住人口2 114.8万人，户籍人口1 316.3万人。

北京市第三产业发达；近年来又建成了现代化的工业体系，通信电子设备制造业、交通运输设备制造业、电力热力的生产和供应业、医药制造业、通用设备制造业成为支撑全市工业经济的重点行业；2011年，北京市把新一代信息技术、生物、节能环保、新材料、新能源汽车、新能源、航空航天、高端装备制造8个领域作为培育和发展战略性新兴产业的重点领域；北京市在高新技术产业和服务业方面也有明显的优势[255]。

2013年全市生产总值达到19 500.6亿元，比上一年增长7.7%；地方公共财政预算收入3 661.1亿元，增长10.4%；第一产业增加值161.8亿元，增长3%；第二产业增加值4 352.3亿元，增长8.1%；第三产业增加值14 986.5亿元，增长7.6%。按常住人口计算，人均GDP达到93 213元，约合15 052美元；三次产业结构由2012年的0.8%：22.7%：76.5%变为0.8%：22.3%：76.9%；全年城镇居民人均可支配收入达到40 321元，比上年增长10.6%；农村居民人均纯收入18 337元，比上年增长11.3%；城市居民恩格尔系数为31.1%，比上年下降0.2个百分点；农村居民恩格尔系数为34.6%，比上年提高1.4个百分点①。

在中国社会科学院发布的2013年《城市竞争力蓝皮书：中国城市竞争力报告》中，北京市综合竞争力排在第6位[256]。

2. 天津市概况

天津市是四大直辖市之一，是北方经济中心和最大的沿海开放城市、国际港口城市、生态城市；2006年天津滨海新区开发建设上升为国家战略，2009年国务院批复设立滨海新区，天津被誉为"中国经济新的增长极"。

天津市位于华北平原东北部，海河下游，素有"九河下梢"之称。天津市下辖1个副省级区(滨海新区)、12个市辖区、3个市辖县，行政区域总面积11 760平方公里，其中市辖区面积7 399平方公里；截至2013年末，全市常住人口1 472.21万人，

---

① 北京市统计局，国家统计局北京调查总队. 北京市2013年国民经济和社会发展统计公报[EB/OL].
http://www.bjstats.gov.cn/xwgb/tjgb/ndgb/201402/t20140213_267744.html.

户籍人口1 003.97万人。

天津是中国近代工业发源地，为新中国的建设做出了重要贡献。随着改革开放的进行，特别是2006年滨海新区开发建设上升为国家级战略后，由航空航天、石油化工、装备制造、电子信息、生物医药、新能源新材料、轻纺和国防科技等8大优势支柱产业构成的现代工业体系正在建设和发展；而围绕着航空航天、新能源、新一代信息技术、生物医药、新材料、海洋科技和节能环保的战略性新兴产业也在快速成长，产业集聚效应开始显现[257]。

2013年全市生产总值达到14 370.16亿元，比上一年增长12.5%；三次产业结构由2012年的1.3%∶51.7%∶47.0%变为1.3%∶50.6%∶48.1%；地方财政收入2 078.30亿元，增长18.1%；全年城镇居民人均可支配收入达到32 658元，比上年增长10.2%；农村居民人均纯收入15 405元，比上年增长13.5%①。根据2013年数据计算，天津人均GDP达到101 699元(按常住人口计算)，约合15 383美元，超过北京和上海，在全国各省市区中居于首位。

在中国社会科学院发布的2013年《城市竞争力蓝皮书：中国城市竞争力报告》中，天津市综合竞争力排在第9位[256]。

3. 河北省概况

河北省西倚太行山，紧傍渤海湾，地处华北地区腹地；环抱北京，自古就有"京畿重地"之称；同时与天津毗连，和山西、山东、河南、内蒙古、辽宁等省区接壤。河北省行政区域总面积18.77万平方公里，下辖11个地级市和2个省直管市，共计22县级市和114县(其中6个为民族自治县)。2013年末，全省常住人口7 332.61万人。

河北省不仅是北京、天津的水源地和水源涵养区，而且还是京津风沙治理和退耕还林的主要实施地区。河北省的矿产资源、能源资源、海洋资源等都较为丰富；河北省有平原、盆地、丘陵、山地等各种地貌类型，属温带大陆性季风气候，四季分明，是农业大省，以畜牧、蔬菜、果品等为主，是京津重要的农副产品主产区[258]。

改革开放以来，河北省建成了门类较为齐全的工业体系，是全国重要的钢铁、建材、化工、医药、纺织和煤炭生产基地[259]。近年来，河北省坚持以经济结构调整为重点，推进产业结构优化升级，经济发展方式转变不断加快，工业逐步形成了钢

---

① 天津市统计局，国家统计局天津调查总队. 2013年天津市国民经济和社会发展统计公报[EB/OL]. http://www.stats-tj.gov.cn/Article/tjgb/stjgb/201403/24063.html.

铁、装备制造、石油化工、食品、医药、建材、纺织服装等7大主导产业；以新能源、新材料、电子信息、生物医药等为代表的战略性新兴产业发展提速，形成局部强势；电子信息、现代物流、旅游对经济的支撑作用正在加强[258]。

2013年，河北省实现生产总值28 301.4亿元，比上年增长8.2%，人均GDP达到38 597元，约合6 233美元；三次产业结构由2012年的12.0%∶52.7%∶35.3%变为12.4%∶52.1%∶35.5%；全部财政收入3 641.5亿元，比上年增长4.7%，其中公共财政预算收入2 293.5亿元，增长10.0%；城镇居民人居可支配收入22 580元，比上年增长9.9%；农民人均纯收入9 102元，增长12.6%；城镇居民家庭恩格尔系数为32.3%，比上年下降1.3个百分点；农村居民家庭恩格尔系数为32.0%，下降1.9个百分点①。

4. 京津冀都市圈河北省诸市概况

在河北省的11个地级市中，南部的邯郸、衡水和邢台未被列入拟议中的京津冀都市圈，京津冀都市圈内河北8市概况如下。

(1) 石家庄市概况

石家庄市是河北省省会，是国务院批准实行沿海开放政策和金融对外开放政策的城市。石家庄市地处河北省中南部，东临渤海，西倚太行，地理位置优越，交通便捷。石家庄市辖区总面积15 848平方公里，其中市区面积456平方公里；下辖6个市辖区、12个市辖县、5个县级市和1个国家级高新技术开发区；2012年底，常住人口为1 038.6万人。

石家庄市是全国最大的医药工业基地和主要的纺织基地之一，是国家确认的首批生物产业基地，基本形成了以医药、纺织服装、石油化工、装备制造、食品工业、钢铁建材为主的工业经济体系；以生物医药、电子信息为特色的战略性新兴产业发展也较为迅速[260]。

2013年全市生产总值达到4 863.6亿元，比上一年增长9.5%；财政收入完成648.4亿元，增长13.1%；全年城镇居民人均可支配收入达到25 274元，比上年增长9.7%；农村居民人均纯收入10 066元，比上年增长12.6%②。三次产业结构由2012年的

---

① 河北省统计局，国家统计局河北调查总队. 河北省2013年国民经济和社会发展统计公报[EB/OL]. http://gov.hebnews.cn/2014-03/03/content_3810546.html.

② 石家庄市统计局. 2013年1—12月份全市主要经济指标[EB/OL]. http://www.sjztj.gov.cn/col/1302168458427/2014/02/08/1391841607129.html.

10.0%：49.8%：40.2%变为2013年的9.8%：47.2%：43.0%。

石家庄市多项经济社会发展指标位于河北省前列,在中国社会科学院发布的2013年《城市竞争力蓝皮书:中国城市竞争力报告》中,石家庄市综合竞争力排在第44位[256]。

(2) 承德市概况

承德旧称热河,地处河北省东北部,与秦皇岛、唐山、张家口相邻,具有"一市连五省(京津冀辽蒙)"的独特区位优势。承德旅游资源丰富,是国家历史文化名城,著名风景旅游名胜区。

承德市下辖3个市辖区、8个市辖县(其中3个为民族自治县);全市地域面积39 500平方公里,市辖区面积708平方公里;2013年年末全市户籍总人口为378.15万人。

承德市坚持生态优先战略,走"产业生态化、生态产业化"的绿色崛起之路,不断加快产业转型升级;2013年旅游业总收入增长率高达26%,实现了204亿元,占到GDP的16%;以风能发电为主的电力产业、钒钛新材料产业、食品药品加工产业以及先进装备制造业都具有较大优势[261]。

2013年全市生产总值完成1 272.09亿元,比上年增长9.3%;三次产业比重由2012年的15.7%：52.9%：31.4%调整为16.8%：51.1%：32.1%;全部财政收入192.09亿元,比上年提高0.2个百分点,公共财政预算收入102.3亿元,增长23.9%;全年城镇居民家庭人均可支配收入20 636.8元,比上年增长10.3%;农村居民人均纯收入6 225.6元,比上年增长12.3%[①]。

(3) 张家口市概况

张家口,又名"张垣""武城",地处河北省西北部,东临北京,西连山西大同,南接华北平原,自古就是军事重镇和重要的陆路商埠;曾是民国时期察哈尔省省会。张家口地处北京的"上风上水",承担着为北京乃至华北输送"清风绿水"的重任。

张家口下辖4个市辖区、13个市辖县、2个管理区和1个高新区,总面积3.68万平方公里;截至2012年底,户籍人口数为468.41万人,其中农业人口为311.51万人,占66.5%。

① 承德市统计局.承德市2013年国民经济和社会发展统计公报[EB/OL]. http://www.cdtj.gov.cn/index.aspx.

张家口是传统的重工业城市，钢铁、电力、矿山开采等一度在经济中占有重要地位。2009年，市政府提出了"做大做强旅游服务、新型能源、食品加工、装备制造四大产业，积极培育现代物流业、电子信息业、矿产品精深加工业"的产业结构调整思路。近年来，结构调整使得现代产业由小到大、由弱到强，发展加快，对经济的支撑作用日益突显[262]。

2013年，张家口市生产总值完成1 340亿元，同比增长8%左右；全部财政收入完成224.76亿元，增长4.95%；全年城镇居民人均可支配收入预计达到20 470元，增长11%左右，农民人均纯收入预计达到6 290元，增长13%左右①。三次产业结构由2011年的16.0%：44.5%：39.5%，变为2012年的16.7%：42.9%：40.4%。

2013年11月，经党中央、国务院批准，中国奥委会正式同意北京和张家口共同申办2022年冬季奥运会，以北京市的名义申请；并在2015年7月成功获得主办权。"塞外明珠"张家口又迎来了新的发展机遇与挑战。

(4) 秦皇岛市概况

秦皇岛位于河北省东北部，南临渤海，北倚燕山；向东接壤辽宁省葫芦岛市，向西毗邻唐山，向北紧邻承德。秦皇岛是北方重要的贸易口岸，是我国第一批沿海开放城市之一，秦皇岛经济技术开发区是首批国家级沿海经济技术开发区之一。秦皇岛港是"北煤南运"的枢纽港和大庆油田出口口岸之一，被誉为"世界第一能源输出港"，也是我国"超亿吨港口"之一；2013年12月1日，天津至秦皇岛的高速铁路正式运营，秦皇岛的区位优势更加突出。

秦皇岛下辖3个市辖区、4个市辖县(其中1个为民族自治县)，总面积7 812平方公里；截至2013年底，户籍人口总数为292.72万人。

改革开放以来，秦皇岛逐步发展成为一座新兴工业城市，建成了基础雄厚的现代工业体系。近年来，大力调整优化产业结构，改造提升传统优势产业。装备制造、粮油食品加工、玻璃制造和金属冶炼压延加工是秦皇岛的支柱产业；以新能源、电子信息、低碳环保、生物医药等为代表的战略性新兴产业也得到了较快发展；同时，以休闲旅游度假和临港购物为特色的现代服务业也已经成为秦皇岛经济发展的新支撑[263]。

2013年，秦皇岛全市完成地区生产总值1 168.8亿元，比上年增长7%；全部

---

① 张家口市政府.2014年张家口市政府工作报告[EB/OL].http://zjk.hebnews.cn/2014-01/28/content_3756515.html.

财政收入197.5亿元，公共财政预算收入109.5亿元，分别增长1.3%和0.8%；城镇居民人均可支配收入24 353元，农民人均纯收入9 356元，分别增长10.2%和12.5%[①]。秦皇岛三次产业结构由2012年的13.0%∶39.3%∶47.7%调整为2013年的14.7%∶38.3%∶47.0%。

(5) 唐山市概况

唐山市地处渤海湾中心地带，在河北省东部，南临渤海，北倚燕山，与天津、秦皇岛、承德相邻。唐山地处交通要塞，区位优势明显，还是国际通航的重要港口，唐山港(包括曹妃甸港和京唐港)能够为京津冀及周边地区钢铁、石油化工业的发展提供支撑。2013年，曹妃甸国家级经济技术开发区获批，为吸引京津向外转移扩散传统产业提供了空间。

唐山市下辖7个市辖区、2个县级市、5个市辖县和4个开发区；总面积13 472平方公里，辖区面积5 478.9平方公里，建成区面积117.2平方公里；截至2013年底，全市户籍总人口为747.40万人，其中农业人口为498.59万人，占66.7%。

唐山是中国近代工业的发祥地，是我国重要的能源和材料基地，也是河北省重工业基地。钢铁工业、装备制造业、能源工业、建材工业、化工工业等是唐山的传统支柱产业。近年来，唐山市不断推动产业转型升级，"一钢独大"的产业结构和粗放式发展模式得以转变，服务业、高新技术产业取得了较快发展；"十二五"以来，唐山的高端装备制造、节能环保、新材料新能源等战略性新兴产业发展出现了良好势头[264]。

2013年唐山全市地区生产总值完成6 121.2亿元，比上年增长8.3%；公共财政预算收入318.4亿元，增长5.8%；全年城镇居民人均可支配收入26 647元，农民人均纯收入11 937元，增长率分别为9.4%和11.6%；三次产业结构由2012年的9.1%∶59.2%∶31.7%调整为2013年的9.2%∶58.7%∶32.1%[②]。

唐山市在中国社会科学院发布的2013年《城市竞争力蓝皮书：中国城市竞争力报告》中，综合竞争力排名第23位，在河北省所有城市中排名最为靠前[256]。

---

① 秦皇岛市政府. 2014年秦皇岛市政府工作报告[EB/OL]. http://www.qhdcm.com/xinwen/2014-02/18/cms126721article.shtml.

② 唐山市统计局，国家统计局唐山调查队. 唐山市2013年国民经济和社会发展统计公报[EB/OL]. http://tangshan.huanbohainews.com.cn/system/2014/04/08/011334622.shtml.

(6) 廊坊市概况

廊坊市地处河北省中部偏东,位于京津两大国际都市之间,素有"京津走廊、黄金地带"之美称,区位优势独特,投资环境优越。

廊坊市1989年成为省辖地级市,下辖2个市辖区、6个市辖县,面积为6 429平方公里,主城区面积54平方公里;截至2013年底,户籍人口数为439.4万人。

金属制品、食品加工、木材加工及家具制造等是廊坊市的传统优势产业。近年来,廊坊市产业结构不断调整优化,新兴产业不断壮大,电子信息业在河北省内优势明显,高端装备制造、生物医药、新材料新能源等产业集聚加快,传统产业正在逐步转型[265]。

2013年全市生产总值完成1 943.1亿元,比上一年增长9.1%;全部财政收入349.2亿元、公共财政预算收入205.4亿元,与上年相比分别增长了13.9%和19.3%;全年城镇居民人均可支配收入达到26 985元,农村居民人均纯收入11 624元[①]。三次产业结构由2012年的11.0%:54.0%:35.0%变为2013年的10.4%:52.6%:37.0%。

在中国社会科学院发布的2013年《城市竞争力蓝皮书:中国城市竞争力报告》中,廊坊市综合竞争力排在第84位[256]。

(7) 保定市概况

保定市地处河北省中部,西倚太行山,东抱白洋淀;境内多条铁路、高速公路贯穿,区位优势明显,素有"京师门户、京畿要冲"之称。2008年保定成为世界自然基金会(World Wide Fund For Nature,简称WWF)确定的中国首批8个低碳试点城市之一,而且是唯一的一个地级市。

保定市下辖3个市辖区、18个市辖县和4个县级市,另设有国家级高新技术开发区和白沟新城;保定市总面积2.21万平方公里;截至2012年末,常住人口为1 135.14万人。

建筑材料、纺织服装箱包、食品饮料、化工医药、金属冶炼加工等是保定市的传统优势产业。近年来,保定市围绕着"低碳城市建设",不断加快产业结构转型步伐,形成了以汽车、新能源、纺织服装、新型建筑材料、旅游为代表的现代产业体系[266]。

2013年全市生产总值完成2 650.6亿元,与上年相比增长9%;全部财政收入324.8

---

① 廊坊市统计局. 2013年廊坊国民经济月报(第十二期)[EB/OL]. http://www1.lf.gov.cn/WebSite/Item/51219.aspx.

亿元，增长13.1%，公共财政预算收入167亿元，增长13.9%；全年城镇居民人均可支配收入21 181元，与上年相比增长11.2%；农民人均纯收入8 675元，与上年相比增长13.2%[①]。三次产业结构由2011年的14.0%：54.9%：31.1%，调整为2012年的13.9%：55.0%：31.1%。

在中国社会科学院发布的2013年《城市竞争力蓝皮书：中国城市竞争力报告》中，保定市综合竞争力排在第83位[256]。

(8) 沧州市概况

沧州地处河北省东南部，东临渤海，北倚天津，南接山东。随着黄骅港和朔黄铁路[②]的建成，黄骅港成为西煤东运新通道的出海口和冀中南、晋陕蒙部分地区最经济、最便捷的出海口，沧州的区位优势日趋明显。2010年10月，沧州临港经济技术开发区被国务院确定为国家级经济技术开发区。沧州还有"武术之乡"之誉，中外驰名。

沧州市下辖2个市辖区、4个县级市和10个市辖县，总面积1.4万平方公里；截止2013年底，全市总人口为754.32万人。

沧州市已经形成石油化工、管道装备制造、五金机电、纺织服装、食品加工等5大特色支柱产业，生物医药、新材料、新型化工、电子信息等战略新兴产业正在成为经济发展的新亮点[267]。

2013年全市地区生产总值完成3 020亿元，与上年相比增长9%；全部财政收入突破400亿元，达到416.5亿元，公共预算收入172.3亿元，与上年相比增长11.2%和23.4%；城镇居民人均可支配收入和农民人均纯收入分别达到22 885元和8 415元，与上年相比增长10%和12%[③]。三次产业结构由2012年的11.3%：52.6%：36.1%调整为2013年的11.5%：52.4%：36.1%。

在中国社会科学院发布的2013年《城市竞争力蓝皮书：中国城市竞争力报告》中，沧州市综合竞争力排在第66位[256]。

---

① 保定市政府. 2014年保定市政府工作报告[EB/OL]. http://bd.hebei.com.cn/system/2014/02/21/013229274.shtml.

② 朔黄铁路，西起山西省神池县神池南站，与神朔铁路相连，东至黄骅市黄骅港口货场，是一级铁路干线。

③ 沧州市统计局，国家统计局沧州调查队. 沧州市2013年国民经济和社会发展统计公报[EB/OL]. http://www.cangzhou.gov.cn/zwbz/zwdt/gggq/268097.shtml.

5.2 基于时间维度的京津冀都市圈累积式脆弱性评价

笔者按照第4章第3节所设计的评价思路，使用熵权法和集对分析法评价京津冀都市圈内每个城市脆弱性在时间维度上的累积变化趋势，即各城市自身的纵向对比分析。主要从《中国城市统计年鉴(2006—2013)》《中国统计年鉴(2006—2013)》《北京市统计年鉴(2006—2013)》《天津市统计年鉴(2006—2013)》《河北经济年鉴(2006—2013)》以及各城市的官方统计网站收集定量指标的相关数据。对于域外援助与支持这一定性指标，由专家组根据国家区域经济政策和京津冀都市圈内各城市的行政级别、经济社会发展水平、区位条件、资源禀赋、历史文化、政治等主观打分确定。评价起始时间为"十五规划"结束的2005年，也就是京津冀都市圈区域规划正式启动的第一年；由于数据可获得性的约束，其结束时间为2012年。

5.2.1 基于时间维度的京津冀都市圈累积式脆弱性评价结果与分析

京津冀都市圈各城市时间维度上的累积式脆弱性评价结果与分析如下。

1. 北京市脆弱性综合评价与分析

北京市脆弱性评价结果如表5-1所示。

表5-1 北京市自然环境、经济、社会及其整体发展的累积式脆弱性评价结果(2005—2012)

年 份		2005	2006	2007	2008	2009	2010	2011	2012
自然环境	敏感性	0.5011	0.4550	0.5141	0.4800	0.4679	0.4669	0.5124	0.5225
	应对与恢复能力	0.4517	0.5134	0.4848	0.4911	0.5156	0.5280	0.5331	0.5446
	脆弱性	0.5253	0.4700	0.5153	0.4955	0.4768	0.4699	0.4898	0.4888
经济	敏感性	0.5528	0.5593	0.5218	0.5226	0.4753	0.4714	0.4500	0.4490
	应对与恢复能力	0.3513	0.4626	0.5221	0.5132	0.5699	0.6030	0.6160	0.6360
	脆弱性	0.6005	0.5503	0.5015	0.5067	0.4542	0.4356	0.4179	0.4068
社会	敏感性	0.4394	0.5273	0.5604	0.5732	0.5341	0.4323	0.5474	0.5565
	应对与恢复能力	0.4257	0.4040	0.4835	0.5035	0.5292	0.5542	0.5502	0.5861
	脆弱性	0.5283	0.5752	0.5337	0.5239	0.4931	0.4432	0.4836	0.4622
整体	敏感性	0.5055	0.5203	0.5314	0.5262	0.4915	0.4586	0.4996	0.5054
	应对与恢复能力	0.4061	0.4622	0.4997	0.5037	0.5419	0.5667	0.5726	0.5948
	脆弱性	0.5574	0.5354	0.5154	0.5086	0.4730	0.4484	0.4604	0.4494

(1) 敏感性分析

2005年至2012年，北京市各子系统敏感性在波动中变化，变化幅度不大，如图5-2所示。其中，自然环境子系统敏感性与其时间维度上最优值的贴近度由2005年的0.5011波动中上升到2012年的0.5225；曲线变异系数[①]为0.05，表明上升幅度较小。经济子系统的敏感性与其时间维度上最优值的贴近度呈现明显下降趋势，由2005年的0.5528降至2012年的0.4490，曲线变异系数为0.08。社会子系统敏感性与其时间维度上最优值的贴近度，由2005年的0.4393上升至2008年的最高值0.5732，随后快速降至2010年的0.4323，但最近两年来又逐步上升，曲线变异系数为0.10。在3个子系统中，社会子系统敏感性最高，随后是自然环境子系统和经济子系统。

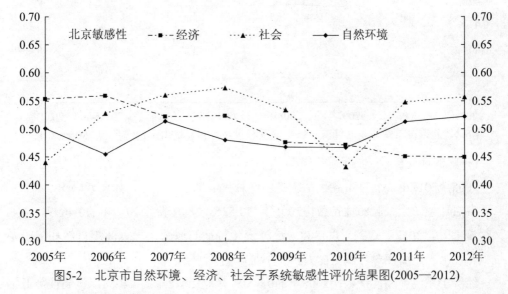

图5-2 北京市自然环境、经济、社会子系统敏感性评价结果图(2005—2012)

(2) 应对与恢复能力分析

2005至2012年，北京市各子系统应对与恢复能力总体上呈现上升趋势，尤其是2008年以后，如图5-3所示。

自然环境子系统的应对与恢复能力和其时间维度上最优值的贴近度上升幅度不大，曲线变异系数只有0.06；经济子系统的应对与恢复能力变化最大，贴近度在2005年为0.3513，2007年超过自然环境和社会子系统后，快速升至2012年的0.6360，

---

① 曲线变异系数的高低反映了贴近度随时间的变化情况，变异系数小，说明敏感性(包括随后的应对与恢复能力)随时间的变化幅度较小；反之，则较大。定义变异系数为贴近度标准差与均值之比。

曲线变异系数为0.17；社会子系统的应对与恢复能力和其时间维度上最优值的贴近度，由2005年的0.4257增加至2012年的0.5861，曲线变异系数为0.12，提升幅度也较大。在现阶段，北京市3个子系统的应对与恢复能力，经济子系统最强，社会子系统次之，自然环境子系统最低。

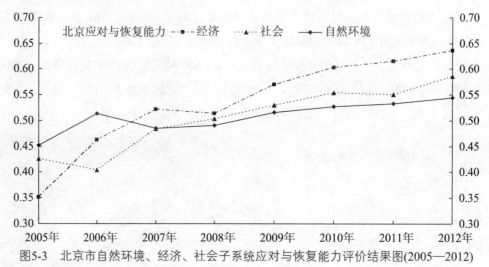

图5-3　北京市自然环境、经济、社会子系统应对与恢复能力评价结果图(2005—2012)

(3) 脆弱性分析

2005至2012年，北京市各子系统脆弱性总体上呈下降趋势，如图5-4所示。

自然环境子系统脆弱性指数由2005年的0.5253波动中降至2010年的0.4699，随后又缓慢上升，2012年达到了0.4888。这种变化特征的原因在于近两年自然环境子系统敏感性上升，而应对与恢复能力相对不足。

经济子系统脆弱性指数由2005年的0.6005，降至2012年的0.4068，脆弱性降低幅度不小。原因主要在于2008年后，北京市经济子系统应对与恢复能力的快速提升。

社会子系统脆弱性指数，2005年为0.5283，2006年虽有所上升，随后逐年下降，2010年降至最低值0.4432，随后又回升至2012年0.4622。其反弹原因主要在于近两年来，社会子系统敏感性的较大提高。

在北京市3个子系统中，自然环境子系统脆弱性最高，社会子系统次之，而后是经济子系统。

(4) 整体分析

2005至2012年，北京市整体脆弱性呈下降趋势，如图5-5所示。但是，近两年来，由于敏感性的提高，脆弱性的下降趋势放缓，2011年甚至有所回升。

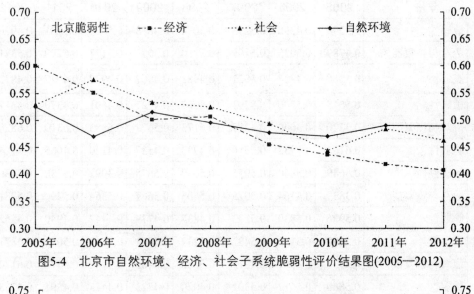

图5-4　北京市自然环境、经济、社会子系统脆弱性评价结果图(2005—2012)

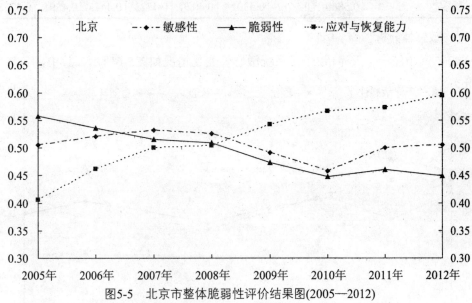

图5-5　北京市整体脆弱性评价结果图(2005—2012)

2. 天津市脆弱性综合评价与分析

天津市脆弱性评价结果如表5-2所示。

表5-2 天津市自然环境、经济、社会及其整体发展的累积式脆弱性评价结果(2005—2012)

年份		2005	2006	2007	2008	2009	2010	2011	2012
自然环境	敏感性	0.5296	0.4890	0.5233	0.5074	0.4833	0.5022	0.5181	0.4976
	应对与恢复能力	0.4789	0.5035	0.5199	0.5110	0.5021	0.5177	0.5299	0.5321
	脆弱性	0.5250	0.4927	0.5021	0.4985	0.4907	0.4927	0.4947	0.4833
经济	敏感性	0.5518	0.5500	0.5291	0.5007	0.4727	0.4601	0.4370	0.4317
	应对与恢复能力	0.3220	0.3660	0.4287	0.5173	0.5677	0.6383	0.6310	0.6820
	脆弱性	0.6181	0.5932	0.5510	0.4933	0.4537	0.4120	0.4005	0.3724
社会	敏感性	0.5649	0.5840	0.5955	0.5687	0.5678	0.3992	0.5730	0.5430
	应对与恢复能力	0.3839	0.4164	0.5075	0.5605	0.5667	0.5364	0.5490	0.5881
	脆弱性	0.5996	0.5830	0.5293	0.4837	0.4779	0.4447	0.4940	0.4552
整体	敏感性	0.5492	0.5432	0.5482	0.5239	0.5061	0.4562	0.5054	0.4871
	应对与恢复能力	0.3931	0.4262	0.4815	0.5288	0.5485	0.5742	0.5778	0.6122
	脆弱性	0.5860	0.5617	0.5302	0.4920	0.4723	0.4473	0.4591	0.4333

(1) 敏感性分析

2005至2012年,天津市3个子系统敏感性变化情况如图5-6所示。其中,自然环

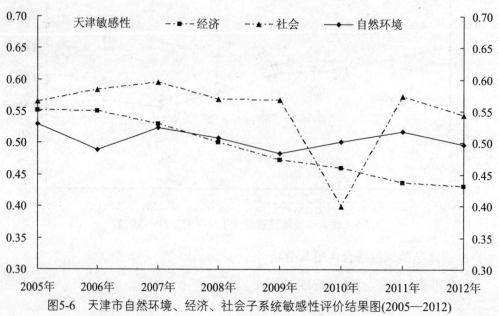

图5-6 天津市自然环境、经济、社会子系统敏感性评价结果图(2005—2012)

境子系统敏感性与其时间维度上最优值的贴近度在波动中变化，幅度较小，曲线变异系数只有0.03；但是贴近度在2009年降至最低值后，近3年却表现出了波动中变化的情况。经济子系统的敏感性呈现一路下降的趋势，与其时间维度上最优值的贴近度由2005年的0.5518降至2012年的0.4317，曲线变异系数为0.09。社会子系统敏感性在2010年有一个明显降低，其他年份均相对较高，曲线变异系数为0.11。在天津市3个子系统中，社会子系统的敏感性最高，随后是自然环境子系统和经济子系统。

(2) 应对与恢复能力分析

2005至2012年，天津市3个子系统应对与恢复能力的变化情况如图5-7所示。

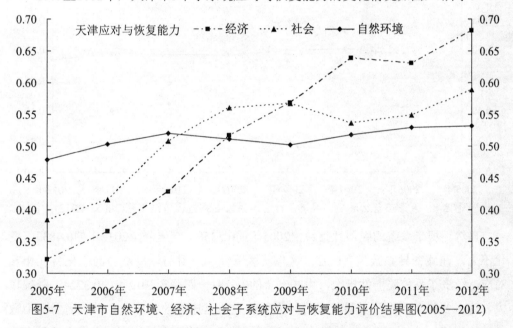

图5-7　天津市自然环境、经济、社会子系统应对与恢复能力评价结果图(2005—2012)

自然环境子系统应对与恢复能力和其时间维度上最优值的贴近度，由2005年的0.4789，缓慢上升至2012年的0.5321，曲线变异系数只有0.03。经济子系统应对与恢复能力快速上升，和其时间维度上最优值的贴近度由2005年的0.3220大幅升至2012年的0.6820，0.24的曲线变异系数也证明了这种变化。社会子系统应对与恢复能力，在2005至2008年间上升较快，随后在波动中缓慢上升；与其时间维度上最优值的贴近度在2005年为0.3839，2012年则升至0.5881；曲线变异系数为0.14，相对较高。

在现阶段，天津市经济子系统的应对与恢复能力最强，社会子系统次之，自然环境子系统最低，且变化不大。

(3) 脆弱性分析

2005至2012年，天津市3个子系统脆弱性变化情况如图5-8所示。

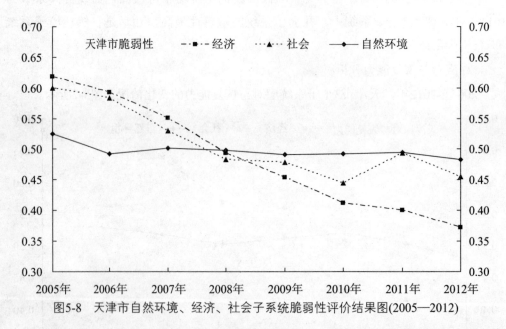

图5-8　天津市自然环境、经济、社会子系统脆弱性评价结果图(2005—2012)

自然环境子系统的脆弱性指数由2005年的0.5250，缓慢降至2012年的0.4833，变化不大，曲线变异系数只有0.02；这与其敏感性、应对与恢复能力的变化特征相互对应。经济子系统脆弱性指数，由2005年的0.6181一路降至2012年的0.3724，降幅较大，这主要得益于经济子系统应对与恢复能力的迅速提升。社会子系统脆弱性指数由2005年的0.5996，降至2008年的0.4837，随后几年处于明显的波动之中。这种变化主要在于近期社会子系统敏感性的不断波动。

在现阶段，天津市自然环境子系统的脆弱性最高，社会子系统次之，而后是经济子系统。这一特征与北京相同。

(4) 整体分析

2005至2012年，天津市整体脆弱性有下降趋势，如图5-9所示。但是，由于2011年敏感性的一度上升，脆弱性的下降趋势被放缓。

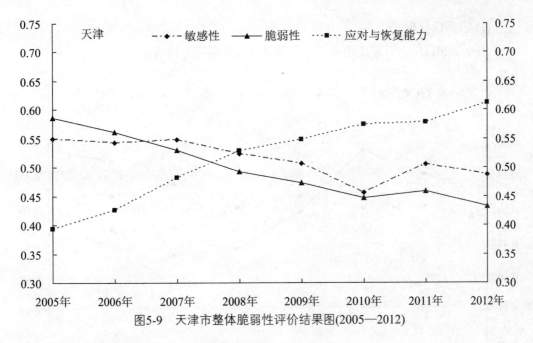

图5-9　天津市整体脆弱性评价结果图(2005—2012)

3. 石家庄市脆弱性综合评价与分析

石家庄市脆弱性评价结果如表5-3所示。

表5-3　石家庄市自然环境、经济、社会及其整体发展的累积式脆弱性评价结果(2005—2012)

	年份	2005	2006	2007	2008	2009	2010	2011	2012
自然环境	敏感性	0.5224	0.5542	0.5899	0.4976	0.4434	0.4342	0.5739	0.5901
	应对与恢复能力	0.4570	0.5639	0.5530	0.5652	0.5841	0.6044	0.5836	0.5211
	脆弱性	0.5321	0.5046	0.5292	0.4714	0.4327	0.4186	0.5059	0.5415
经济	敏感性	0.5942	0.5686	0.5028	0.5216	0.5030	0.4736	0.4718	0.5065
	应对与恢复能力	0.3505	0.3862	0.3869	0.4598	0.5247	0.5853	0.6338	0.6703
	脆弱性	0.6222	0.5913	0.5592	0.5307	0.4897	0.4456	0.4197	0.4149
社会	敏感性	0.4823	0.5062	0.4790	0.4737	0.5177	0.5408	0.5237	0.5327
	应对与恢复能力	0.3740	0.4015	0.4580	0.5376	0.5779	0.5998	0.6289	0.6468
	脆弱性	0.5788	0.5680	0.5197	0.4681	0.4566	0.4497	0.4233	0.4141
整体	敏感性	0.5412	0.5462	0.5238	0.5004	0.4905	0.4837	0.5197	0.5406
	应对与恢复能力	0.3921	0.4510	0.4632	0.5168	0.5592	0.5954	0.6177	0.6219
	脆弱性	0.5834	0.5595	0.5386	0.4950	0.4633	0.4389	0.4483	0.4563

(1) 敏感性分析

2005至2012年，石家庄市各子系统敏感性变化如图5-10所示。

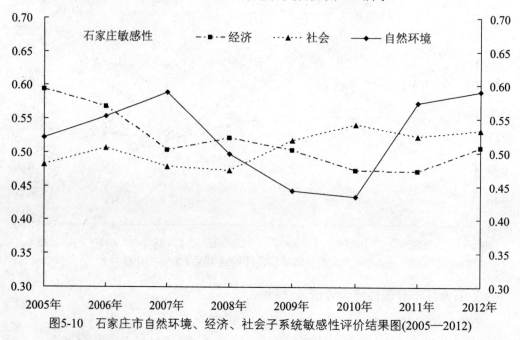

图5-10　石家庄市自然环境、经济、社会子系统敏感性评价结果图(2005—2012)

自然环境子系统敏感性与其时间维度上最优值的贴近度变化较大，曲线变异系数为0.11；其值由2005年的0.5224，上升至2007年的0.5899，随后3年连续下降，近2年又开始较快上升，2012年达到了研究期内的最高值0.5901。经济子系统的敏感性在波动中下降，与其时间维度上最优值的贴近度由2005年的0.5942降至2012年的0.5065，曲线变异系数为0.08。社会子系统敏感性有上升趋势，与其时间维度上最优值的相对贴近度由2005年的0.4823，波动中升至2012年的0.5327，曲线变异系数为0.05。

近年，石家庄市自然环境的敏感性最高、变化最大，其次是社会子系统，经济子系统的敏感性最低。

(2) 应对与恢复能力分析

2005至2012年，石家庄市各子系统应对与恢复能力变化情况如图5-11所示。其中，自然环境子系统应对与恢复能力和其时间维度上最优值的贴近度，由2005年的0.4570快速升至2006年的0.5639，随后缓慢上升；近2年又开始下降，2012年只有0.5211。曲线变异系数为0.08，表明变化幅度不大。经济子系统应对与恢复能力

京津冀都市圈发展脆弱性评估 | 111

和其时间维度上最优值的贴近度，经过最初的缓慢爬升后，2007年开始快速上升，2012年已达0.6703；曲线变异系数达到了0.23，也印证了这一趋势。社会子系统应对与恢复能力呈现一路匀速上升之势，和其时间维度上最优值的贴近度，2005年为0.3740，2012年则升至0.6468；曲线变异系数为0.19，表明变化幅度较大。在2010年之前，石家庄市应对与恢复能力由高到低依次是自然环境、社会、经济；近年的顺序则变为经济、社会、自然环境。

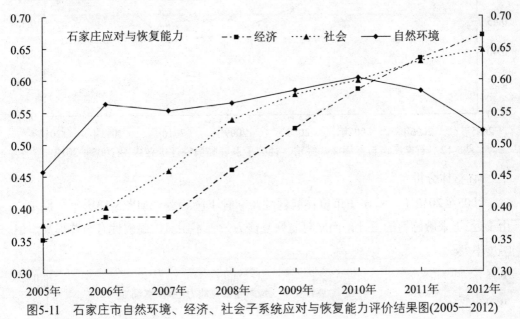

图5-11　石家庄市自然环境、经济、社会子系统应对与恢复能力评价结果图(2005—2012)

(3) 脆弱性分析

2005至2012年，石家庄市各子系统脆弱性变化情况如图5-12所示。

自然环境子系统的脆弱性，近年来明显先降后升。2012年脆弱性指数为0.5415，超过了2005年0.5321的水平。这主要源于近年来自然环境敏感性的上升，而应对与恢复能力却在下降。经济子系统和社会子系统的脆弱性都出现快速下降的势头，其原因主要在于应对与恢复能力的上升。

在2010年前，石家庄各子系统脆弱性由高到低是经济、社会、自然环境；在现阶段，则变为自然环境、经济、社会。

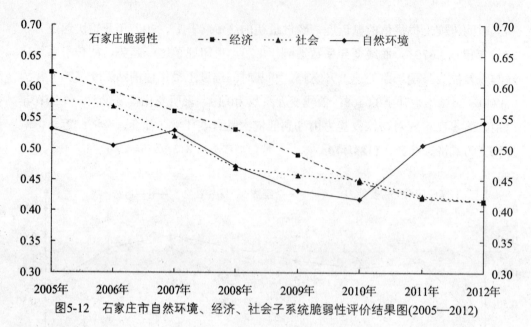

图5-12　石家庄市自然环境、经济、社会子系统脆弱性评价结果图(2005—2012)

(4) 整体分析

2005至2012年，石家庄市整体脆弱性是一种下降趋势，如图5-13所示。但是，由于近2年来敏感性的上升，而应对与恢复能力改善不明显，脆弱性有一些提高，但幅度不大。

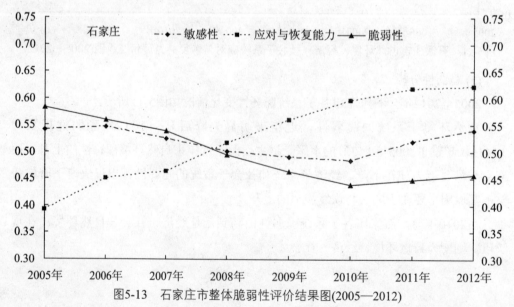

图5-13　石家庄市整体脆弱性评价结果图(2005—2012)

4. 承德市脆弱性综合评价与分析

承德市脆弱性评价结果如表5-4所示。

表5-4　承德市自然环境、经济、社会及其整体发展的累积式脆弱性评价结果(2005—2012)

	年份	2005	2006	2007	2008	2009	2010	2011	2012
自然环境	敏感性	0.4693	0.4968	0.5949	0.6020	0.5804	0.5468	0.5259	0.4604
	应对与恢复能力	0.4489	0.4987	0.5144	0.5427	0.6153	0.5644	0.5222	0.4770
	脆弱性	0.5097	0.4997	0.5408	0.5307	0.4818	0.4924	0.5021	0.4911
经济	敏感性	0.7170	0.5197	0.4222	0.6033	0.5530	0.5513	0.4245	0.4429
	应对与恢复能力	0.3104	0.3807	0.3901	0.4790	0.5151	0.5893	0.6588	0.6819
	脆弱性	0.7029	0.5706	0.5155	0.5621	0.5182	0.4780	0.3814	0.3772
社会	敏感性	0.4973	0.5272	0.5620	0.4746	0.5230	0.4912	0.4867	0.5114
	应对与恢复能力	0.3558	0.3691	0.5040	0.5500	0.5459	0.5731	0.6027	0.6273
	脆弱性	0.5960	0.5971	0.5192	0.4587	0.4784	0.4496	0.4276	0.4192
整体	敏感性	0.5881	0.5152	0.5217	0.5674	0.5527	0.5326	0.4755	0.4696
	应对与恢复能力	0.3701	0.4165	0.4652	0.5205	0.5560	0.5771	0.6037	0.6102
	脆弱性	0.6182	0.5586	0.5243	0.5235	0.4957	0.4741	0.4343	0.4266

(1) 敏感性分析

2005至2012年，承德市各子系统敏感性变化情况如图5-14所示。

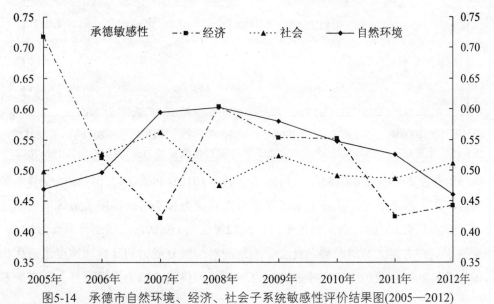

图5-14　承德市自然环境、经济、社会子系统敏感性评价结果图(2005—2012)

自然环境子系统敏感性先升后降，呈"倒U型"；敏感性与其时间维度上最优值的贴近度，2005年为0.4693，2012年下降至0.4604；曲线变异系数为0.10。经济子系统敏感性与其时间维度上最优值的贴近度，在2005年曾高达0.7170，随后在波动中降至2012年的0.4429；曲线变异系数为0.18，表明波动较大。社会子系统敏感性与其时间维度上最优值的贴近度，2011年到2012年有所上升，但总体是一种波动中下降的趋势；曲线变异系数只有0.05，表明变化较为平稳。2012年，承德市敏感性由高到低的排序依次是社会、自然环境、经济。

(2) 应对与恢复能力分析

2005至2012年，承德市各子系统应对与恢复能力变化情况如图5-15所示。其中，自然环境子系统应对与恢复能力和其时间维度上最优值的贴近度，由2005年的

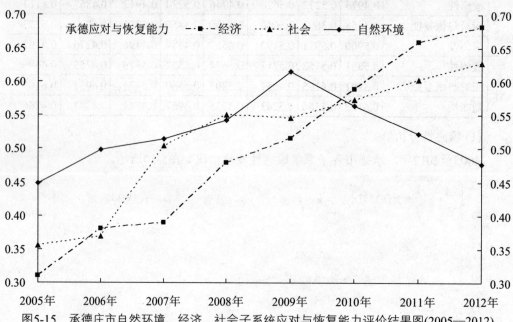

图5-15 承德庄市自然环境、经济、社会子系统应对与恢复能力评价结果图(2005—2012)

0.4489上升至2009年的0.6153，随后逐年下降，2012年只有0.4770；曲线变异系数为0.09，变化幅度不大。经济子系统应对与恢复能力和其时间维度上最优值的贴近度，2005年只有0.3104，随后快速攀升，2012年达到0.6819；曲线变异系数为0.25，也证明了这种大幅上升的趋势。社会子系统应对与恢复能力和其时间维度上最优值的贴近度，2005年是0.3558，经过2006到2008年的快速大幅上升后，势头虽有所放

缓，2012年依然达到了0.6273；曲线变异系数也较高，为0.18。2009年以前，承德市应对与恢复能力由高到低是自然环境、社会、经济；而近年来，排序逆转为经济、社会、自然环境。

(3) 脆弱性分析

2005至2012年，承德市各子系统脆弱性变化情况如图5-16所示。

自然环境子系统脆弱性，从2005年起在波动中略有降低，2009年后基本维持在同样水平。经济子系统脆弱性的改观最为显著，脆弱性指数2005年为0.7029，随后快速下降；2008年虽又升至0.5621，但随后的连续下降，脆弱性指数在2012年降至0.3772。经济子系统脆弱性的变化是应对与恢复能力上升、敏感性波动中下降共同作用的结果。社会子系统脆弱性指数在2005年为0.5960，2008年快速降至0.4587，随后在波动中降至2012年的0.4192。敏感性、应对与恢复能力的共同作用使得社会子系统脆弱性有如此变化特征。2005至2012年，承德市3个子系统脆弱性排序交替变化；但是，2010年后，自然环境的脆弱性最高，随后是社会子系统和经济子系统。

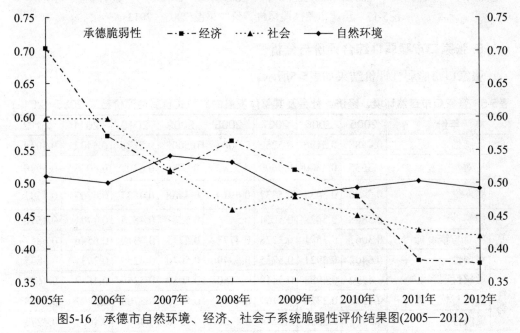

图5-16　承德市自然环境、经济、社会子系统脆弱性评价结果图(2005—2012)

(4) 整体分析

2005至2012年，承德市整体脆弱性呈现逐步下降的态势，如图5-17所示。原因在于应对与恢复能力的提升和敏感性的下降。

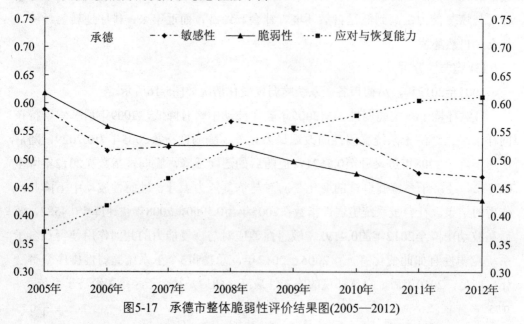

图5-17　承德市整体脆弱性评价结果图(2005—2012)

5. 张家口市脆弱性综合评价与分析

张家口市脆弱性评价结果如表5-5所示。

表5-5　张家口市自然环境、经济、社会及其整体发展的累积式脆弱性评价结果(2005—2012)

	年份	2005	2006	2007	2008	2009	2010	2011	2012
自然环境	敏感性	0.4588	0.5196	0.5252	0.5084	0.5003	0.5176	0.5432	0.5014
	应对与恢复能力	0.3635	0.4309	0.4600	0.5282	0.6086	0.6107	0.6046	0.5940
	脆弱性	0.5490	0.5438	0.5332	0.4910	0.4468	0.4537	0.4707	0.4541
经济	敏感性	0.5808	0.5422	0.5254	0.5456	0.5281	0.4825	0.4401	0.4576
	应对与恢复能力	0.3061	0.3591	0.3728	0.4777	0.5213	0.6318	0.6546	0.6857
	脆弱性	0.6402	0.5921	0.5755	0.5349	0.5040	0.4259	0.3931	0.3837
社会	敏感性	0.4790	0.4988	0.5419	0.4750	0.5089	0.5359	0.4632	0.4689
	应对与恢复能力	0.3570	0.3726	0.4409	0.4963	0.5758	0.5708	0.5447	0.5953
	脆弱性	0.5913	0.5865	0.5544	0.4956	0.4510	0.4660	0.4601	0.4273
整体	敏感性	0.5166	0.5227	0.5304	0.5141	0.5141	0.5095	0.4800	0.4745
	应对与恢复能力	0.3397	0.3859	0.4212	0.4988	0.5651	0.6077	0.6083	0.6327
	脆弱性	0.5993	0.5763	0.5568	0.5103	0.4717	0.4466	0.4379	0.4190

(1) 敏感性分析

2005至2012年，张家口市3个子系统敏感性变化情况如图5-18所示。

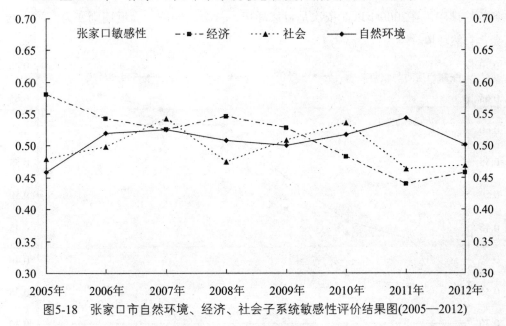

图5-18 张家口市自然环境、经济、社会子系统敏感性评价结果图(2005—2012)

自然环境敏感性与其时间维度上最优值的贴近度，由2005年的0.4588波动中上升至2012年的0.5014；曲线变异系数为0.05，敏感性变化幅度相对较小。经济子系统敏感性与其时间维度上最优值的贴近度，由2005年的0.5808波动中降至2012年的0.4578；变化幅度不大，曲线变异系数为0.09。社会子系统敏感性与其时间维度上最优值的贴近度同样处在波动中，由2005年的0.4790变为2012年的0.4689；曲线变异系数为0.06，变化幅度也不大。2005到2010年，3个子系统敏感性排序交替变化；近2年，敏感性由高到低依次是自然环境、社会、经济。

(2) 应对与恢复能力分析

2005至2012年，张家口市3个子系统应对与恢复能力大幅度上升，如图5-19所示。

其中，自然环境子系统应对与恢复能力和其时间维度上最优值的贴近度，由2005年的0.3635迅速增至2009年的0.6086；此后有微小波动，2012年降低至0.5940；曲线变异系数为0.17，表明变化幅度较大。经济子系统应对与恢复能力一路上升，和其时间维度上最优值的贴近度由2005年的0.3061增至2012年的0.6857；曲线变异系数0.27，3个子系统中增长幅度最大。社会子系统应对与恢复能力和其时间维度上最优值贴近度，由2005年的0.3570迅速增至2009年的0.5758，此后在波动中增至2012年的0.5953；曲线变异系数为0.18，表明变化幅度较大。张家口应对与恢复能力由高到低的排序，在2009年以前依次是自然环境、社会、经济，而近期则变为经济、社会、自然环境。

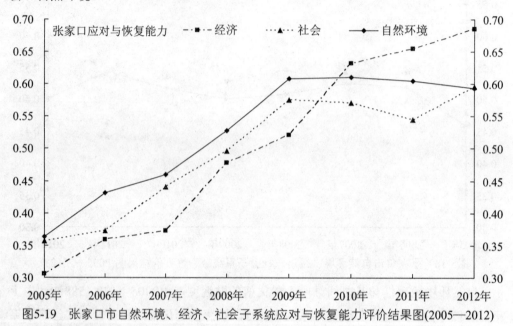

图5-19　张家口市自然环境、经济、社会子系统应对与恢复能力评价结果图(2005—2012)

(3) 脆弱性分析

2005至2012年，张家口市各子系统脆弱性变化情况如图5-20所示。

自然环境子系统脆弱性指数，由2005年的0.5490快速降至2009年的0.4468，随后基本波动在这一水平；2012年为0.4541，稍微增加。这种变化特征与其应对与恢复能力的变化特征极为相近，敏感性作用在其次。经济子系统脆弱性指数由2005年的0.6402，一路降至2012年的0.3837。这种降低主要得益于应对与恢复能力的大幅提升。社会子系统脆弱性变化与自然环境子系统相似，评价指数由2005年的0.5913降至2012年的0.4273。形成这一局面的主要原因同样在于应对与恢复能力的大幅提升。张家口脆弱性由高到低排序，2009年前是经济、社会、自然环境；近2年则变为自然环境、社会、经济。

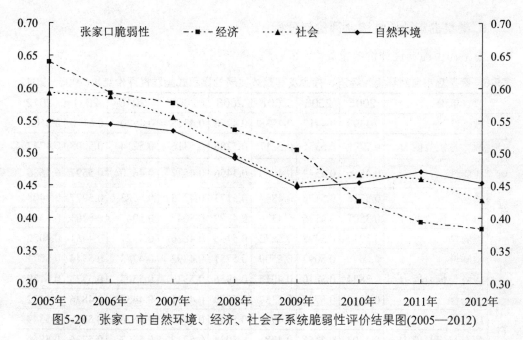

图5-20　张家口市自然环境、经济、社会子系统脆弱性评价结果图(2005—2012)

(4) 整体分析

2005至2012年，张家口市整体脆弱性下降趋势明显，如图5-21所示。但是，近年来，由于敏感性变化不大，整体应对与恢复能力提升变缓，脆弱性的降幅也开始趋缓。

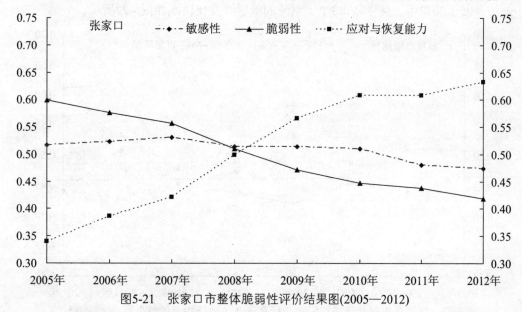

图5-21　张家口市整体脆弱性评价结果图(2005—2012)

6. 秦皇岛市脆弱性综合评价与分析

秦皇岛市脆弱性评价结果如表5-6所示。

表5-6　秦皇岛市自然环境、经济、社会及其整体发展的累积式脆弱性评价结果(2005—2012)

	年份	2005	2006	2007	2008	2009	2010	2011	2012
自然环境	敏感性	0.4399	0.4412	0.4538	0.4208	0.4375	0.4520	0.6190	0.6108
	应对与恢复能力	0.5278	0.5336	0.5217	0.5286	0.5316	0.5214	0.5008	0.4747
	脆弱性	0.4566	0.4542	0.4660	0.4456	0.4527	0.4650	0.5597	0.5686
经济	敏感性	0.5316	0.5176	0.4864	0.5173	0.4713	0.4583	0.5077	0.4408
	应对与恢复能力	0.3507	0.4176	0.4326	0.4898	0.5047	0.5947	0.6201	0.6341
	脆弱性	0.5917	0.5498	0.5272	0.5146	0.4826	0.4327	0.4451	0.4022
社会	敏感性	0.5089	0.5097	0.5509	0.5751	0.4892	0.4783	0.5344	0.5671
	应对与恢复能力	0.3824	0.3810	0.4915	0.4956	0.5339	0.5505	0.5773	0.6189
	脆弱性	0.5283	0.5752	0.5337	0.5239	0.4931	0.4432	0.4836	0.4622
整体	敏感性	0.4988	0.4935	0.4975	0.5093	0.4670	0.4626	0.5511	0.5349
	应对与恢复能力	0.4203	0.4457	0.4785	0.5034	0.5217	0.5603	0.5736	0.5860
	脆弱性	0.5350	0.5311	0.5116	0.4978	0.4771	0.4457	0.4934	0.4752

(1) 敏感性分析

2005至2012年，秦皇岛市3个子系统的敏感性变化情况如图5-22所示。

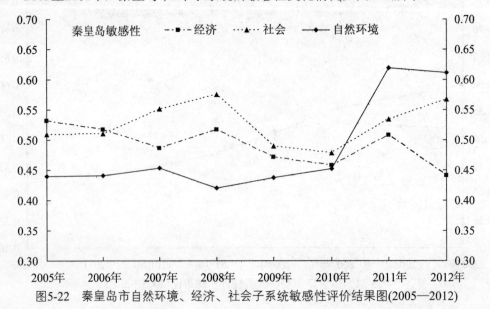

图5-22　秦皇岛市自然环境、经济、社会子系统敏感性评价结果图(2005—2012)

自然环境敏感性与其时间维度上最优值的贴近度，在2005年为0.4399，直至2010年都维持一个较低水平；近两年大幅上升，2012年已经达到0.6108；曲线变异系数为0.16，表明变化幅度较大。经济子系统敏感性与其时间维度上最优值的贴近度，在2005年为0.5316，随后小幅波动中降至2012年的0.4408，0.06的曲线变异系数也说明了这一点。社会子系统敏感性与其时间维度上最优值贴近度由最初的0.5089在波动中提高到2012年的0.5671，曲线变异系数为0.06，变动幅度也不大。近年来，秦皇岛敏感性由低到高依次是自然环境、社会、经济。

(2) 应对与恢复能力分析

2005至2012年，秦皇岛市3个子系统应对与恢复能力的变化情况如图5-23所示。自然环境子系统应对与恢复能力和其时间维度上最优值的贴近度，在2005年为0.5278，经过4年的小幅波动后，从2010年起开始逐年降低，2012年只有0.4747；变异系数为0.04，反映出变化幅度较小。经济子系统应对与恢复能力和其时间维度上最优值的贴近度，2005年为0.3507，随后快速升至2012年的0.6341；曲线变异系数为0.19，表明上升幅度较大。社会子系统应对与恢复能力和其时间维度上最优值的贴近度，2005年为0.3824，随后基本呈现逐年上升的趋势，2012年为0.6189；曲线变异系数为0.16，表明上升幅度也较大。

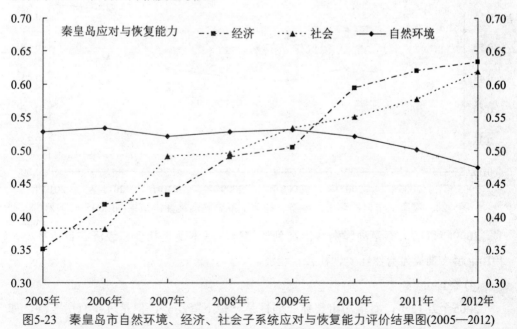

图5-23　秦皇岛市自然环境、经济、社会子系统应对与恢复能力评价结果图(2005—2012)

秦皇岛自然环境子系统的应对与恢复能力在2009年以前为最高；近3年，由高到低的顺序变成了经济、社会、自然环境。

(3) 脆弱性分析

2005至2012年，秦皇岛市各子系统脆弱性变化情况如图5-24所示。

自然环境子系统脆弱性评价值，2005到2010年间基本维持在一个相对较低的水平，随后2年大幅上升，评价值由2010年的0.4650增至2012年的0.5686；自然环境脆弱性上升的原因主要在于其敏感性的提高。经济子系统脆弱性基本上是逐年降低，指数值由2005年的0.5917降至2012年的0.4022，是秦皇岛市3个子系统中脆弱性降低幅度最大的一个。应对与恢复能力的持续提升，是经济子系统脆弱性降低的主要原因。社会子系统脆弱性在波动中降低，其评价值由2005年的0.5283降至2012年的0.4622，降低幅度不是很大。这种降低是敏感性、应对与恢复能力共同作用的结果。

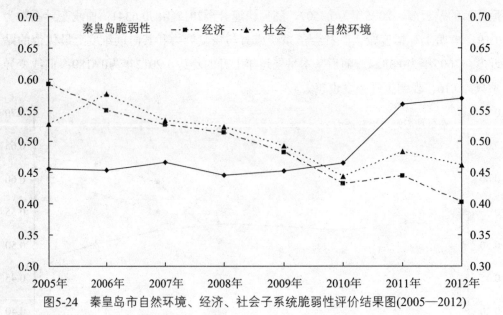

图5-24　秦皇岛市自然环境、经济、社会子系统脆弱性评价结果图(2005—2012)

2009年以前，秦皇岛脆弱性由高到低的排序基本上是社会、经济、自然环境；2010年起，则变为自然环境、社会、经济。

(4) 整体分析

2005至2012年，秦皇岛市整体脆弱性是一种下降趋势，但是近年有所波动，如

图5-25所示。应对与恢复能力和敏感性共同影响了脆弱性的变化，但近年以敏感性的作用为主。

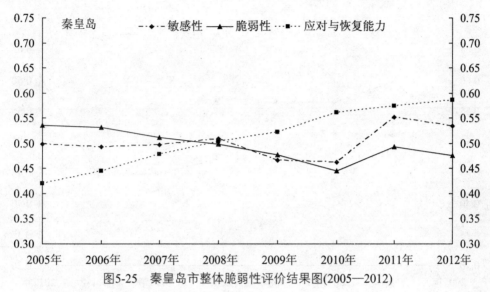

图5-25　秦皇岛市整体脆弱性评价结果图(2005—2012)

7. 唐山市脆弱性综合评价与分析

唐山市脆弱性评价结果如表5-7所示。

表5-7　唐山市自然环境、经济、社会及其整体发展的累积式脆弱性评价结果(2005—2012)

	年份	2005	2006	2007	2008	2009	2010	2011	2012
自然环境	敏感性	0.5333	0.5964	0.5645	0.5645	0.4713	0.4485	0.4459	0.6070
	应对与恢复能力	0.4832	0.4914	0.4811	0.5128	0.5320	0.5454	0.5232	0.5248
	脆弱性	0.5245	0.5519	0.5410	0.5251	0.4699	0.4519	0.4617	0.5409
经济	敏感性	0.5245	0.5102	0.5140	0.5428	0.4778	0.4640	0.4562	0.4568
	应对与恢复能力	0.3481	0.3892	0.4052	0.5016	0.5380	0.6015	0.6456	0.6640
	脆弱性	0.5890	0.5601	0.5547	0.5219	0.4702	0.4323	0.4054	0.3948
社会	敏感性	0.5522	0.5607	0.5974	0.5699	0.5683	0.4245	0.5345	0.5928
	应对与恢复能力	0.3440	0.3988	0.4922	0.5176	0.5389	0.5797	0.6002	0.6385
	脆弱性	0.6219	0.5880	0.5393	0.5122	0.4976	0.4221	0.4435	0.4380
整体	敏感性	0.5356	0.5524	0.5553	0.5576	0.5048	0.4478	0.4781	0.5472
	应对与恢复能力	0.3925	0.4251	0.4559	0.5098	0.5365	0.5786	0.5974	0.6175
	脆弱性	0.5808	0.5662	0.5460	0.5200	0.4785	0.4353	0.4344	0.4557

(1) 敏感性分析

2005至2012年，唐山市3个子系统敏感性变化情况如图5-26所示。

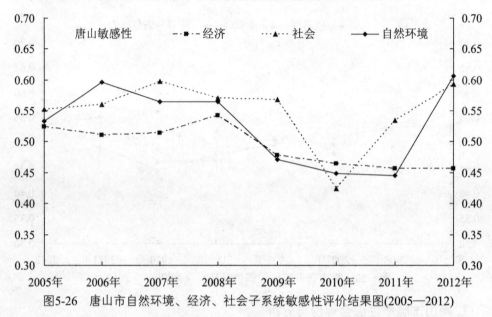

图5-26　唐山市自然环境、经济、社会子系统敏感性评价结果图(2005—2012)

自然环境子系统敏感性与其时间维度上最优值的贴近度，在2005年时为0.5333，经过2006年的上升后，连续下降至2011年的最低值0.4459，随后上升至2012年的最高值0.6070；曲线变异系数为0.12，是3个子系统中变化幅度最大的。经济子系统敏感性与其时间维度上最优值的贴近度，2005年为0.5245，连续3年的小幅波动后，快速降至2009的0.4778，随后再缓慢降至2012年的0.4568；曲线变异系数为0.06，表明变化幅度较小。社会子系统敏感性与其时间维度上最优值的贴近度，2005年为0.5522，连续4年的波动后，2010年降至0.4245；随后2年又大幅反弹，2012年达到了0.5928；曲线变异系数为0.09，表明变化幅度不小。唐山市3个子系统敏感性排序交替变化，自然环境敏感性近期上升明显；2012年由高到低的排序为自然环境、社会、经济。

(2) 应对与恢复能力分析

2005至2012年，唐山市3个子系统应对与恢复能力变化情况如图5-27所示。其中，自然环境子系统应对与恢复能力和其时间维度上最优值的贴近度，在2005年为0.4832，波动中增至2012年的0.5248；曲线变异系数只有0.04，表明应对与恢复能力的提高幅度较低。经济子系统应对与恢复能力和其时间维度上最优值的贴近度，在2005年为0.3481，快速增至2012年的0.6640；曲线变异系数为0.22，表明提高幅度较大。社会子系统应对与恢复能力和其时间维度上最优值的贴近度，在2005年时为0.3440，2012年增至0.6385；曲线变异系数为0.18，表明应对与恢复能力提高幅度也较大。唐山市3个子系统应对与恢复能力的排序交替变化；2009年后，由高至低依次是经济、社会、自然环境。

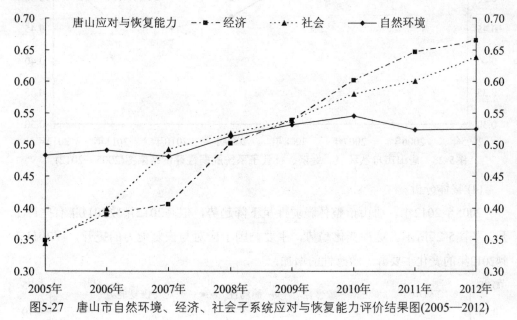

图5-27 唐山市自然环境、经济、社会子系统应对与恢复能力评价结果图(2005—2012)

(3) 脆弱性分析

2005至2012年，唐山市各子系统脆弱性变化情况如图5-28所示。

自然环境子系统脆弱性大体上是，2006年起先逐年小幅下降，2011年后大幅上升；2005年脆弱性指数值为0.5245，2012年则升至0.5409。自然环境脆弱性近期变化特征主要是由于敏感性的上升所造成的。在应对与恢复能力的作用下，经济子系统和社会子系统的脆弱性均有较大幅度的下降。其中，经济子系统脆弱性指数，由2005年的0.5890降至2012年的0.3948；社会子系统脆弱性指数则由2005年的0.6219降至2012年的0.4380，但近年有一小幅波动。3个子系统脆弱性排序交替变化，近2年由高至低依次是自然环境、社会、经济。

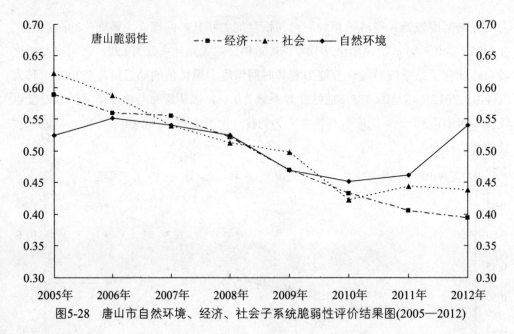

图5-28 唐山市自然环境、经济、社会子系统脆弱性评价结果图(2005—2012)

(4) 整体分析

2005至2012年，唐山市整体脆弱性呈下降趋势，但是2012年较2011年有些许上升，如图5-29所示。这种变化趋势，主要归因于应对与恢复能力的提升，而2011年到2012年的变化主要源于敏感性的增加。

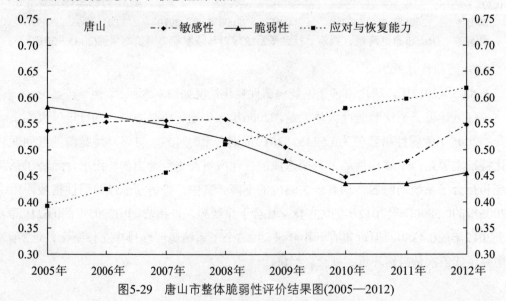

图5-29 唐山市整体脆弱性评价结果图(2005—2012)

8. 廊坊市脆弱性综合评价与分析

廊坊市脆弱性评价结果如表5-8所示。

表5-8　廊坊市自然环境、经济、社会及其整体发展的累积式脆弱性评价结果(2005—2012)

	年份	2005	2006	2007	2008	2009	2010	2011	2012
自然环境	敏感性	0.5030	0.5585	0.4497	0.4502	0.4636	0.4656	0.5963	0.5692
	应对与恢复能力	0.5140	0.5225	0.5369	0.5429	0.5484	0.5507	0.5237	0.4833
	脆弱性	0.4951	0.5193	0.4567	0.4541	0.4581	0.4579	0.5369	0.5424
经济	敏感性	0.5061	0.5200	0.4861	0.5116	0.5041	0.4912	0.5024	0.4614
	应对与恢复能力	0.3170	0.3865	0.4150	0.5756	0.6075	0.6317	0.6236	0.6365
	脆弱性	0.5952	0.5667	0.5371	0.4707	0.4510	0.4323	0.4393	0.4114
社会	敏感性	0.4296	0.4360	0.5171	0.5562	0.5233	0.5072	0.4724	0.5651
	应对与恢复能力	0.3706	0.3777	0.4971	0.5267	0.5872	0.5904	0.6147	0.6403
	脆弱性	0.5641	0.5609	0.5097	0.5030	0.4511	0.4428	0.4143	0.4278
整体	敏感性	0.4834	0.5087	0.4852	0.5082	0.4983	0.4886	0.5240	0.5274
	应对与恢复能力	0.4008	0.4295	0.4791	0.5515	0.5842	0.5959	0.5926	0.5959
	脆弱性	0.5574	0.5511	0.5059	0.4758	0.4532	0.4432	0.4639	0.4592

(1) 敏感性分析

2005至2012年，廊坊市3个子系统敏感性变化情况如图5-30所示。

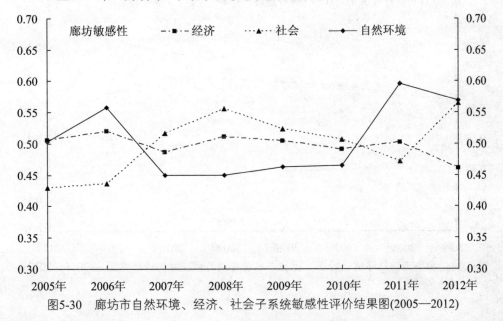

图5-30　廊坊市自然环境、经济、社会子系统敏感性评价结果图(2005—2012)

自然环境子系统敏感性曲线呈两端高中间低的"浴盆型"曲线；2005年敏感性与其时间维度上最优值贴近度为0.5030，2012年升至0.5692；曲线变异系数0.11，在3个子系统中变化幅度最大。经济子系统敏感性与其时间维度上最优值的贴近度，2005年为0.5061，在波动中降至2012年的0.4614；曲线变异系数为0.03，表明变化幅度较小。社会子系统敏感性与其时间维度上最优值贴近度，2005年时为0.4296，随后逐年上升，2008年达到了0.5562；虽然有连续的下降，2012年又升至0.5651；曲线变异系数为0.09，表明变化幅度不大。

廊坊市各子系统敏感性排序多次交替变化；2012年敏感性由高到低依次是自然环境、社会、经济。

(2) 应对与恢复能力分析

2005至2012年，廊坊市各子系统应对与恢复能力变化情况如图5-31所示。其中，自然环境子系统应对与恢复能力和其时间维度上最优值的贴近度，2005年为0.5140，随后5年有小幅上升，而近2年又开始下降，2012年时降至0.4833；曲线变异系数为0.04，表明变化幅度较小。经济子系统和社会子系统应对与恢复能力都逐年大幅度提高，曲线变异系数分别高达0.23和0.19。

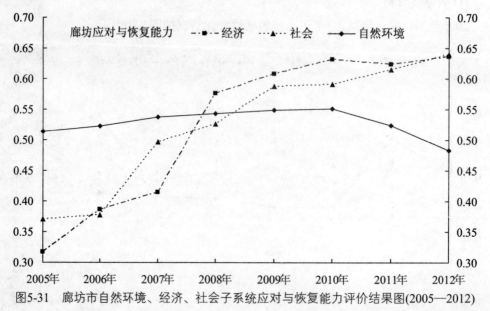

图5-31　廊坊市自然环境、经济、社会子系统应对与恢复能力评价结果图(2005—2012)

廊坊市自然环境子系统应对与恢复能力在2008年以前，均排在首位，以后则降至最低；近年，应对与恢复能力由高到低依次是经济、社会、自然环境。

(3) 脆弱性分析

2005至2012年，廊坊市各子系统脆弱性变化情况如图5-32所示。

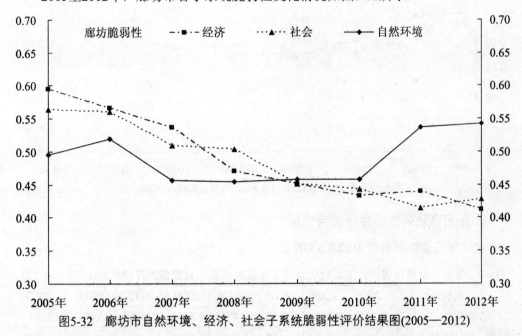

图5-32　廊坊市自然环境、经济、社会子系统脆弱性评价结果图(2005—2012)

自然环境子系统脆弱性先升后降再上升，脆弱性评价指数曲线大体也呈"浴盆型"曲线状，这种变化特征主要是敏感性变化所致。经济子系统和社会子系统脆弱性，在应对与恢复能力逐年提高的作用下，得以持续下降。2012年，廊坊市脆弱性由高到低依次是自然环境、社会、经济。

(4) 整体分析

从2005起，廊坊市整体脆弱性经过6年的连续下降后，近2年又有小幅回升，如图5-33所示。近期的脆弱性提高，主要归因于敏感性的提高。

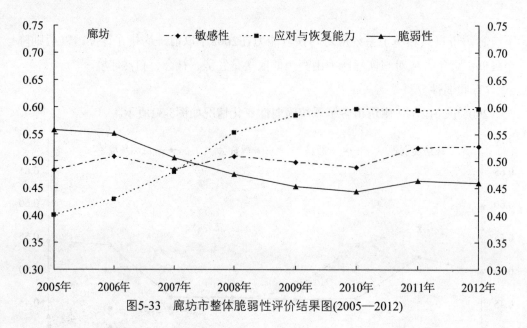

图5-33　廊坊市整体脆弱性评价结果图(2005—2012)

9. 保定市脆弱性综合评价与分析

保定市脆弱性评价结果如表5-9所示。

表5-9　保定市自然环境、经济、社会及其整体发展的累积式脆弱性评价结果(2005—2012)

	年份	2005	2006	2007	2008	2009	2010	2011	2012
自然环境	敏感性	0.5039	0.5092	0.5130	0.4750	0.4656	0.4888	0.5953	0.5801
	应对与恢复能力	0.5302	0.5135	0.4470	0.5412	0.5490	0.5626	0.5486	0.5093
	脆弱性	0.4882	0.4987	0.5329	0.4680	0.4592	0.4638	0.5253	0.5378
经济	敏感性	0.4570	0.5003	0.4396	0.5939	0.5459	0.5609	0.5318	0.5037
	应对与恢复能力	0.3746	0.3525	0.3502	0.4723	0.5153	0.5960	0.6224	0.6689
	脆弱性	0.5403	0.5732	0.5443	0.5623	0.5164	0.4849	0.4555	0.4151
社会	敏感性	0.5589	0.5651	0.5661	0.6035	0.5880	0.5452	0.4083	0.5694
	应对与恢复能力	0.3691	0.3609	0.4528	0.4885	0.5539	0.6075	0.5850	0.6035
	脆弱性	0.6114	0.6183	0.5548	0.5456	0.4943	0.4380	0.4118	0.4508
整体	敏感性	0.5034	0.5232	0.5024	0.5639	0.5366	0.5355	0.5191	0.5474
	应对与恢复能力	0.4258	0.4097	0.4129	0.4987	0.5373	0.5897	0.5898	0.6050
	脆弱性	0.5481	0.5663	0.5441	0.5306	0.4932	0.4649	0.4655	0.4655

(1) 敏感性分析

2005至2012年，保定市各子系统敏感性变化情况如图5-34所示。

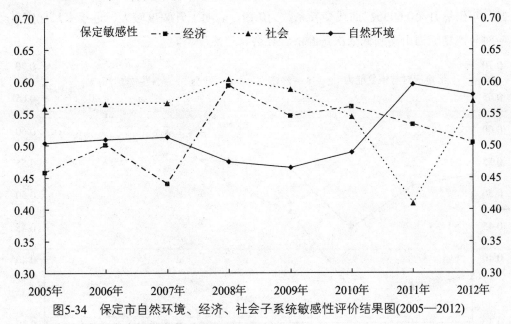

图5-34　保定市自然环境、经济、社会子系统敏感性评价结果图(2005—2012)

自然环境子系统敏感性与其时间维度上最优值的贴近度，2005年为0.5039，经过2年小幅微升后，又连续2年小幅下降，近年则波动中升至2012年的0.5801；曲线变异系数为0.09，表明变化幅度不大。经济子系统敏感性与其时间维度上最优值的贴近度，在2005年时为0.4570，经过多年波动，2012年还是增至0.5037，但是有下降势头；曲线变异系数为0.09，也表明变化幅度不大。社会子系统敏感性与其时间维度上最优值的贴近度，在2005年时为0.5589，经过5年较为平稳的变化后，近2年又以相对较大的幅度上升，2012年为0.5694；曲线变异系数为0.10，稍大于自然环境、经济子系统的变化幅度。近期，保定市敏感性由高到低依次是自然环境、社会、经济。

(2) 应对与恢复能力分析

2005年至2012年，保定市各子系统应对与恢复能力变化情况如图5-35所示。其中，自然环境子系统应对与恢复能力和其时间维度上最优值贴近度，在2005年时为0.5302，经过波动，2012年降至0.5093；曲线变异系数为0.06，表明变化幅度不大。经济子系统应对与恢复能力和其时间维度上最优值的贴近度，在2005年时为0.3746，经过2年的低迷后，连续大幅提升，2012年时达到了0.6035；曲线变异系数为0.24，表明上升幅度很大。社会子系统应对与恢复能力和其时间维度上最优值的贴近度，在2005年时只有0.3691，从2006年开始，连续5年的上升；近年虽有波动，2012年仍然升至0.6035；曲线变异系数为0.19，表明上升幅度较大。近年来，保定市应对与恢复能力由高到低依次是经济、社会、自然环境。

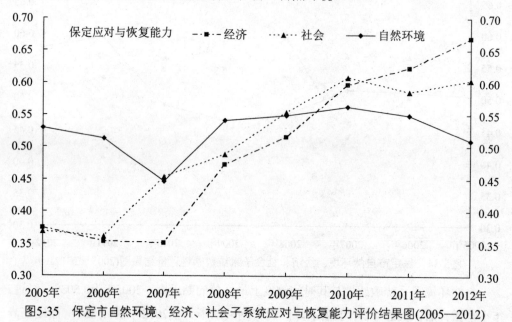

图5-35　保定市自然环境、经济、社会子系统应对与恢复能力评价结果图(2005—2012)

(3) 脆弱性分析

2005至2012年，保定市各子系统脆弱性变化情况如图5-36所示。

自然环境脆弱性评价值先期波动、近期上升，2005年为0.4882，2012年增至0.5378，近期脆弱性提高主要是敏感性提高的结果。经济子系统脆弱性评价值，2005年时为0.5403，经过4年波动后，从2008年起连续下降，2012年已降至0.4151。这种变化主要得益于应对与恢复能力是大幅提升。社会子系统脆弱性评价值，2005年时为0.5114，小幅上升后就开始连续下降，在2011年达到最低值0.4118，2012年又回升至0.4508，这一回升主要是敏感性作用的结果。2012年，保定市脆弱性由高到低依次是自然环境、社会、经济。

(4) 整体分析

2005至2012年，保定市整体脆弱性呈波动中下降的趋势，但是，近期下降幅度趋缓，如图5-37所示。应对与恢复能力的提升，是保定市整体脆弱性下降的主要原因；而近期由于敏感性提高，致使脆弱性下降变缓。

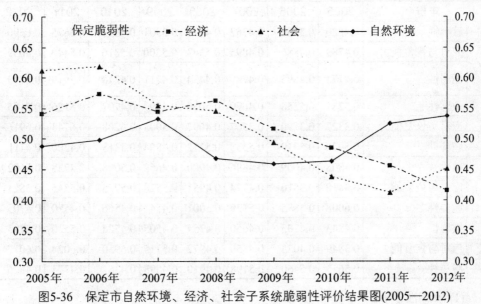

图5-36　保定市自然环境、经济、社会子系统脆弱性评价结果图(2005—2012)

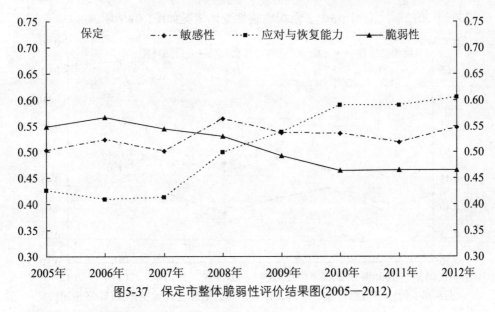

图5-37　保定市整体脆弱性评价结果图(2005—2012)

10. 沧州市脆弱性综合评价与分析

沧州市脆弱性评价结果如表5-10所示。

表5-10　沧州市自然环境、经济、社会及其整体发展的累积式脆弱性评价结果(2005—2012)

	年份	2005	2006	2007	2008	2009	2010	2011	2012
自然环境	敏感性	0.4226	0.3960	0.4362	0.4175	0.3901	0.4231	0.6675	0.6590
	应对与恢复能力	0.4789	0.4886	0.4895	0.5343	0.5500	0.5816	0.5440	0.5039
	脆弱性	0.4773	0.4595	0.4780	0.4434	0.4211	0.4213	0.5619	0.5743
经济	敏感性	0.5281	0.5258	0.4670	0.5050	0.4799	0.4792	0.5126	0.5185
	应对与恢复能力	0.3327	0.3790	0.3567	0.4692	0.5003	0.6208	0.6743	0.6916
	脆弱性	0.5978	0.5719	0.5538	0.5172	0.4894	0.4313	0.4200	0.4111
社会	敏感性	0.4808	0.4609	0.4896	0.4900	0.4662	0.5098	0.4728	0.5682
	应对与恢复能力	0.3418	0.3510	0.4724	0.4951	0.5528	0.5725	0.5545	0.5823
	脆弱性	0.6008	0.5885	0.5129	0.5001	0.4544	0.4566	0.4570	0.4703
整体	敏感性	0.4843	0.4705	0.4650	0.4757	0.4505	0.4728	0.5530	0.5785
	应对与恢复能力	0.3849	0.4075	0.4356	0.4972	0.5315	0.5950	0.6024	0.6077
	脆弱性	0.5653	0.5460	0.5198	0.4910	0.4593	0.4361	0.4774	0.4826

(1) 敏感性分析

2005至2012年，沧州市3个子系统敏感性变化情况如图5-38所示。

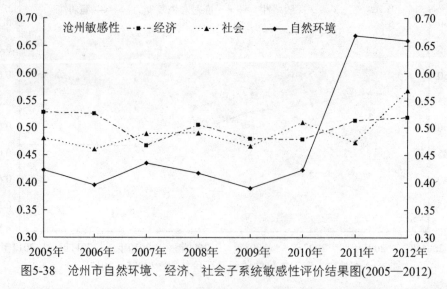

图5-38　沧州市自然环境、经济、社会子系统敏感性评价结果图(2005—2012)

自然环境子系统敏感性与其时间维度上最优值的贴近度，在2005年为0.4226，经过连续波动后，2011年大幅上升至0.6675，2012年又小幅回落到0.6590；曲线变异系数为0.23，表明敏感性有较大提高。经济子系统敏感性与其时间维度上最优值的贴近度，2005年时为0.5281，在连续小幅波动后，降至2012年的0.5158；曲线变异系数为0.04，表明变化幅度较小。社会子系统敏感性与其时间维度上最优值贴近度，在2005年为0.4808，经过连续波动后，升至2012年的0.5682；曲线变异系数为0.07，表明变化幅度不大。

2010年以前，沧州市自然环境的敏感性最低，近2年迅速升至最高；经济子系统和社会子系统基本上是交替变化；2012年敏感性由高到低依次是自然环境、社会、经济。

(2) 应对与恢复能力分析

2005至2012年，沧州市3个子系统应对与恢复能力的变化情况如图5-39所示。其中，自然环境子系统应对与恢复能力和其时间维度上最优值贴近度，在2005年为0.4789，随后连续小幅上升，虽然2010年后明显下降，2012年还是达到了0.5039；曲线变异系数为0.07，表明变化幅度不大。经济子系统和社会子系统应对与恢复能力均是明显大幅上升趋势，0.27和0.18的曲线变异系数也说明了这一点。从近2年来看，沧州市应对与恢复能力由高到低依次是经济、社会、自然环境。

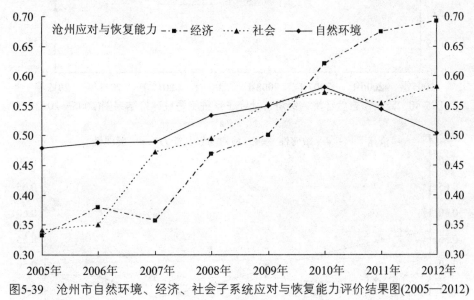

图5-39 沧州市自然环境、经济、社会子系统应对与恢复能力评价结果图(2005—2012)

(3) 脆弱性分析

2005至2012年，沧州市3个子系统脆弱性变化趋势如图5-40所示。

自然环境子系统脆弱性评价值由2005年的0.4773，波动中缓慢降至2010年的0.4213，随后2年大幅上升，2012年达到了0.5743。近期的大幅上升主要是敏感性快速提高造成的。经济子系统和社会子系统脆弱性总体上是下降势头，但是近2年的下降幅度趋缓。应对与恢复能力的提升是这两个子系统脆弱性下降的主要原因；而近期以敏感性作用为主。

(4) 整体分析

2005至2010年，沧州市整体脆弱性明显下降，2011年和2012年又有所提高，如图5-41所示。脆弱性的再次提高主要是敏感性增加造成的。

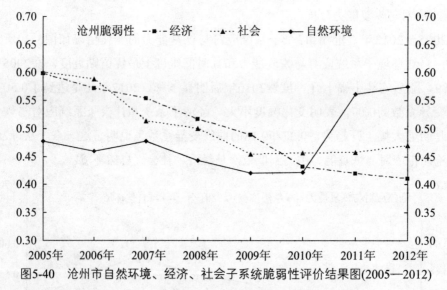

图5-40　沧州市自然环境、经济、社会子系统脆弱性评价结果图(2005—2012)

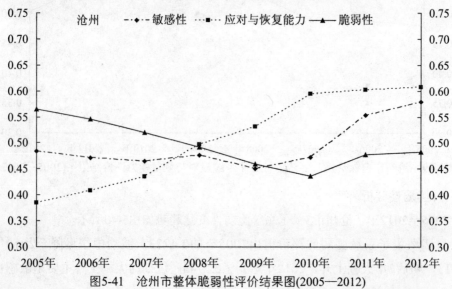

图5-41　沧州市整体脆弱性评价结果图(2005—2012)

5.2.2　京津冀都市圈累积式脆弱性在时间维度上的变化特征

通过上述评价与分析，可以得出京津冀都市圈各城市脆弱性随时间累积变化的特征如下。

1. 敏感性

2005至2012年，就京津冀都市圈10个城市自然环境子系统敏感性而言，除承德以外，其余城市全部呈现上升或波动中上升的趋势；而且，近年来其余河北诸市普遍又有一个明显甚至大幅度的上升。10个城市经济子系统敏感性全都表现为下降或波动中下降的良好情景，除承德外，变动幅度大都不大。社会子系统大都处在波动中，变化幅度大于自然环境子系统和经济子系统敏感性的变化幅度；除承德、张家口以外，其余城市社会子系统的敏感性都明显上升，尤其是在近期，北京、天津、秦皇岛、唐山、廊坊、保定、沧州甚至有较大增幅。

近期子系统敏感性由高到低排序，河北省除承德外，全部是自然环境、社会、经济，承德是自然环境、经济、社会；北京为社会、经济、自然环境，天津则为社会、自然环境、经济。京津冀都市圈自然环境子系统以及社会子系统敏感性表现出一种绝对和相对的提高势头。

2. 应对与恢复能力

2005至2012年，京津冀都市圈每个城市经济子系统和社会子系统的应对与恢复能力都在明显提升，而且提升幅度都较大。但是，自然环境应对与恢复能力的变化令人担忧，北京、天津、唐山有小幅增加，张家口自2009年开始增幅变缓，其余城市都出现不同程度的下降，甚至明显的、持续的下降。

3. 子系统脆弱性

自然环境子系统脆弱性变化需要高度警醒。研究期内，除北京、天津、承德、张家口基本不变外，其余城市从2010年(唐山、廊坊从2011年)起，自然环境子系统脆弱性都有一个明显的增加。其直接原因就是近年自然环境子系统敏感性提高，而应对与恢复能力反而有所下降(其中石家庄降幅还比较大)。北京、天津自然环境子系统敏感性和应对与恢复能力的变化基本相当，使其脆弱性没有随时间累积增加。张家口是因为敏感性和应对与恢复能力基本未变，承德则是上述两种相反作用的力量均在下降，从而使得这两个城市自然环境脆弱性没有增加。

经济子系统脆弱性都呈现明显的下降趋势，而且大部分城市都有较大幅度下降。这主要得益于经济子系统应对与恢复能力的大幅提升，因为其敏感性下降(或波动中下降)的幅度均不大。

社会子系统脆弱性总体是下降趋势，但是下降幅度明显低于经济子系统；除石家庄和承德以外，其他城市在2010年左右开始处在波动变化中。多数城市社会子系统敏感性虽有所增加，但是应对与恢复能力提升的幅度明显要大得多，最终还是使社会子系统的脆弱性没有累积增加；但是，近期的波动变化需要关注。

近年来，各城市子系统脆弱性由高到低的顺序大致都是自然环境、社会、经济，只有石家庄是自然环境、经济、社会。这表明，自然环境脆弱性的累积增加已经成为京津冀都市圈各城市共同面对的问题。自然环境子系统以及社会子系统脆弱性的变化规律，与上述敏感性、应对与恢复能力的变化特征基本吻合。

4. 整体脆弱性

通过纵向的对比分析，京津冀都市圈诸城市就其自身而言，整体脆弱性没有随时间延续而累积增加，在研究期内呈现下降趋势。这是积极的、值得肯定的一面。但是，只有承德、张家口是持续下降，其余城市在2010年以后，都出现了波动，而且石家庄、沧州2010年后整体脆弱性还连续增加。这与自然环境子系统和社会子系统脆弱性变化规律相吻合，表明单纯依靠经济的支持与拉动，是不能降低区域系统整体脆弱性的，自然环境子系统的物质支撑作用和社会子系统的保障作用不能忽视。

通过直观分析，敏感性的变化对近期整体脆弱性波动的作用，相对而言，要大于应对与恢复能力的作用。

5.3 基于空间维度的京津冀都市圈累积式脆弱性评价

区域发展过程中，脆弱性会在时间维度和空间维度累积，笔者使用熵权法和集对分析法对京津冀都市圈脆弱性在空间维度上的累积变化进行分析评价，即城市间的横向对比分析。同时，为了便于进一步把握脆弱性空间特征随时间发展变化的趋势，研究期按照国家"五年规划"划分为3个阶段：第一个阶段为"十五"规划结束的2005年，即京津冀都市圈规划正式启动的第一年；第二个阶段为"十一五"规划期间；第三个阶段为"十二五"规划的2011年和2012年。指标数据取各时间段的平均值，原始数据来自上一节所述的相关年鉴、政府官方网站和专家组的打分。

5.3.1 广义BCG矩阵模型

为了更好地把握脆弱性的相对累积变化情况，进行空间对比，笔者拟绘制广义BCG矩阵图[10, 268]对评价结果予以直观表征。广义BCG矩阵图分别以敏感性、应对与恢复能力为横纵坐标轴；以圆表示城市，圆心坐标是敏感性、应对与恢复能力的评价值，圆的大小代表脆弱性的评价值①；图中水平线、垂直线分别对应10个城市应对与恢复能力、敏感性评价值的算术平均值。由此，坐标平面被分为4个区域，仿照笛卡尔坐标系，分别称之为Ⅰ、Ⅱ、Ⅲ、Ⅳ象限。如图5-42所示。

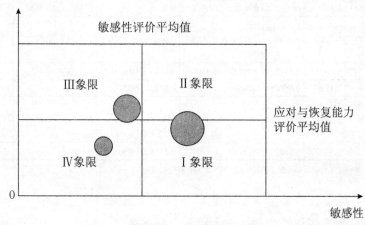

图5-42 广义BCG矩阵分析示意图

脆弱性和敏感性正相关，和应对与恢复能力负相关。从理论上讲，低敏感性、高应对与恢复能力的Ⅲ象限最为理想；其次是低敏感性、低应对与恢复能力的Ⅳ象限和高敏感性、高应对与恢复能力的Ⅱ象限；最为不利的是高敏感性、低应对与恢复能力的Ⅰ象限。由于圆的大小代表了脆弱性评价值的大小，所以圆越小越好，表明脆弱性程度低；在时间序列图上，圆越向Ⅲ象限移动越好。

---

① 这里的敏感性评价值就是某城市敏感性和空间维度上最优值(所有城市中的最优值)的相对贴近度，应对与恢复能力评价值就是某城市应对与恢复能力和空间维度上最优值(所有城市中的最优值)的贴近度。

5.3.2 基于空间维度的京津冀都市圈累积式脆弱性评价结果与分析

1. 自然环境子系统脆弱性评价结果与分析

基于空间维度的京津冀都市圈自然环境子系统累积式脆弱性数值评价结果，即横向对比结果，如表5-11所示。

表5-11 京津冀都市圈自然环境子系统累积式脆弱性横向评价结果

		北京	天津	石家庄	承德	张家口	秦皇岛	唐山	廊坊	保定	沧州
"十五"	敏感性	0.4437	0.7307	0.6935	0.1631	0.1609	0.4706	0.7864	0.6065	0.4876	0.4095
	应对与恢复能力	0.5682	0.5841	0.5129	0.3700	0.3348	0.5955	0.5585	0.5747	0.5467	0.5175
	脆弱性	0.4061③	0.5155⑨	0.5135⑧	0.4051②	0.4455⑥	0.3879①	0.5465⑩	0.4528⑦	0.4292⑤	0.4273④
"十一五"	敏感性	0.4105	0.7083	0.6822	0.2028	0.1828	0.4519	0.7803	0.5832	0.4574	0.3657
	应对与恢复能力	0.5281	0.5279	0.5250	0.3655	0.3663	0.5168	0.5039	0.5171	0.4614	0.4764
	脆弱性	0.4169①	0.5347⑨	0.5107⑧	0.4302③	0.4289②	0.4378⑤	0.5823⑩	0.4852⑦	0.4728⑥	0.4306④
"十二五"	敏感性	0.4100	0.6824	0.7041	0.1638	0.1720	0.5974	0.7500	0.6208	0.4959	0.5613
	应对与恢复能力	0.5495	0.5375	0.5145	0.3372	0.4168	0.4888	0.5154	0.4835	0.4822	0.4836
	脆弱性	0.4078②	0.5167⑦	0.5310⑨	0.4261③	0.3914①	0.5032⑤	0.5582⑩	0.5180⑧	0.4771④	0.5040⑥

注：表格中脆弱性评价值后序号为评价时间内该城市脆弱性程度由低到高的排名。

从表5-11所示评价结果来看，就自然环境子系统而言，北京、承德3个阶段始终名列三甲；张家口进步明显，"十一五"排名第二，"十二五"跃居第一；随后是保定、秦皇岛，而沧州、廊坊的形势不容乐观；天津、石家庄、唐山排名一直靠后，天津排名在"十二五"有所提前。

图5-43至5-45是京津冀都市圈自然环境子系统脆弱性横向对比的广义BCG矩阵图。从各评价图来看，Ⅳ象限中的城市较少，Ⅲ象限的城市在减少，Ⅱ象限中的城市在增加，城市的坐标重心及其相对较大的圆有向Ⅰ象限偏移的势头。说明人类经济社会活动在加剧，对自然环境的扰动在加强，从而使得敏感性提高；而在这一过程中，应对与恢复能力没有得到应有的提升，从而使得自然环境的脆弱性在整个经济圈内被累积。

从各城市来看，北京的情况最好，不仅脆弱性评价值低，而且是典型的低敏感性、高应对与恢复能力的城市，但是这样的城市(Ⅲ象限中的城市)在变少。承德的低脆弱性得益于低敏感性，类似的还有张家口以及保定。秦皇岛、沧州、廊坊有一种敏感性提高，而应对与恢复能力下降的趋势。天津、石家庄、唐山的应对与恢复能力虽然不低，但是碍于其高敏感性，自然环境的脆弱性问题无法根本解决。

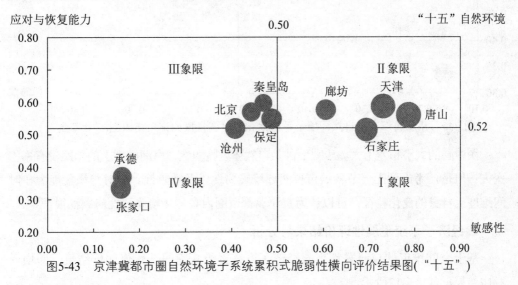

图5-43　京津冀都市圈自然环境子系统累积式脆弱性横向评价结果图("十五")

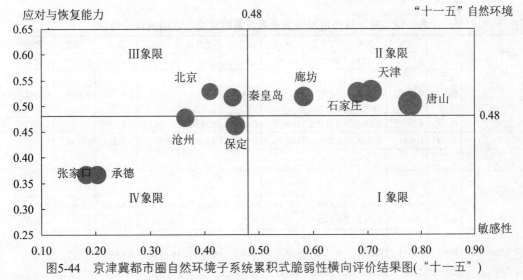

图5-44　京津冀都市圈自然环境子系统累积式脆弱性横向评价结果图("十一五")

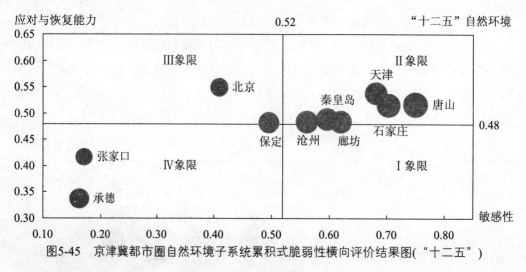

图5-45　京津冀都市圈自然环境子系统累积式脆弱性横向评价结果图（"十二五"）

　　图中圆的大小相差不大，乐观地讲是自然环境脆弱性在空间维度上的差距没有累积变大；但是，考虑到上一节各城市自然环境脆弱性以及敏感性、应对与恢复能力在时间维度上自身的变化特征，可以认为京津冀都市圈内自然环境脆弱性问题都很严重。

2. 经济子系统脆弱性评价结果与分析

　　基于空间维度的京津冀都市圈经济子系统累积式脆弱性数值评价结果，即横向对比结果，如表5-12所示。

表5-12　京津冀都市圈经济子系统累积式脆弱性横向评价结果

		北京	天津	石家庄	承德	张家口	秦皇岛	唐山	廊坊	保定	沧州
"十五"	敏感性	0.5155	0.5877	0.4752	0.4780	0.4334	0.5483	0.4940	0.4589	0.3836	0.3249
	应对与恢复能力	0.7790	0.7159	0.5450	0.2542	0.2405	0.3929	0.4379	0.4183	0.4186	0.3442
	脆弱性	0.3463①	0.4306②	0.4815③	0.6947⑩	0.6639⑨	0.5914⑧	0.5603⑦	0.5515⑥	0.5197④	0.5457⑤
"十一五"	敏感性	0.5188	0.5898	0.5007	0.3770	0.5026	0.5769	0.5557	0.5021	0.5082	0.3919
	应对与恢复能力	0.7781	0.7454	0.5032	0.2474	0.2431	0.3642	0.4414	0.4482	0.3399	0.3294
	脆弱性	0.3480①	0.4103②	0.5106③	0.6398⑨	0.6809⑩	0.6182⑧	0.5737⑤	0.5413④	0.6086⑦	0.5777⑥
"十二五"	敏感性	0.4961	0.5707	0.4948	0.3951	0.5210	0.6205	0.5597	0.5396	0.5487	0.4848
	应对与恢复能力	0.7444	0.7533	0.5213	0.2617	0.2633	0.3524	0.4542	0.4069	0.3795	0.3786
	脆弱性	0.3582①	0.3899②	0.4892③	0.6402⑧	0.6818⑩	0.6411⑨	0.5586⑥	0.5737⑥	0.5944⑦	0.5736⑤

注：表格中脆弱性评价值后序号为评价时间内该城市脆弱性程度由低到高的排名。

就经济子系统而言,北京、天津、石家庄一直位居前三,脆弱性程度相对于其他城市都较低;就脆弱性评价值而言,北京的评价值在增加、天津的评价值在减小,说明京津的差距在缩小。唐山的排名一直在提升,沧州和廊坊的形势相对较好,保定的排名在下降;承德、秦皇岛、张家口的经济脆弱性一直很高。

图5-46至5-48是京津冀都市圈经济子系统脆弱性横向对比的广义BCG矩阵图。从各评价图来看,Ⅳ象限中的城市明显减少,Ⅰ象限中的城市明显增加,而且Ⅰ象限中多数为大圆和较大圆,表明经济的敏感性在增加,而应对与恢复能力相对不足,由此造成脆弱性增加,如秦皇岛、张家口、保定、廊坊。承德的敏感性虽然低,但是由于应对与恢复能力严重不足,由此造成高脆弱性。由于沧州的敏感性增加缓慢,应对与恢复能力变化不大,所以其脆弱性改变不大。唐山敏感性虽然相对较高,但是应对与恢复能力基本在10个城市平均值水平以上,也使其脆弱性有所降低。尽管北京、天津以及石家庄的敏感性不低,但是由于超高的应对与恢复能力,最终使得其经济能够维持相对较低的脆弱性。北京、天津经济的脆弱性、应对与恢复能力明显优于河北诸市,这其实也说明河北与京津经济发展水平的相对差距在累积增大,脆弱性相对较高。

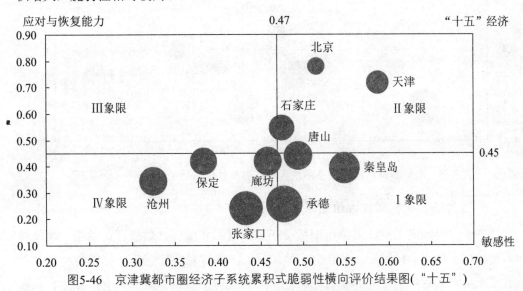

图5-46　京津冀都市圈经济子系统累积式脆弱性横向评价结果图("十五")

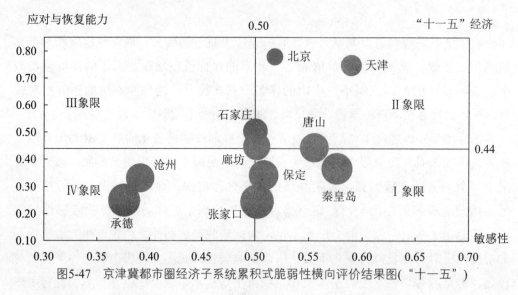

图5-47 京津冀都市圈经济子系统累积式脆弱性横向评价结果图("十一五")

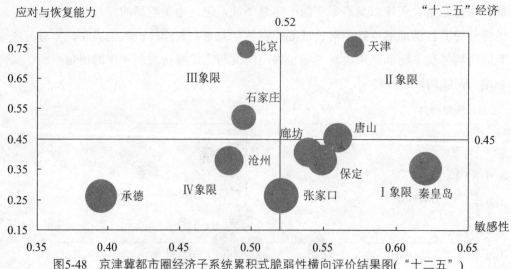

图5-48 京津冀都市圈经济子系统累积式脆弱性横向评价结果图("十二五")

3. 社会子系统脆弱性评价结果与分析

基于空间维度的京津冀都市圈社会子系统累积式脆弱性数值评价结果，即横向对比结果，如表5-13所示。就社会子系统而言，同样是北京、天津相对优势明显，石家庄紧随其后；秦皇岛和廊坊在河北省排名靠前，唐山和承德居中；保定、张家口、沧州的社会脆弱性相对突出，一直位于后三位。

表5-13　京津冀都市圈社会子系统累积式脆弱性评价结果

		北京	天津	石家庄	承德	张家口	秦皇岛	唐山	廊坊	保定	沧州
"十五"	敏感性	0.3654	0.6010	0.7092	0.6036	0.6135	0.6174	0.6836	0.5521	0.7396	0.7192
	应对与恢复能力	0.7311	0.5999	0.5177	0.3546	0.3452	0.4868	0.3770	0.4229	0.3803	0.3861
	脆弱性	0.3149①	0.4656②	0.5621④	0.6372⑥	0.6483⑧	0.5516③	0.6467⑦	0.5736⑤	0.6656⑩	0.6531⑨
"十一五"	敏感性	0.3882	0.5145	0.6707	0.5653	0.5764	0.5736	0.6185	0.6018	0.7114	0.6620
	应对与恢复能力	0.6846	0.6096	0.5334	0.3608	0.3454	0.4699	0.4052	0.4208	0.3766	0.3925
	脆弱性	0.3534①	0.4480②	0.5429③	0.6321⑦	0.6485⑨	0.5679④	0.6280⑥	0.5995⑤	0.6635⑩	0.6357⑧
"十二五"	敏感性	0.4324	0.5263	0.7014	0.5585	0.5376	0.6068	0.6352	0.6331	0.6538	0.7132
	应对与恢复能力	0.6829	0.5832	0.5695	0.3793	0.3361	0.5005	0.4326	0.4472	0.3916	0.3806
	脆弱性	0.3592①	0.4742②	0.5294③	0.6201⑦	0.6559⑨	0.5563④	0.6127⑥	0.5917⑤	0.6496⑧	0.6627⑩

注：表格中脆弱性评价值后序号为评价时间内该城市脆弱性程度由低到高的排名。

　　图5-49至5-51是京津冀都市圈社会子系统脆弱性横向对比的广义BCG矩阵图。从各评价图来看，理论上最为理想的Ⅲ象限只有北京、天津；石家庄虽然脆弱性较低，但位于Ⅱ象限，属于高敏感性、高应对与恢复能力的城市；位于Ⅳ象限的张家口、承德敏感性虽然低，但是应对与恢复能力也低，所以有较高的脆弱性；而其他的河北省城市有向高敏感性、低应对与恢复能力的Ⅰ象限移动的趋势，且多为大圆

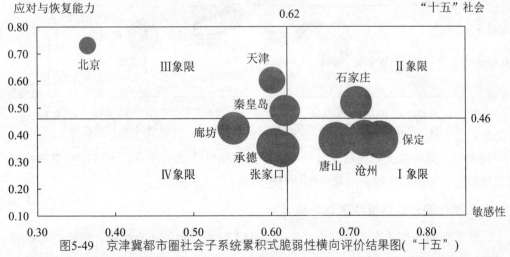

图5-49　京津冀都市圈社会子系统累积式脆弱性横向评价结果图（"十五"）

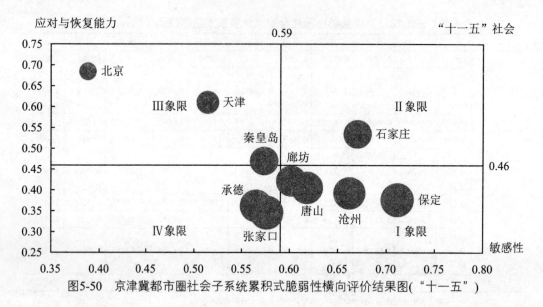

图5-50 京津冀都市圈社会子系统累积式脆弱性横向评价结果图("十一五")

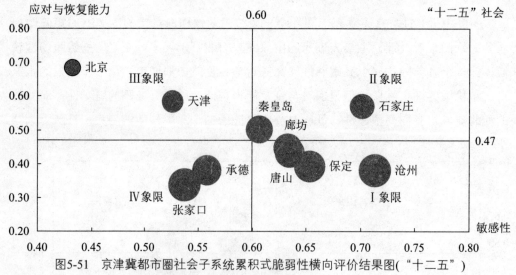

图5-51 京津冀都市圈社会子系统累积式脆弱性横向评价结果图("十二五")

和较大圆，这种情况表明河北省社会发展的敏感性远高于北京、天津，与京津社会发展的相对差距累积增大，脆弱性相对也较高。

4. 整体脆弱性评价结果与分析

基于空间维度的京津冀都市圈整体累积式脆弱性数值评价结果，即横向对比结果，如表5-14所示。

表5-14　京津冀都市圈累积式脆弱性横向评价结果

		北京	天津	石家庄	承德	张家口	秦皇岛	唐山	廊坊	保定	沧州
"十五"	敏感性	0.4532	0.6377	0.6209	0.4568	0.4425	0.5487	0.6506	0.5348	0.5425	0.4977
	应对与恢复能力	0.7071	0.6445	0.5273	0.3235	0.3041	0.4891	0.4614	0.4719	0.4507	0.4153
	脆弱性	0.3567①	0.4679②	0.5163③	0.6034⑩	0.6016⑨	0.5256④	0.5837⑧	0.5309⑤	0.5442⑥	0.5494⑦
"十一五"	敏感性	0.4510	0.6075	0.6123	0.4063	0.4590	0.5414	0.6488	0.5582	0.5638	0.4828
	应对与恢复能力	0.6830	0.6460	0.5190	0.3219	0.3157	0.4466	0.4510	0.4623	0.3907	0.3971
	脆弱性	0.3716①	0.4619②	0.5205③	0.5823⑦	0.6056⑩	0.5542⑤	0.5931⑨	0.5437④	0.5893⑧	0.5571⑥
"十二五"	敏感性	0.4527	0.5942	0.6279	0.4050	0.4519	0.6096	0.6443	0.5936	0.5678	0.5841
	应对与恢复能力	0.6724	0.6447	0.5343	0.3236	0.3372	0.4433	0.4673	0.4431	0.4164	0.4135
	脆弱性	0.3741①	0.4565②	0.5142③	0.5777⑦	0.6008⑩	0.5772⑥	0.5753⑤	0.5632④	0.5799⑧	0.5827⑨

注：表格中脆弱性评价值后序号为评价时间内该城市脆弱性程度由低到高的排名。

从整体来看，京津冀都市圈各城市发展脆弱性的相对差距明显。在三个时间段内，整体脆弱性由低到高的排序始终是"京、津、冀"。河北省8个城市中，石家庄一直排在首位，廊坊相对靠前，唐山进步明显；承德的形势也在变好，排名提前了3位，秦皇岛形势严峻；保定、沧州排名靠后，张家口基本垫底。"十二五"以来，河北诸市脆弱性由低到高依次是石家庄、廊坊、唐山、秦皇岛、承德、保定、沧州、张家口。

图5-52至5-54是京津冀都市圈整体脆弱性横向对比的广义BCG矩阵图。从各评价

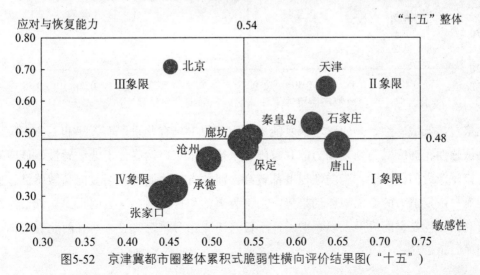

图5-52　京津冀都市圈整体累积式脆弱性横向评价结果图（"十五"）

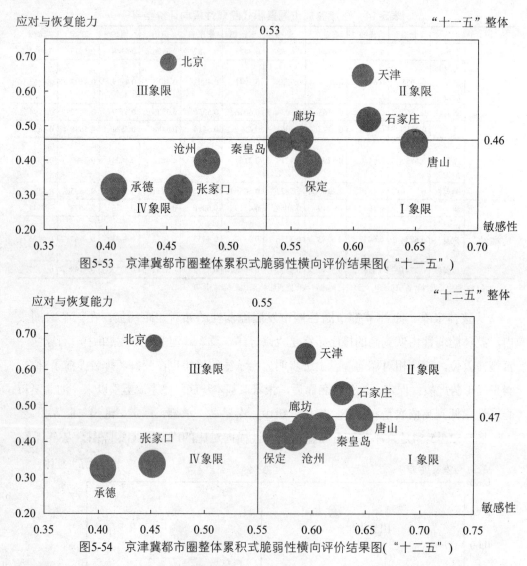

图5-53　京津冀都市圈整体累积式脆弱性横向评价结果图（"十一五"）

图5-54　京津冀都市圈整体累积式脆弱性横向评价结果图（"十二五"）

图来看，低敏感性、高应对与恢复能力的Ⅲ象限中只有北京，而天津和石家庄位于高敏感性、高应对与恢复能力的Ⅱ象限。承德、张家口始终位于低敏感性、低应对与恢复能力的Ⅳ象限，脆弱性程度都较高；河北省其他城市有明显向高敏感性、低应对与恢复能力的Ⅰ象限移动趋势，且都为大圆和较大圆。这表明京津冀都市圈发展的脆弱性在空间维度上累积增加，不仅京津冀相对差距明显，而且河北省内部也同样如此。

5.4 京津冀都市圈冲击式脆弱性评价与分析

5.4.1 京津冀都市圈面临的自然灾害及其冲击

区域系统受到高强度、高频率的扰动时，如果敏感性高、应对与恢复能力相对不足，那么遭受扰动损害的概率和程度就会很大，有可能导致区域系统损失严重，其结构和功能需要很长时间才能得到恢复，甚至不能完全恢复。这就是所谓的冲击式脆弱性。造成冲击式脆弱性的扰动可能来自自然环境、经济、社会等多个方面，但是自然灾害的扰动冲击最为明显和常见。脆弱性研究始于自然灾害的原因应该正在于此。

1. 京津冀都市圈自然灾害类型、承灾体及其影响方式

京津冀是自然灾害的多发区，每年都会遭到不同类型、不同程度自然灾害的侵袭，造成较大的人员伤亡和经济损失，如表5-15所示。而2012年7月华北地区"7·21"特大暴雨更是导致1.6万平方公里的受灾面积，1.4万平方公里的成灾面积，190多万人受灾，4.3万人紧急转移安置，至少79人遇难，直接经济损失高达116.4亿元。

表5-15 京津冀都市圈自然灾害造成的直接经济损失 单位：亿元

	2005年	2006年	2007年	2008年	2009年	2010年	2011年	2012年
北京市	0.6	5.3	6.9	7.4	4.5	2.1	14.7	171.1
天津市	2.2	4.6	5.4	2.9	1.7	0.5	0.9	32.5
河北省	30.0	84.7	80.0	45.3	137.6	97.5	69.2	397.2

注：数据根据相关年份《中国统计年鉴》整理而得；河北省数据包括衡水、邢台和邯郸。

随着经济社会的发展，自然灾害的影响与古代、近代相比，已经发生了显著变化，一般不会造成灾民背井离乡、流离失所，不容易有大规模疫病流行和社会暴乱的发生，但是终究会以这样或那样的方式产生影响。不同的灾害类型，其承灾体和影响方式具有很大的差异。借鉴相关研究成果[269, 270]，再结合历史数据资料，京津冀都市圈主要自然灾害类型、承灾体及影响方式，如表5-16所示。虽然各种自然灾害类型、承灾体、影响方式各有不同，但是最终都会使区域发展受到冲击，导致脆弱性。

表5-16　京津冀都市圈主要自然灾害类型、承灾体及影响方式

灾害类型	承灾体	影响方式
干旱	人、农、林、牧及经济作物	作物减产、绝产、贫困、人畜缺水
风雹	人、农、林、牧及经济作物、电力和电话等高架线缆	毁坏农业设施、减产、绝产、破坏高架线路
洪涝	人、房屋建筑、基础设施、生产设备、能源供应系统、垃圾处理、交通运输、文物、档案	死亡、伤残疾病、无家可归、房屋设施毁坏、倒塌、浸泡、掩埋、交通受阻、能源供应中断
低温霜冻雪灾	人、农业、基础设施、交通运输、电力系统、生产供应	生活生产供应中断、减产、设施毁坏、交通受阻、电力系统受损
病虫害	人、农、林、牧及经济作物	作物减产、绝产、贫困
沙尘暴	人、土壤、环境、生产活动	破坏植被、影响交通、伤害人体、影响精密仪器生产
高温	人、能源供应	导致人体疲劳、烦躁，事故增多，导致心脑血管和呼吸道等疾病的发生，增加水电负荷
雾霾	人、交通运输	危害人体，交通受阻

数据来源：冯领香，冯振环. 脆弱性视角下京津冀都市圈自然灾害特性分析[J]. 自然灾害学报，2013，22(4)：101-107.

2. 京津冀都市圈自然灾害冲击的特征

京津冀都市圈自然灾害发生频繁，种类多，强度较大。图5-55是2010—2012年典型自然灾害对京津冀都市圈农业影响的对比图。图中纵坐标表示农业受灾面积(单位：公顷)，由于不同城市、不同时期数据大小悬殊，故采用了对数刻度。

首先，京津冀都市圈自然灾害的发生既有明显的随机性，又存在一定的必然性；似乎有随时间增加的势头。其中，干旱是造成经济损失的首要自然灾害类型，其次是风雹、洪涝、霜冻、病虫害以及其他灾害。应以灾害类型与承灾体、影响方式的关系为依据，进一步完善防灾措施，提高灾害防御能力。

其次，京津冀都市圈自然灾害分布在空间上具有差异性和选择性。河北省的自然灾害损失，不论是从总量还是从人均水平上看，都远高于北京和天津，即使是从单个城市的比较来看，河北省各市的情况也不容乐观。

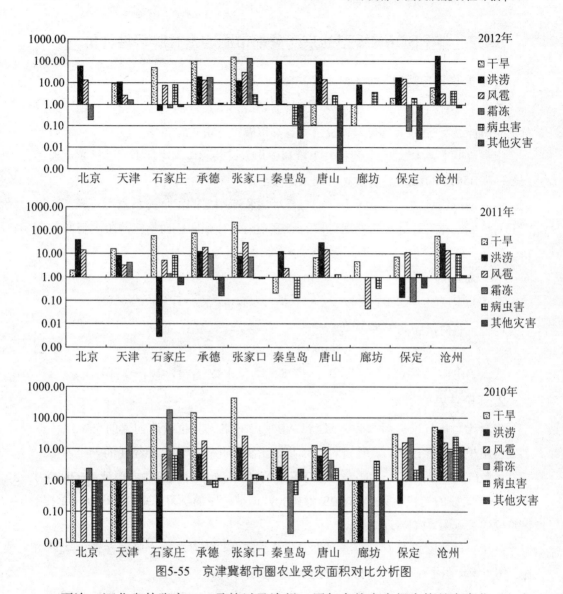

图5-55　京津冀都市圈农业受灾面积对比分析图

再次，河北省的张家口、承德以及沧州，历年自然灾害损失均处在高位。一方面，可以认为是这些地区农业耕作面积规模大，在干旱、风雹、洪涝、霜冻等自然灾害扰动下，遭受损失的可能性和程度也大。另一方面，可以归结为这些地区经济社会发展水平相对较低，防灾减灾能力相对不足，灾害发生时容易导致较大损失。

5.4.2 基于SOFM模型的京津冀都市圈冲击式脆弱性评价

1. 数据收集与处理

笔者主要针对自然灾害的扰动，按照第4章第4节设计的基本思路，使用自组织特征映射神经网络(SOFM)模型评价京津冀都市圈的冲击式脆弱性。

指标数据来自本章第2节的相关年鉴和中华人民共和国国家标准《建筑抗震设计规范》(GB5011-2010)，评价起止时间为2005至2012年。

由于指标的量纲、数量级不同，与目标层和准则层的正负关系也不一样，所以需要对原始数据进行标准化处理。假设研究期内，分别取正向指标的最大值和负向指标的最小值为理想值，则正向指标x_{ij}的标准化公式为：

$$x'_{ij}=x_{ij}/\max x_{ij} \tag{5-1}$$

式(5-1)中，i为年份数，$i=1,2,\cdots,8$；j为城市数，$j=1,2,\cdots,10$。

同理，负向指标y_{ij}的标准化公式为：

$$y'_{ij}=\max y_{ij}/y_i \tag{5-2}$$

式(5-2)中，i为年份数，$i=1,2,\cdots,8$；j为城市数，$j=1,2,\cdots,10$。

2. 评价结果

将原始数据标准化后，输入MATLAB神经网络工具箱函数创建的自组织特征神经网络模型进行计算。计算过程中，将输出神经元设为10个神经元的一维网格。拓扑函数(TFCN)为hextop，距离函数(DFCN)为linkdist；分类阶段学习速率(OLR)为0.7，分类阶段的迭代次数(OSTEPS)为1000，调谐阶段的学习速率(TLR)为0.02，调谐阶段的领域距离(TNS)为0.1。

京津冀都市圈自然灾害冲击下的敏感性、应对与恢复能力、脆弱性评价结果如图5-56所示。图中纵坐标中的数字表示从低到高的等级划分。

第一，就冲击式脆弱性而言，京津冀存在梯度差异，甚至可以认为较为悬殊。不仅表现在脆弱性上，应对与恢复能力同样如此。但是，脆弱性较低的北京、天津及石家庄、唐山具有很高的敏感性。这一看似矛盾的结果与冯领香等(2013)基于不同指标体系、不同研究时期的结论相符[166]。可以认为是较高的经济社会发展水平，使得这些城市人口密集、财富集中，灾害诱发的损失必然较高。

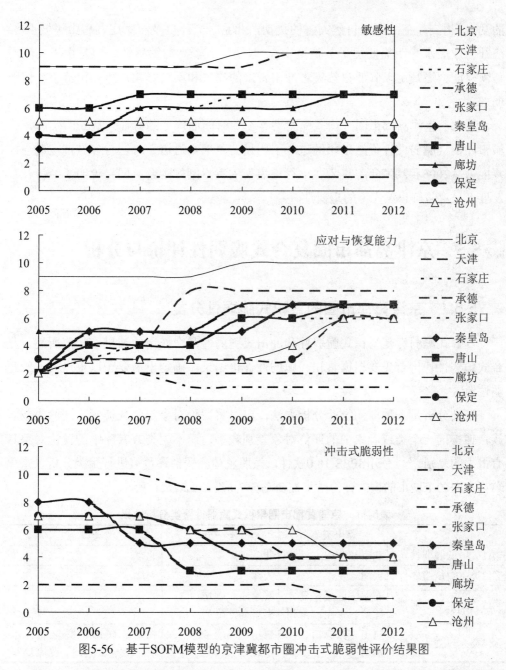

图5-56 基于SOFM模型的京津冀都市圈冲击式脆弱性评价结果图

第二，"不利的社会经济条件决定的脆弱性是自然灾害造成损失的真正原因"

的观点①得到印证。面对自然灾害的扰动，北京、天津以及石家庄、唐山等城市(经济社会发展水平明显要优于其他城市)，即使具有较高的敏感性，但是由于其应对与恢复能力还是足以降低自然灾害冲击带来的损失和不利影响，所以保持了较低脆弱性。

第三，京津冀都市圈冲击式脆弱性存在随时间而降低的特征。从2007年起，各城市冲击式脆弱性评价结果相继进入了明显的"下行通道"。这与各城市应对与恢复能力从2006和2007年起进入"上行通道"的特点刚好吻合，同样说明了经济社会发展水平对防御自然灾害的重要性。

5.5 京津冀都市圈复合式脆弱性评价与分析

5.5.1 京津冀都市圈的累积式脆弱性分类

复合式脆弱性是累积式脆弱性和冲击式脆弱性联合作用的结果。如前所述，复合式脆弱性评价首先要根据累积式脆弱性评价结果，确定出需要予以重点关注的脆弱性地区。

聚类分析是一种多元统计分析方法，可以将评价对象定量分类到不同的类或者族，使得同一个类或者族中的评价对象差别较小，而不同类或者族中的评价对象具有很大的差别[271]。使用SPSS 18.0软件，按照整体脆弱性评价值进行聚类分析，京津冀都市圈10个城市的横向评价结果被自动分为4类，如表5-17所示。

表5-17 京津冀都市圈累积式脆弱性聚类分析结果

	"十五"	"十一五"	"十二五"
第1类：低脆弱性	北京	北京	北京
第2类：较低脆弱性	天津	天津	天津
第3类：中等脆弱性	石家庄、秦皇岛、廊坊、保定、沧州	石家庄、廊坊、秦皇岛、沧州	石家庄
第4类：较强脆弱性	唐山、张家口、承德	唐山、承德、保定、张家口	廊坊、唐山、秦皇岛、承德、保定、沧州、张家口

由表5-17所示聚类分析结果可见，北京、天津分别属于低脆弱性和较低脆弱

---

① O'Keefe P, Westgate K, Wisner B. Taking the Naturalness out of Natural Disasters [J]. Nature, 1976, (260): 566-567.

性；河北各市属于中等脆弱性和较强脆弱性，而"十二五"以来石家庄以外的7市全部是较强脆弱性。这说明河北8市都属于要重点关注的脆弱性地区。

5.5.2 京津冀都市圈扰动因素的综合分析

如第4章第4节所述，复合式脆弱性评价首先要确定重点关注的脆弱性地区，收集重点地区自然环境、经济、社会方面各种扰动发生的历史数据，确定关键扰动因素；再根据关键扰动因素的数据资料，对不利扰动发生的可能性、影响范围、作用强度等进行分析预测；最后在此基础上制定防灾减灾措施。因此，复合式脆弱性评价是一个复杂的系统工程，需要大量的物力、财力、先进的科学技术手段、不同学科专业的研究团队。由于客观条件的限制，笔者在此只做一些简单的直观分析。

1. 环京津贫困带——潜在的扰动

2005年8月，亚洲开发银行在《河北省经济发展战略研究》报告中首次提出了"环京津地区目前存在大规模的贫困带"[272]。自此，"环京津贫困带"引起了各方人士的广泛关注。

《河北省经济发展战略研究》指出，"环京津贫困带"涉及河北省的6个设区市的32个贫困县、3 798个贫困村，贫困人口总计272.6万人(2001年末，该地区人口为1 268.47万人)①。针对"环京津贫困带"，相关政府部门及时出台了政策措施，也取得了一定成效，但并未从根本上解决问题。

根据国务院扶贫开发领导小组2012年3月公布的《国家扶贫开发工作重点县名单》，如表5-18所示[273]。河北省现有39个国家级贫困县，"十五规划"期间的大多数原贫困县②依然名列其中；而"扶贫开发整村推进'十二五'规划"中，河北省国家级贫困村也有1 630个之多。

---

① 范军利，晓晰. "环京津贫困带"难题待解[N]. 中国改革报，2005-08-22(007版).
② 2005年的32个国家级贫困县主要包括：京津以北连片的贫困县有张家口的尚义县、康保县、沽源县、张北县、赤城县、崇礼县、怀安县、万全县、阳原县、蔚县以及琢鹿县赵家蓬区；承德的丰宁满族自治县、围场满族蒙古族自治县、宽城满族自治县、平泉县、滦平县、隆化县、承德县；北京西南有保定的涞源县、阜平县、顺平县、唐县、易县、涞水县、曲阳县；天津南部有沧州的献县、海兴县、盐山县、东光县、南皮县、孟村回族自治县、肃宁县。

表5-18　国家扶贫开发工作重点县名单(河北省)①

地级市	贫困县
石家庄	赞皇县、灵寿县、行唐县、平山县
承德市	滦平县、隆化县、平泉县、丰宁县、围场县
张家口	赤城县、崇礼县、沽源县、怀安县、康保县、尚义县、万全县、阳原县、张北县、蔚县、(涿鹿县赵家蓬区)
秦皇岛	青龙县
保定市	涞源县、唐县、顺平县、阜平县
沧州市	海兴县、盐山县、南皮县
衡水市	武邑县、武强县、饶阳县、阜城县
邯郸市	大名县、魏县、广宗县、巨鹿县、临城县、平乡县、新河县、威县

由表5-18可见，保定、张家口、承德的现有贫困县依然主要集中在燕山—太行山区，连片分布，面积近10万平方公里。"环京津贫困带"地处华北，环绕京津，区位特殊，就如同悬在京津冀头上的"达摩克利斯之剑"。如果解决不好，就可能带来这样那样的问题，导致严重的后果。

2. 生态环境恶化——现实的扰动

拥有较多贫困县的张家口、承德处在京津冀上风上水的位置，是华北平原的生态屏障和京津唐的水源地。这里不仅是生态敏感区，而且是风沙治理的重点地区，生态环境问题极为突出，又以地处河北省北部的坝上地区为重[274]。

河北坝上地区是内蒙古高原—燕山山地—华北平原的过渡带，包括张家口市沽源、张北、康保3县的全部以及尚义、承德市的丰宁和围场3县的一部分，是我国北方生态脆弱带中最为脆弱或敏感的地段[275]，生态环境问题突出。

(1) 土地退化问题严重

由于自然条件恶劣，自然灾害频发，以及过度的农牧，坝上地区土地风蚀沙化、水土流失、草场退化等十分突出。根据现有统计数据，坝上地区土地沙化面积121.41万公顷，占坝上地区总面积的68%，河北省沙化土地面积的44.64%；土地盐渍化面积6.59万公顷；水土流失面积387.63万公顷[276]。

---

① 国务院扶贫开发领导小组. 国家扶贫开发工作重点县名单[EB/OL]. http://www.cpad.gov.cn/publicfiles/business/htmlfiles/FPB/fpqy/201203/175445.html.

(2) 水资源供需矛盾加剧

河北以及京津都是严重的缺水地区，每年不得不超量开采地下水，以致华北平原浅层地下水形成了11个规模较大的漏斗区，石家庄、保定、廊坊和邯郸都在其中；而且深层地下水还有9个漏斗区，主要分布在唐山地区[277]。华北地下水危机的警钟已经敲响。张家口和承德同样是水资源匮乏地区，人均水资源占有量只有全国平均水平的1/7，降水量也不丰沛。根据50年来降水量特征的分析，张家口年均降水量397.1毫米，远低于北京的540.1毫米；承德、石家庄、保定和天津基本在500毫米以上[278]。即便如此，张家口和承德也要对北京、天津的用水给予优先保障，进一步加剧了河北各市水资源的供需矛盾。

(3) 沙尘暴频繁发生

华北"上风头"的坝上地区土地沙化、干旱少雨，也导致沙尘暴、扬沙等灾害天气频发[279]。每年8级以上大风天数在40天以上，沙尘暴8～12天，不仅威胁空气质量，也影响着北京、天津等大都市的国际形象[280]。2000年以来，围绕"沿边、沿坝、坝上林网、潮河流域、滦河流域、窗口地带"六大工程的实施，生态环境明显改善①。根据最新的卫星遥感监测，京津上风上水的坝上地区生态环境恶化的趋势得到了显著遏制，但要改善、解决尚需假以时日[281]。

(4) 雾霾的日趋加重

雾霾是雾和霾的混合物，是"大量人为排放的污染物在特定气象条件下积聚造成的"，高浓度的细颗粒物或气溶胶污染是雾霾的根本成因[282]。这里的细颗粒物就是粒径小于等于2.5微米的颗粒物(Particulate Matter)，简称PM2.5，也称可入肺颗粒物。无论短期还是长期暴露于高浓度PM2.5环境中，人体的呼吸系统、心血管系统、神经系统、泌尿生殖系统、内分泌系统都会受到损害，造成相关疾病发生率和死亡率提高[283]。钟南山院士甚至认为，"雾霾危害甚过非典"②。

2013年3月15日，中国环境保护部副部长吴晓青表示，雾霾在京津冀、长三角、珠三角出现的频次和程度最为严重，"监测表明，这些地区每年出现霾的天数在100

① 承德政府网. 丰宁满族自治县基本情况及产业发展现状、规划[EB/OL]. http://www.chengde.gov.cn/jjhsdjjq/2010-12/29/content_37747.html.

② 赵喜斌. 钟南山：雾霾危害甚过非典[EB/OL]. http://scitech.people.com.cn/BIG5/n/2013/0820/c1007-22634199.html.

天以上，个别城市甚至超过200天"①。2013年1月，京津冀地区平均雾霾天数发生了21.7天；2014年1月，京津冀地区13个城市空气质量平均达标天数比例为25.4%，重度污染占23.0%，严重污染占17.8%②。2013年6月17日，《人民日报》报道国内十大污染城市中，京津冀都市圈内的石家庄、唐山、保定、廊坊以及河北省南部的邢台、衡水、邯郸赫然其中③，雾霾可谓罪魁祸首。因为自2013年1月1日起，我国开始实施空气质量评价新标准，新标准中增加了与雾霾有关的可吸入颗粒物(PM2.5)、二氧化氮等污染物指标。

总之，京津冀都市圈面临着严重的自然环境难题，尽管有些已经缓解，但是其真正的破解，还任重而道远，其扰动可能会在未来较长时期内延续。

3. 地震——可能的扰动

中国处在环太平洋地震带和欧亚地震带之间，受到太平洋板块和印度洋板块挤压的作用，境内有地壳断层，形成了多个活动程度不同的地震带。1900年以来，6级以上地震发生了近800次，成为世界上遭受地震灾害冲击最为严重的国家之一[284]。中国的地震活动带主要分布在5个地区的23条地震带上[285]，其中华北地震带主要包括太行山两侧、汾河—渭河河谷、阴山—燕山一带、山东东部和渤海湾④。

京津冀所处的华北地震带上曾多次发生过强烈的地震，如1966年邢台大地震(里氏6.8级)、1969年渤海湾大地震(里氏7.4级)、1976年唐山大地震(里氏7.8级)，造成了巨大的人员伤亡和财产损失。

"1976年唐山大地震后，华北地区地震活动进入了一个相对较低的时期"……现在"应变能⑤又开始了一个新的累积阶段"⑥[286]。因此，做好地震监测、预测，全面提升京津冀都市圈地震综合防御能力尤为重要。

---

① 肖媛媛. 环保部：个别城市雾霾超200天，京津冀等地最严重[EB/OL]. http://www.chinanews.com/gn/2013/03-15/4648184.shtml.

② 赵博. 1月京津冀重污染天气超四成，未来一周持续雾霾[EB/OL]. http://www.he.xinhuanet.com/gongyi/2014-02/21/c_119439124.html.

③ 孙秀艳. 污染最重城市为何扎堆河北[EB/OL]. http://paper.people.com.cn/rmrb/html/2013-06/17/nw.D110000renmrb_20130617_2-02.html.

④ 安徽科技编辑部. 中国地震带分布[J]. 安徽科技, 2008, (6): 12.

⑤ 按照构造地震理论，一个大地震的发生是区域应力场对孕震区长期作用，地壳弹性应变能长期积累突然释放的结果。

⑥ 李延兴, 徐杰, 陈聚忠, 等. 邢台、渤海、海城和唐山大地震震中区现今应变场的基本特征[J]. 华北地震科学, 2006, 24(2): 36-39.

▒ 5.6 京津冀都市圈脆弱性评价分析结果总结

5.6.1 累积式脆弱性评价结果：时间维度和空间维度的对比分析

将时间维度(纵向)和空间维度(横向)的累积式脆弱性评价结果进行对比分析，有如下结论。

1. 子系统脆弱性的横纵对比分析

(1) 自然环境子系统

从时间维度来看，京津冀都市圈自然环境子系统敏感性全部呈上升势头，甚至幅度较大；同时，应对与恢复能力提升不明显，甚至有所下降，由此使得多数城市自然环境脆弱性自2010年、2011年起有明显增加，北京、天津、承德、张家口基本未变。

从空间维度来看，京津冀都市圈各城市自然环境子系统脆弱性的相对差距并没有累积变大；但是考虑到困扰华北地区的沙尘暴、雾霾等，特别是河北省石家庄、唐山、保定、廊坊以及南部的邢台、衡水、邯郸都不幸进入了国内十大污染城市之列，这种不大的差距只能说明包括北京、天津在内的京津冀都市圈自然环境问题都比较突出。

时空维度脆弱性的综合分析表明，京、津、冀自然环境脆弱性都很明显，"难兄难弟"难分彼此。

(2) 经济子系统

从时间维度来看，京津冀都市圈经济子系统敏感性全都出现下降或波动中下降的良好势头，而应对与恢复能力又都明显提升，由此使得各城市经济子系统脆弱性相对于自身而言，都呈现下降的趋势，且幅度较大。

从空间维度来看，京津冀都市圈各城市经济子系统脆弱性的相对差距非常明显，是一种京、津、冀的梯度格局。其中北京、天津脆弱性差距在缩小；河北省内，石家庄一枝独秀，提升进步明显，而承德、秦皇岛、张家口脆弱性一直很高。

脆弱性时空维度的变化特征表明，尽管"自身功力大增"，但是河北经济之于京津还是"小巫见大巫"，难以"鼎足而立"。

(3) 社会子系统

从时间维度来看，京津冀都市圈社会子系统脆弱性处在波动变化中，变化幅度大于自然环境和经济；但是由于应对与恢复能力的大幅提升，各城市社会子系统脆弱性总体处于一种下降趋势。不过，自2010年左右起，多数城市处在波动变化中，北京、天津也是如此。

从空间维度来看，京津冀都市圈各城市社会子系统脆弱性同样是一种京、津、冀的梯度格局；在河北省内，石家庄仍然一枝独秀，而保定、张家口、沧州排名始终靠后。

横纵对比表明，北京、天津虽然"家家有本难念的经"(近期波动明显)；但是，"瘦死的骆驼比马大"，北京、天津社会子系统脆弱性远低于河北各市，京津冀差距明显。

(4) 子系统脆弱性的对比关系

近期，京津冀都市圈各城市子系统脆弱性由高到低的排序大致都是：自然环境、社会、经济(石家庄是自然环境、经济、社会)。这表明自然环境脆弱性的累积增加已经成为京津冀都市圈各城市共同面临的首要问题，然后是社会子系统以及经济子系统。

2. 整体脆弱性的横纵对比分析

从时间维度来看，京津冀都市圈各城市整体脆弱性相对于自身而言，大都呈下降趋势，但是，2010年后都出现了波动，甚至增加。这一变化特征主要源于各城市自然环境子系统、社会子系统脆弱性变化的影响。

从空间维度来看，京津冀都市圈各城市脆弱性突出，京、津、冀的梯度排序始终在维持。同时，河北省内部分化显现，石家庄"一骑绝尘"，即使廊坊稳步跟随、唐山迎头赶上，也与秦皇岛、承德、保定、沧州、张家口一起逐渐"沉沦"，被远抛在后。

时间维度和空间维度的分析结果表明，"时间"上的进步，还是难以掩饰"空间"上的"沧桑"。

5.6.2 冲击式脆弱性评价结果

1. 自然灾害冲击的特征

在研究期内，京津冀都市圈每年都遭受着不同程度、不同类型自然灾害扰动的影响，干旱造成的经济损失最为严重；灾害的发生具有随机性、差异性和选择性，但有增长的势头；河北各市的损失程度要高于京津，张家口、承德以及沧州尤为严重。

2. 基于SOFM模型的冲击式脆弱性评价结果

在研究期内，伴随着应对与恢复能力从2006和2007年起的提高，各城市的冲击式脆弱性都随之降低。

就冲击式脆弱性以及应对与恢复能力而言，京津冀存在梯度差异，甚至可以认为较为悬殊；评价结果对"不利的社会经济条件决定的脆弱性是自然灾害造成损失的真正原因"[①]的观点提供了论据；应对与恢复能力对降低自然灾害扰动所导致的损失具有决定意义，敏感性对冲击式脆弱性的作用不明显。

5.6.3 复合式脆弱性评价结果

脆弱性水平差距明显的京津冀都市圈，面临着"环京津贫困带"的潜在扰动、生态环境恶化(土地退化、水资源短缺、沙尘暴频发、雾霾日趋加重)的现实扰动、地震的可能扰动等，因此脆弱性会随时提高。

---

① O'Keefe P, Westgate K, Wisner B. Taking the Naturalness out of Natural Disasters [J]. Nature, 1976, (260): 566-567.

第6章

降低脆弱性促进京津冀都市圈可持续协同发展

北起燕山山脉，西至太行山区，东到渤海之滨，南至华北平原，"京津冀地缘相接，人缘相亲，地域一体、文化一脉"，构成了一个完整的区域系统。然而，如第5章脆弱性评价结果所示，京津冀都市圈内不论是累积式脆弱性(包括时间维度和空间维度)，还是冲击式脆弱性，都存在着明显的差距，而且是京、津、冀间的梯度差距；相对脆弱的河北8市以及京津还面临着潜在的、现实的、可能的扰动因素冲击。这种脆弱性格局形成的原因是什么？如何降低脆弱性，实现京津冀都市圈的可持续协同发展？本章将就这些内容进行探讨。

6.1 京津冀都市圈脆弱性差距的致因分析

6.1.1 京津冀都市圈脆弱性差距

第5章就京津冀都市圈累积式脆弱性(包括时间维度和空间维度)、冲击式脆弱性以及复合式脆弱性进行了评价与分析。

就时间维度的累积而言(城市自身的纵向对比),各城市整体脆弱性大都呈下降趋势;但是,由于自然环境子系统、社会子系统脆弱性变化的影响,2010年后,各城市整体脆弱性都出现了明显的波动,甚至上升。具体而言,除北京、天津、承德、张家口以外,其余城市自然环境子系统脆弱性明显增加;各城市社会子系统脆弱性总体上呈一种下降趋势,但从2010年前后开始,包括北京、天津在内,多数城市处在波动变化中;只有经济子系统脆弱性呈现大幅下降。造成时间维度脆弱性这种不利变化的直接原因在于敏感性累积增加,尤其是近几年,河北的秦皇岛、唐山、廊坊、保定、沧州自然环境和社会子系统的敏感性都有一个较大幅度的提高。这意味着河北各市遭受扰动损害的可能性以及损害的程度也会较大,存在着脆弱性产生以及累积的"不利"前提。

就空间维度上的累积而言(城市间的横向对比),京津与其他城市经济子系统和社会子系统的脆弱性差距明显,自然环境子系统同样脆弱,以致都市圈整体脆弱性累积增大,京、津、冀脆弱性由高到低的梯度格局始终维持;而河北内部也出现了分化,石家庄"一枝独秀",其他城市相对脆弱。按照脆弱性形成的机理,空间维度上的脆弱性的这种累积增加的直接原因在于,相对于京津而言,河北各市敏感性高,而应对与恢复能力又普遍相对偏低(除石家庄外,河北各市在广义BCG矩阵图中基本都位于Ⅰ象限和Ⅳ象限,见第5章第3节图5-52至图5-54)。这意味着,河北各市更敏感,即遭受扰动损害的可能性以及损害的程度大,应对扰动并从扰动的不利影响中恢复的能力又较弱。河北各市既存在脆弱性产生、累积的前提，又缺乏消除扰动不利影响累积、降低脆弱性的坚实能力。即同样的扰动，相对京津而言，河北各市可能会造成更大的损失，具有更高的脆弱性。

京津冀都市圈每年都遭受着不同程度、不同类型的自然灾害扰动冲击的影响，河北各市的经济损失程度要高于京津，而张家口、承德以及沧州的损失尤为严重。就冲击式脆弱性而言，虽然都市圈内各城市大都有降低趋势，但是京、津、冀梯度差距也同样明显存在。而各城市冲击式脆弱性自2007年起的降低和城市间差距存在的原因都在于经济社会发展所决定的应对与恢复能力。

复合式脆弱性分析表明，相对脆弱的河北各市以及京津还面临着"环京津贫困带"、生态环境恶化、地震等各种扰动的影响，脆弱性可能会随时增加。

6.1.2 自然环境子系统脆弱性变化的致因分析

人类经济社会发展就是一个开发利用各种资源，并向自然环境排放各种副产品的过程。尽管自然环境对污染物有一个自然净化的作用，可毕竟能力有限，污染物排放增加，自然环境的敏感性会随之提高。自然环境的自我调节机能和人类利用科学技术手段干预调控都会影响系统的应对与恢复能力。

1. 敏感性的对比分析

应该说，由于环保法律、法规的颁布施行和公民环保意识的增强，京津冀各种污染物的排放量在逐年减少，但是其累计总量还是大得惊人。

表6-1是京津冀都市圈2005至2012年主要工业污染物在每平方公里的累计排放量。排放强度由低到高是京、冀、津，其中，承德、张家口的累计排放量最少，唐山、天津和石家庄尤为突出。

表6-1　京津冀都市圈主要工业污染物累计排放强度(2005—2012年)

地区＼指标	工业废水累积排放强度(万吨/平方公里)	工业SO$_2$累积排放强度(万吨/平方公里)	工业烟尘排累积排放强度(万吨/平方公里)
北　京	4.58	35.18	10.57
天　津	14.71	147.62	42.65
河北省	5.07	50.93	25.88
石家庄	11.99	89.46	34.85
唐　山	13.97	169.12	123.55

(续表)

地区 \ 指标	工业废水累积排放强度 (万吨/平方公里)	工业SO$_2$累积排放强度 (万吨/平方公里)	工业烟尘排累积排放强度 (万吨/平方公里)
秦皇岛	5.73	57.17	28.52
保 定	5.44	23.88	8.44
张家口	1.51	26.79	5.82
承 德	1.13	15.80	5.95
沧 州	4.73	17.88	11.58
廊 坊	7.32	51.88	23.52
京津冀	5.56	54.96	25.63
京津冀都市圈	5.45	49.80	22.05

数据来源：根据相关年份的《中国城市统计年鉴》整理计算而得。

大量的污染物排放与其他不利因素的共同影响，使得京津冀都市圈生态环境遭到破坏，自然环境敏感性大幅提高，突出表现在水危机和空气质量两个方面；这也是复合式脆弱性的现实扰动因素。

(1) 水危机日益严峻

京津冀主体位于海河流域，但是水资源相对匮乏。京津冀水资源总量大约为174亿立方米，河北占83%，京津合计只有水资源总量的17%，以致京津两市总供水量的40%左右来自河北(主要是张家口和承德)[287]。同时，海河流域又是水污染严重的流域之一。由于流域内工农业发达，人口总量多、密度大，污染排放量大，以致14 088.6公里的河道中，Ⅰ类~Ⅲ类水仅占36.2%，Ⅳ类水占12.8%，劣Ⅴ类水占51.0%，全流域地表水质量①低，水体污染严重[288]。再结合第5章第5节京津冀降水量、地下水开采情况，如果没有区域外大量调水和非传统水源(如海水淡化等)，京津冀都市圈水资源短缺状况会持续存在，不仅影响自然环境，经济社会的发展也会受到阻碍。张家口和承德为保障京津供水而产生的种种社会经济问题已是很好的例证。

另外，沿海地区重化工业的发展导致渤海水环境恶化，1/4以上的海域海水环境

---

① 中华人民共和国《地表水环境质量标准》(GB3838-2002)依据地表水水域环境功能和保护目标，按功能高低将地表水依次划分为五类：Ⅰ类主要适用于源头水、国家自然保护区；Ⅱ类主要适用于集中式生活饮用水地表水源地一级保护区、珍稀水生生物栖息地、鱼虾类产卵场、仔稚幼鱼的索饵场等；Ⅲ类主要适用于集中式生活饮用水地表水源地二级保护区、鱼虾类越冬场、洄游通道、水产养殖区等渔业水域及游泳区；Ⅳ类主要适用于一般工业用水区及人体非直接接触的娱乐用水区；Ⅴ类主要适用于农业用水区及一般景观要求水域。

受到不同程度的污染，渤海近岸海域污染趋势尚未得到根本遏制[289]。

(2) 空气质量问题愈发突出

2013年京津冀空气质量年平均达标天数的比例只有37.5%，严重污染天数迅速增加，所有城市PM2.5和PM10年均浓度均超标[290]。而雾霾对空气质量的影响越发显著。例如，2000至2013年间，北京重污染天数出现了近200次，其中霾污染造成的污染天数几乎占总天数的一半[291]。如此空气质量，不仅严重威胁人们的身体健康，而且还会造成其他的不良后果。京津冀地区能见度的变化就是空气污染严重性的一个非常直接的诠释，如图6-1所示[292]。

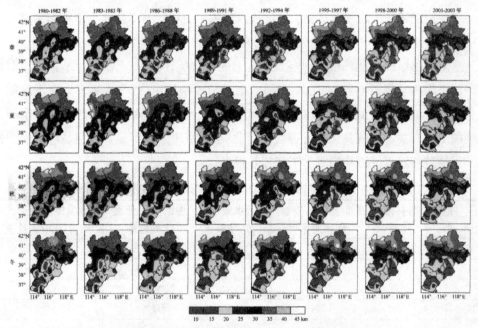

图6-1　京、津、冀地区大气能见度变化趋势

资料来源：范引琪，李春强.1980—2003年京、津、冀地区大气能见度变化趋势研究[J]. 高原气象，2008, 27(6)：1392-1400.

绿色和平和IPCC气象第五工作小组专家们(2013)的研究成果表明，京津冀雾霾发生与其自身的污染物排放有着直接的关系[293]：一次能源和二次能源[①]对PM2.5的

---

① 　一次能源(Primary Energy)是指自然界中以原有形式存在的、未经加工转换的能量资源，又称天然能源，包括：化石燃料(如原煤、原油、天然气等)、核燃料、生物质能、水能、风能、太阳能、地热能、海洋能、潮汐能等。二次能源(Secondary Energy)是指由一次能源经过加工转换以后得到的能源，包括：电力、蒸汽、煤气、汽油、柴油、重油、液化石油气、酒精、沼气、氢气和焦炭等。

贡献，北京为40%：60%、天津为47%：53%、河北为41%：59%；煤炭是污染物产生的主导性来源，占到京津冀一次PM2.5、SO_2和氮氧化物总排放量的25%、82%和47%，其中燃煤发电占到上述三种污染物的9%、69%和47%；钢铁、水泥和制砖等生产过程中产生的污染物占京津冀PM2.5、SO_2和氮氧化物总排放量的49%、12%和17%；交通行业是北京排在发电行业后的第二污染来源行业，工业生产过程(包括钢铁、水泥和制砖等行业)则是天津和河北污染物的主要来源。

2. 应对与恢复能力的对比分析

自然环境子系统的应对与恢复能力受系统自我调节和人为干预调控的影响，所以环境保护法律法规的颁布实施、环保投入加大、退耕还林退耕还草工程的实施等，都可以有效地提高自然环境子系统的应对与恢复能力，降低自然环境的脆弱性。

京津冀都市圈自然环境应对与恢复能力的相关统计指标如表6-2所示。京津冀都市圈的平均森林覆盖率约为30.6%，高于全国2012年20.4%的平均水平，在不包括港澳台的31个省市区中只排在18位。森林覆盖水平河北各市明显占优，这与国家相关政策的实施有关。而就其余指标而言，河北8市和京津差距明显，特别是环境保护投资，无论是相对水平还是绝对水平都相差很多。

表6-2　京津冀都市圈主要环境、环保数据统计表(2012年)　　　　单位：%

指标＼地区	森林覆盖率	工业固体废物综合利用率	污水集中处理率	生活垃圾无害化处理率	环境保护投资占地方GDP的比重
北　京	38.6	78.96	83.00	99.12	2.25
天　津	22.0	99.62	87.40	99.80	4.03
石家庄	32.2	49.47	95.86	100.00	1.91
唐　山	31.8	80.55	94.81	91.33	2.05
秦皇岛	43.5	37.04	92.54	100.00	3.47
保　定	22.6	48.16	92.00	85.00	1.13
张家口	35.2	23.27	91.31	85.00	5.66
承　德	55.8	4.74	81.45	100.00	1.80
沧　州	24.4	49.95	95.88	92.61	0.64
廊　坊	24.0	49.61	87.31	95.70	2.31

注：环境保护投资主要包括污染治理投资和环境设施投资，此处为2007年数据。

数据来源：根据相关年份的《中国城市统计年鉴》整理计算而得。

6.1.3 经济子系统脆弱性变化的致因分析

与中国经济运行的大背景相符，京津冀都市圈各城市的经济运行态势良好，和自身相比，敏感性降低、应对与恢复能力提升，经济子系统脆弱性随之大幅降低，成为脆弱性最低的子系统。但是，如果进行横向对比，京津冀则差距明显。

1. 敏感性的对比分析

虽然，京津冀都市圈各城市敏感性方面差距不大，但是也存在一些问题。

(1) 能耗与地方财政自给率

如表6-3所示，在研究期内，京津冀都市圈各城市的单位GDP能耗都在降低。但是河北单位GDP能耗要高于2012年的全国平均水平(0.764吨标准煤/万元)，而且拉大了与京津之间的差距。GDP能耗高，不仅经济运行成本高，而且经济对能源的依赖程度也高，必然导致经济子系统敏感性的提高；还会增加污染物的排放，加剧自然环境的脆弱性。

地方财政自给率是地方财政收入与财政支出的比率。研究期内，河北各市的财政自给率提高不明显，而且与京津差距拉大，如表6-3所示。这意味着河北各市的地方政府财政资金筹措能力低，对上级政府(河北省政府以及中央政府)的依赖程度高。在社会主义市场经济体制没有完全建立的背景下，经济的敏感性必然也高；同时，可能还会制约对各个子系统人为干预的能力和程度，进而影响应对与恢复能力的改善。

表6-3　京津冀都市圈单位GDP能耗和地方财政自给率

指标\地区	单位GDP耗能(吨标准煤/万元)		地方财政自给率(%)	
	2005年	2012年	2005年	2012年
北　京	0.79	0.436	86.86	90.61
天　津	1.05	0.670	75.06	82.12
石家庄	1.83	1.243	60.91	58.67
唐　山	2.95	1.915	60.74	61.41
秦皇岛	1.47	1.061	58.50	54.34
保　定	1.20	1.086	43.27	41.69
张家口	2.53	1.537	35.97	39.98
承　德	2.00	1.266	35.64	34.99
沧　州	1.06	1.273	49.50	45.76
廊　坊	0.97	1.045	50.64	64.23

数据来源：根据相关年份的《中国城市统计年鉴》整理计算而得。

(2) 产业结构和工业结构

京津冀产业发展存在明显的梯度差异，而河北内部工业结构存在着同构化问题，使得河北各市经济敏感性提高。

表6-4是京津冀都市圈产业结构变化情况表。从三次产业结构来看，北京第三产业已经成为经济发展的主要动力，2013年其比重达到了76.9%，早已实现了"三二一"的结构调整。按照库茨涅茨理论[294]及指标①，北京已经进入到了后工业化阶段，达到了发达国家的发展水平。天津的第三产业比重稳步增长，第二产业比重与河北一样，维持在50%以上水平；但是，天津已经发展到工业化的后期阶段，而除唐山、石家庄刚刚步入工业化后期阶段，河北总体和其他各市仍然处于工业化的早期阶段。京津冀之间在产业发展上存在着梯度落差。

表6-4　京津冀都市圈产业结构变化情况表

	2005年	2013年
北　京	1.42%：29.43%：69.15%	0.8%：22.3%：76.9%
天　津	3.04%：55.47%：41.49%	1.3%：50.6%：48.1%
石家庄	13.87%：48.45%：37.69%	9.8%：47.2%：43.0%
唐　山	11.65%：57.29%：31.06%	9.2%：58.7%：32.1%
秦皇岛	10.44%：38.76%：50.80%	14.7%：38.3%：47.0%
保　定	18.29%：48.80%：32.91%	13.9%：55.0%：31.1%*
张家口	16.20%：44.72%：39.08%	16.7%：42.9%：40.4%*
承　德	18.25%：50.94%：30.81%	16.8%：51.1%：32.1%
沧　州	11.97%：53.40%：34.63%	11.5%：52.4%：36.1%
廊　坊	16.22%：54.09%：29.69%	10.4%：52.6%：37.0%
河　北	14.36%：51.62%：34.03%	12.4%：52.1%：35.5%

注：保定、张家口为2012年数据。

数据来源：根据相关年份的《中国城市统计年鉴》整理而得。

随着天津、河北总体步入工业化中后期，工业产值在GDP中的比重越来越大，工业结构问题越来越重要。京津冀在工业内部，支柱产业整体上可以互补，已经出

---

① 工业化前期，第一产业产值比重＞第二产业产值比重；工业化初期，第一产业产值比重＜第二产业产值比重，且第一产业产值比重＞20%；工业化中期，第一产业产值比重＜20%，第二产业产值比重＞第三产业产值比重；工业化后期，第一产业产值比重＜10%，第二产业产值比重＞第三产业产值比重；后工业化阶段，第一产业产值比重＜10%，第二产业产值比重＜第三产业产值比重。

现了一个专业化分工格局[295]。在制造业这个大工业门类内，北京、天津、河北虽然存在着一定程度的相似性和同构性，尤其是津冀之间，但是京津冀各有侧重，大体是一种垂直分工、水平分工的体现[296]。河北省内部工业结构的"同构化"现状则较为严重[297]。另外，如第5章第1节所述，河北各市在战略性新兴产业选择上也存在趋同现象。可以设想，随着天津滨海新区开发开放上升为国家战略，众多国家级重大项目、高端项目在滨海新区的集聚，天津和河北在工业质量和数量方面的差距还将进一步拉大。

2. 应对与恢复能力的对比分析

经济子系统应对与恢复能力是经济发展水平的直接体现，也和物质资本、人力资本的投入水平有着直接的关联。

(1) 经济发展水平

在研究期初，京津冀都市圈的经济发展水平就已存在着明显差距，如表6-5所示。至研究期末，虽然河北和河北各市经济也有较快发展，但是从人均产值来看，2005年北京、天津分别是河北的3.1倍、2.4倍，至2012年分别是2.4倍、2.5倍，差距依然悬殊。

表6-5　京津冀都市圈经济发展水平对比表

指标 地区	地区GDP增长率(%)		人均地区生产总值(元)	
	2005年	2012年	2005年	2012年
北　京	11.8	7.7	45 444	87 475
天　津	14.7	13.8	35 783	93 173
河北省	13.4	9.6	14 814	36 584
石家庄	13.7	10.4	18 671	43 552
唐　山	15.1	10.4	28 006	76 643
秦皇岛	12.1	9.1	17 171	37 804
保　定	13.4	10.5	10 020	24 053
张家口	13.1	10.0	9 947	28 139
承　德	16.6	10.5	10 723	33 791
沧　州	17.0	10.6	16 581	38 949
廊　坊	13.1	9.7	15 727	40 598

数据来源：根据相关年份的《中国城市统计年鉴》整理计算而得。

(2) 资本投入水平

按照现代经济学的观点，资本可以分为物质资本和人力资本，笔者分别以固定资产投资和高技能人员(科研、技术服务和地质勘查从业人员)代表之，京津冀在资本投入方面同样差距显著。

表6-6是京津冀都市圈在研究期始末年份固定资产投资总额和投资密度(投资总额与行政区域面积之比)，差距非常明显。虽然长期依靠投资拉动经济发展的模式有着许多消极影响，但是在我国现阶段固定资产投资与经济增长的关系是强显著的[298]。

表6-6　京津冀都市圈固定资产投资对比表

指标 地区	2005年固定资产投资		2012年固定资产投资	
	投资总额(亿元)	投资密度(万元/平方公里)	投资总额(亿元)	投资密度(万元/平方公里)
北　京	2 827.20	1 722.75	6 416.58	3 909.93
天　津	1 516.84	1 289.83	8 340.26	7 092.06
河　北	4 501.62	237.50	18 755.05	989.48
石家庄	929.03	586.21	3 673.33	2 317.85
唐　山	635.70	471.87	3 017.17	2 239.58
秦皇岛	164.93	211.40	723.74	927.63
保　定	560.33	252.57	1 888.45	851.23
张家口	167.75	45.49	1 163.08	315.43
承　德	189.25	47.85	996.75	252.04
沧　州	354.52	252.27	1 891.87	1 346.24
廊　坊	341.61	531.36	1 282.12	1 994.27
京津冀	8 845.66	406.29	33 511.89	1 539.25
京津冀都市圈	7 687.15	416.92	29 393.34	1 594.16

数据来源：根据相关年份的《中国城市统计年鉴》整理计算而得。

高水平、高技能的劳动力是一种资本——人力资本，对经济发展的重要性越来越高，甚至超过了物质资本的贡献[225]。研究期始末，京津冀都市圈各城市高技能人员占从业人员比重如表6-7所示。北京遥遥领先，石家庄和保定强于天津，其余城市与京津差距突出。进一步分析所有从业人员受教育程度构成比，如表6-8所示，其差距依然同样存在。对从业人员受教育的平均年限进行估算，北京平均为13.10年，天津为11.10年，河北为9.63年[①]。

表6-7　京津冀都市圈高技能人员从业比重表

地区 \ 指标	科研、技术服务和地质勘查业从业人员比重(%)		地区 \ 指标	科研、技术服务和地质勘查业从业人员比重(%)	
	2005	2012		2005	2012
北　京	3.60	7.53	保　定	2.94	3.47
天　津	2.74	2.86	张家口	1.02	1.36
河　北	1.52	2.02	承　德	0.89	1.40
石家庄	2.39	3.27	沧　州	0.56	1.13
唐　山	0.50	0.58	廊　坊	1.90	1.83
秦皇岛	1.68	1.52			

数据来源：相关年份的《中国城市统计年鉴》。

表6-8　京津冀从业人员受教育程度构成比(2011年)

	未上过学	小学	初中	高中	大学专科	大学本科	研究生及以上
北京	0.4	3.4	22.0	23.9	17.9	25.6	6.77
天津	0.5	8.7	41.5	22.6	13.3	12.4	1.07
河北	1.0	14.6	57.4	15.8	6.8	4.1	0.24

数据来源：2012年《中国人口和就业统计年鉴》。

河北各市在物质资本和人力资本投入上与京津存在较大差距，必然导致其经济发展水平低，经济子系统应对与恢复能力相对不足；同时，也会造成河北各市对自然环境子系统和社会子系统经济支持的减少，制约区域系统应对各种不利扰动并从扰动的不利影响中恢复能力的改善与提高。

6.1.4　社会子系统脆弱性变化的致因分析

京津冀都市圈各城市社会子系统的敏感性近期都有所提高；同时，河北各市敏感性、应对与恢复能力与京津之间的相对差距扩大，由此造成社会子系统的变化格局。

---

① 用x_i表示各种从业人员的构成比例，y_i表示某类从业人员受教育年限。对y_i的取值做如下假设：小学学历从业人员受到6年教育，初中为9年，高中为12年，大专毕业为14.5年，本科毕业为16年，研究生及以上为20年，则从业人员平均受教育年限为$\sum x_i y_i$。

1. 敏感性的对比分析

(1) 敏感性的直接影响因素

从时间维度来看，多数城市的人口自然增长率、人口密度、城镇登记失业率、恩格尔系数，近期都发生了不利变动(如表6-9和表6-10所示)，敏感性提高，造成各城市社会子系统脆弱性在近年发生了波动。

总体而言，表6-9和表6-10的数据大都显示了京津冀之间存在着差距，使得河北各城市社会子系统的敏感性相对要高一些。

表6-9　京津冀都市圈人口自然增长率、人口密度、乡村人口比重对比表

指标 地区	人口自然增长率(‰)			人口密度(人/公里^2)			乡村人口比重(%)		
	2012年	2011年	2005年	2012年	2011年	2005年	2012年	2011年	2005年
北 京	6.80	5.6	0.45	1 006	991	911	13.8	13.8	16.4
天 津	2.63	5.1	2.55	1 098	1 103	1 038	19.1	19.5	24.9
河北省	10.70	6.4	6.59	2 878	2 701	2 405	77.2	77.3	79.1
石家庄	9.80	9.0	7.27	8 075	8 063	4 916	65.1	65.6	68.6
唐 山	6.70	3.2	6.08	2 638	2 480	2 431	70.9	71.1	71.7
秦皇岛	5.80	4.0	5.74	2 409	1 700	2 139	67.5	67.4	69.5
保 定	10.10	-0.1	7.51	3 472	3 464	3 228	82.8	82.8	84.9
张家口	4.30	4.0	4.56	2 394	2 392	1 057	77.8	78.2	81.1
承 德	8.20	4.8	6.09	762	759	652	85.0	85.2	86.8
沧 州	13.80	6.4	7.64	2 926	2 963	2 726	80.6	80.7	81.3
廊 坊	14.10	5.0	5.89	2 798	2 773	2 618	72.2	72.8	79.9

注：人口密度为市辖区人口密度。

数据来源：根据相关年份的《中国城市统计年鉴》整理计算而得。

表6-10　京津冀都市圈城镇登记失业率、居民恩格尔系数对比表

指标 地区	城镇登记失业率(%)			城镇居民恩格尔系数(%)			农村居民恩格尔系数(%)		
	2012年	2011年	2005年	2012年	2011年	2005年	2012年	2011年	2005年
北 京	1.27	1.39	2.11	31.3	31.4	31.8	33.2	32.4	32.8
天 津	3.60	3.60	3.70	36.7	36.2	36.7	36.7	36.2	38.3
河北省	3.69	3.75	3.93	33.6	33.8	34.6	33.9	33.5	41.0
石家庄	3.76	3.81	3.10	36.0	35.7	36.4	N	N	37.5
唐 山	4.00	4.00	2.80	33.9	34.7	36.4	34.4	36.5	39.7
秦皇岛	3.71	3.70	2.56	32.6	32.8	33.2	35.7	37.6	37.6

(续表)

指标 地区	城镇登记失业率(%)			城镇居民恩格尔系数(%)			农村居民恩格尔系数(%)		
	2012年	2011年	2005年	2012年	2011年	2005年	2012年	2011年	2005年
保　定	3.91	4.05	3.45	35.2	36.9	34.4	N	N	41.1
张家口	4.50	4.25	4.44	35.6	38.0	37.5	N	N	41.8
承　德	3.29	4.50	4.10	41.5	40.4	37.7	N	N	44.5
沧　州	4.50	3.73	3.57	34.4	35.4	33.7	N	N	38.3
廊　坊	2.00	2.00	1.20	27.2	28.8	32.9	N	N	39.1

注：N表示数据缺失。

数据来源：根据相关年份的《中国城市统计年鉴》整理而得。

从表6-9所列的数据来看，2012年、2011年与2005年相比，京津冀都市圈各城市人口自然增长率、人口密度都在提高。同时，京津冀常住人口还在以更快的速度增加，2000至2010年间的年均增长速度约为1.48%(超过人口自然增长率)，高于长三角、珠三角的增长速度。根据北京市第六次人口普查的结果[1]，2000至2010年的10年间，北京常住人口每年以3.8%的速度增加，外省市来京人员每年以10.6%的速度增加；而2013年与2010年相比，常住人口和外来人员净增加了7.8%和13.3%。天津第六次人口普查数据显示[2]，2000至2010年常住人口年增长率为2.6%，外来人员年增长率为3.5%；而2013年与2010年相比，常住人口和外来人员更是净增了13.8%和56.5%。这种人口的快速增长、大城市人口密度的提高，不仅会增加各种资源的消耗，使自然环境更加脆弱，而且还容易诱发社会问题，如就业难、就医难、交通难、住房难、子女上学难等现代城市病。而且，由于政策缘故，外来人员往往不能享受"市民待遇"；京津外来人员往往聚居在"城中村"、城乡结合部地带，与本地居民难以融合，成为社会不稳定因素。诸多问题累积日久，往往会造成社会子系统敏感性增加，进一步导致社会子系统脆弱性的升高。2005年法国巴黎骚乱和2011年英国伦敦骚乱在一定程度上就是大量外来移民聚集，又受到城市空间的隔离，从而诱发的大规模恶性冲突。

---

① 北京市第六次全国人口普查领导小组办公室，北京市统计局，国家统计局北京调查总队. 北京市2010年第六次全国人口普查主要数据公报[EB/OL]. http://www.bjstats.gov.cn/xwgb/tjgb/pcgb/201105/t20110504_201363.html.

② 天津市统计局. 天津市2010年第六次全国人口普查主要数据公报[EB/OL]. http://www.stats-tj.gov.cn/Article/tjgb/pcgb/201105/17511.html.

河北是京津外来人口的第一源头，而且多数是受过较多教育、培训的青壮年劳动力[299]。这必然又会对河北的发展造成更深、更远的不良影响。

(2) "环京津贫困带"

"环京津贫困带"(第5章第5节)也是社会子系的一个重要敏感源和复合式脆弱性的扰动因素，其产生和长时间存在有着多方面的原因。

首先是自然条件恶劣、生态环境脆弱。明清以来的多次大规模毁林(草)开荒，贫困带地区生态环境受到空前破坏，土地风蚀沙化严重，以致风沙、干旱、霜冻、风雹等自然灾害频繁发生，农牧民经济损失严重。

其次，"环京津贫困带"是由于生态职责与权益不对等所造成的生态抑制型贫困。在行政命令的干预下，以牺牲经济社会发展为代价，张承地区履行了京津生态屏障和涵养水源的生态职责，却没有得到对等的权益。各项生态工程的实施，不仅需要当地政府的人力、物力、财力投入，而且还要承受由此造成的工农牧业损失。例如，为了限制耗水和有污染企业，"张家口10年间就关闭取缔企业486家，放弃大型项目40多项；承德20年里禁上项目800多个，关停企业达320多家，每年减少利税十几亿元"[①]。以张家口赤城县(国家级贫困县)为例，"在生态工程实施前，畜牧业是全县的主导产业，畜存栏量达100多万只；现在畜存栏量不足20万只"[②]。赤城县只是张承地区畜牧业所受影响的一个缩影。另外，由于退耕补贴发放不及时，退耕农民缺乏技术培训以及退耕补助期限的"一刀切"等原因，2002年实施的退耕还林(草)工程并没有对贫困地区经济的发展起到应有的作用[300]。河北省在经济不发达的情况下，保护、维系着京津冀的生态环境；在水资源也很匮乏的情况下，必须优先保障京津用水。多年来，贫困地区无偿地为发达地区进行奉献，即使后来有了补偿，其补偿数量也不是按照市场化科学计算的结果，而且多数补偿属于临时动议，没有形成稳定长效的机制[301]。

2. 应对与恢复能力的对比分析

河北各市与京津在基础设施、科教卫生、人力资源等方面存在的差距，致使其社会子系统的应对与恢复能力相对较低，如表6-11和表6-12所示。

---

① 张淑会. 合作共建维护京津冀区域生态环境[N]. 河北日报，2009-08-07(002版).
② 张洪河，张涛，霍小龙，等. 京津冀都市圈正在形成"产业悬崖"[N]. 经济参考报，2010-08-09(005版).

表6-11　京津冀都市圈基础设施对比表

指标 地区	互联网用户数(户/万人)			公共汽车拥有量(人/万人)			城市道路面积(平方米/人)		
	2012年	2011年	2005年	2012年	2011年	2005年	2012年	2011年	2005年
北　京	4 408	4 096	3 224	18	18	19	7.5	7.6	14.6
天　津	2 155	1 909	2 208	10	9	9	14.3	12.9	8.7
河北省	1 010	1 151	461	11	11	7	15.4	15.4	9.6
石家庄	1 850	1 673	1 073	17	19	8	17.3	17.1	8.6
唐　山	1 658	1 497	370	6	6	6	9.4	9.8	6.5
秦皇岛	1 923	1 809	918	10	11	10	21.5	21.1	14.9
保　定	N	1 058	362	12	10	6	18.3	17.9	12.1
张家口	1 046	880	355	10	7	8	14.7	14.4	9.2
承　德	1 088	908	285	11	12	7	12.1	11.9	8.0
沧　州	N	856	239	11	12	7	17.5	17.3	14.5
廊　坊	1 777	1 631	382	7	6	3	10.8	10.8	7.2

注：N表示数据缺失。

数据来源：根据相关年份的《中国城市统计年鉴》整理计算而得。

表6-12　京津冀都市圈科技教育支出对比表

指标 地区	科技支出占地方财政支出比重(%)			教育支出占地方财政支出比重(%)		
	2012年	2011年	2005年	2012年	2011年	2005年
北　京	5.47	5.64	1.49	17.18	16.03	13.78
天　津	3.57	3.35	0.63	17.67	16.83	15.20
河北省	1.05	0.88	0.26	21.79	19.86	20.63
石家庄	1.62	1.57	0.42	23.55	21.69	22.27
唐　山	2.16	1.40	0.20	19.90	17.73	16.29
秦皇岛	0.60	0.64	0.14	17.44	15.15	18.31
保　定	0.50	0.47	0.14	20.59	19.80	21.49
张家口	0.49	0.44	0.25	19.37	17.54	15.31
承　德	0.67	0.71	0.23	21.82	20.17	20.64
沧　州	0.47	0.43	0.35	23.68	20.57	25.81
廊　坊	1.26	1.22	0.44	20.98	19.05	25.01

数据来源：根据相关年份的《中国城市统计年鉴》整理计算而得。

表6-11是京津冀都市圈基础设施情况。北京、天津通讯设施方面的优势始终明显，不过由于近年来常住人口的快速增加，京津在交通设施方面的优势已不明显，

天津在万人公共汽车拥有量方面、北京在人均道路面积方面已经落后于河北各市。不过，根据陈杰、陆锋(2008)利用重力模型和格网分析法，对京津冀铁路、高速公路、国道、省道、县道、乡村公路构成的交通网络的分析表明，天津的区位与交通可达性最高，北京次之，承德和张家口处于劣势；整个都市圈区位优势等级表现出一种以天津、北京为中心向外逐级递减的状况[302]。

表6-12是反映京津冀都市圈科技教育投入情况的指标。京津教育支出占地方财政支出的比例始终低于河北各市，但是考虑到京津经济规模总量较大，河北各市也无绝对优势；而科技投入方面的差距被明显地快速拉大。张换兆等(2011)对京津冀科技创新能力的实证分析表明，研发效率(以科技论文、论著、专利衡量)由高到低是京、津、冀，而且天津、北京与国际接轨的程度高于河北，河北在创新环境、科技创新贡献方面落后许多；同时，京津冀科技创新之间的联系和协作程度也较低[303]。

温家宝同志说过："只有一流的教育才能培养一流人才建设一流国家。"① 而高等院校最是人才培养、科学研究的主要场所，而京津冀高等教育之间的差距也很大。京津冀共有各类高校(包括普通本科院校、独立学院、高职高专学校)252所，北京87所，天津55所，河北110所。这样的数字看似均衡，但是在高水平本科院校(211院校、985院校)、师资队伍(特别是在高校工作的两院院士)、政府(中央和地方)对高校投资等方面是典型的京、津、冀梯度分布[304]；而且河北高校分布极不均衡，主要集中于石家庄、保定以及廊坊[305]。

京津冀都市圈各城市的医疗卫生条件也相差较大，如表6-13所示。根据《中国卫生统计年鉴2012》数据，北京有三甲医院有78家，天津有59家，河北(不包括邯郸、邢台、衡水)有54家；而且河北的三甲医院分布也不均匀，主要集中在石家庄、唐山以及保定。

表6-13 京津冀都市圈医疗卫生条件对比表

指标 地区	万人拥有的医生数(人/万人)			万人拥有的医院、卫生院床位数(张/万人)		
	2012年	2011年	2005年	2012年	2011年	2005年
北 京	63.35	54.58	42.89	71.38	68.55	64.39
天 津	30.92	29.94	23.97	49.23	44.82	42.04
河北省	18.98	17.04	12.25	33.85	33.55	22.43

---

① 刘莉. 温家宝：只有一流的教育才能培养一流人才建设一流国家[EB/OL]. http://2010lianghui.people.com.cn/GB/181624/11080916.html.

（续表）

指标 地区	万人拥有的医生数(人/万人)			万人拥有的医院、卫生院床位数(张/万人)		
	2012年	2011年	2005年	2012年	2011年	2005年
石家庄	23.00	22.02	13.92	41.38	37.88	25.43
唐 山	24.07	21.85	15.73	38.01	43.56	32.72
秦皇岛	24.68	22.67	16.24	36.29	40.42	22.05
保 定	16.79	14.22	9.38	31.60	27.30	16.81
张家口	14.23	13.39	11.67	25.63	31.98	24.01
承 德	19.83	18.60	13.75	42.60	35.95	24.80
沧 州	19.55	16.69	12.38	26.70	32.18	18.16
廊 坊	19.96	18.68	12.31	35.49	35.24	21.99

数据来源：根据相关年份的《中国城市统计年鉴》整理而得。

如表6-14所示，河北各市在万人大学生数方面远远落后于北京、天津。如果再结合上一小节估算的从业人员平均受教育年限(北京13.10年，天津11.10年，河北9.63年)，以及本小节劳动力由河北向京津的单向流动状况和教育发展的差距，河北各市的人力资源水平发展现状和前景同样令人担忧。

表6-14　京津冀都市圈在校大学生数、第三产业就业比例、居民收入对比表

指标 地区	万人在校大学生数 (人/万人)		第三产业就业人数 比例(%)		城镇居民人均可支 配收入(元/人)		农民人均纯收入 (元/人)	
	2012年	2005年	2012年	2005年	2012年	2005年	2005年	2012年
北 京	448.4	454.6	77.0	66.6	36 469.0	17 653.0	5 515.0	16 476.0
天 津	476.4	348.6	43.6	49.4	29 626.0	12 638.6	7 202.0	13 571.0
河北省	160.4	111.6	54.8	57.9	20 543.0	9 107.1	3 481.6	8 081.0
石家庄	393.5	289.1	62.3	58.5	23 038.5	10 039.8	4 117.6	8 993.0
唐 山	169.2	100.7	43.4	43.9	24 357.7	10 487.9	4 581.0	10 698.0
秦皇岛	534.2	260.9	58.8	63.4	22 098.4	9 802.4	3 376.3	8 315.0
保 定	121.3	110.6	44.7	60.1	19 047.7	9 194.7	3 470.5	7 696.0
张家口	97.1	64.7	62.0	58.9	18 440.9	77 14.2	2 329.0	5 564.0
承 德	109.5	66.7	66.5	62.4	18 706.0	78 44.6	2 581.6	5 546.0
沧 州	68.9	31.9	58.9	58.7	20 805.5	85 97.1	3 310.6	7 514.0
廊 坊	242.6	172.8	52.9	72.3	24 871.9	10 165.2	4 621.2	10 447.0

数据来源：根据相关年份的《中国城市统计年鉴》整理计算而得。

从工业化国家的发展历程来看，劳动力的产业流动规律是由第一产业向第二产

业流动，进而由第一、第二产业向第三产业流动。第三产业越发达，越容易创造新的就业岗位，吸纳更多的失业人员。表6-14的从业人员第三产业就业比例显示出一种京、冀、津的局面，河北各市要优于天津。不过，河北各市第三产业产值比重相对于就业人数比重并不高。

根据表6-14的数据，研究期内，城镇居民和农村居民收入方面，京津与河北之间的相对差距虽然在变小，但是其绝对差距依然较大，表明河北各市居民依靠自身财力处置各种事件的能力相对不足。

6.1.5 政策因素的影响分析

应对与恢复能力不仅受到区域系统及其子系统结构和功能，即系统内部因素的决定和影响，而且还会因为获得更大尺度空间上的域外援助而发生改变，如国家区域经济政策以及由此而引致的区域规划、重大项目布局、财政资金注入等。在社会主义市场经济体制尚未建成的前提下，区域系统中各行政单元的行政级别、经济发展水平、区位条件、资源禀赋、历史文化、政治等，都会有形无形地、直接间接地影响着域外资源的可获得性，在很大程度上影响着应对与恢复能力的改善和提升，进而影响脆弱性。

河北与京津所享受的政策差距巨大，甚至可谓"天壤之别"。北京文化历史悠久，是中华人民共和国首都，还是直辖市，政治地位突出，自身经济社会发展水平也高，必先受到国家政策的眷顾。天津是直辖市、北方经济中心，经济社会发展水平也很高，而且2006年滨海新区的开发开放又上升为国家战略，天津被誉为"中国经济新的增长极"，天津由此会更多地获益于国家区域经济政策带来的实惠。河北只能"甘居小弟"，承担着"拱卫京津"的责任与义务，河北既要保障京津的"菜篮子、米袋子"，又要为京津阻挡风沙、献上"甘霖"。作为京津生态屏障，河北(承德、张家口)的付出不仅没有得到回报[306]，而且还因为"虹吸效应"失去并不充裕的诸多资源[307]。

北京、天津的特殊地位和国家改革开放政策优势的逐年累积[308]，使得京津获得了更多的域外援助与支持，河北与京津在应对与恢复能力方面的差距也就因此在自然环境、经济、社会等方面全面体现，并逐渐拉大。其实，这种现象在河北内部也同样存在。石家庄之所以"一枝独秀"于河北，在一定程度上，也是因为受益于其河北省省会的地位；而唐山、沧州经济子系统脆弱性在近期的大幅降低也和唐山曹妃甸经济技术开发区、沧州临港经济技术开发区升级为国家级经济技术开发区不无关系。

6.2　降低脆弱性促进京津冀都市圈可持续协同发展

6.2.1　概述

按照2005至2012年京津冀都市圈敏感性、应对与恢复能力的变化特征，和由此导致的脆弱性在时间维度、空间维度上的累积变化现状，可以预见，如果没有有关政策措施的调控与引导，那么"京津冀都市圈自然环境子系统最为脆弱，社会子系统次之，随后是经济子系统的格局"还会继续；河北和京津之间的敏感性、应对与恢复能力的差距也会在自然环境、经济、社会诸多方面存在，甚至进一步拉大，京津冀都市圈发展脆弱性势必激增。那么，京津冀都市圈不仅在自然环境、经济、社会方面的发展难以协调，而且在时间维度、空间维度上的发展也难以协同，最终影响京津冀的可持续协同发展。

结合脆弱性评价结果和致因分析，笔者认为可以从把握京津冀协同发展的战略契机、优先解决自然环境问题、尽快降低社会子系统的敏感性、全面促进经济的协同发展等几个方面着手，降低京津冀都市圈发展的脆弱性，以利京津冀可持续协同发展。

6.2.2　把握京津冀协同发展的战略契机

2014年2月26日，在北京召开的京津冀协同发展座谈会上，习近平总书记强调："推进京津冀协同发展，要立足各自比较优势、立足现代产业分工要求、立足区域优势互补原则、立足合作共赢理念，以京津冀城市群建设为载体、以优化区域分工和产业布局为重点、以资源要素空间统筹规划利用为主线、以构建长效体制机制为抓手，从广度和深度上加快发展；推进京津双城联动发展，要加快破解双城联动发展存在的体制机制障碍，按照优势互补、互利共赢、区域一体的原则，将区域基础设施一体化和大气污染联防联控作为优先领域，以产业结构优化升级和实现创新驱动发展为合作重点，把合作发展的重点放在联动上，努力实现优势互补、良性互动、共赢发展。"①同时，习总书记还提出了七点要求："着力加强顶层设计，加大对协同发展的推动，加快推进产业对接协作，调整优化城市布局和空间结构，扩大环境容量生态空间，构建现代化交通网络系统，加快推进市场一体化进程。"②

这是对京津冀发展状况的科学论断和重大的战略部署，更有助于有效破解大区域协同发展，提高京津冀发展的可持续性[309]；也标志着京津冀协同发展已经上升为重大的国家战略。

在京津冀协同发展的国家战略背景下，相关的政策措施会相继出台，京津冀政府、企业、机构会开展更宽领域、更深层次、更高水平的交流与合作。紧紧把握京津冀协同发展已上升为国家战略的契机，这种政治氛围必将有利于京津冀都市圈发展脆弱性诸多问题的有效解决。当然脆弱性在时间维度和空间维度上的降低也有利于京津冀的协同发展。因为，协同发展主张人类社会的协调发展，注重发展的时间连续性和空间和谐性[310, 311]。

为了更好地"着力加强顶层设计""自觉打破自家'一亩三分地'的思维定式，抱团朝着顶层设计的目标一起做"③，消除京津冀都市圈各城市行政级别差异对府际合作的阻碍[312]，应该成立由国务院主要领导挂帅的"京津冀协同发展领导小组"，顶层设计"京津冀地区区域规划"，协调各地各级政府之间的关系以使京津冀以及各城市之间有一个相对平等的关系；领导小组要主持京津冀协同发展的重大决策，如城市功能定位、产业布局与分工、基础设施配套、综合交通体系等。这也有助于各城市，尤其是河北各城市，应对与恢复能力的提升与改善。但是，领导小组应该是一个过渡性的机构，最终还应该依靠市场机制来推动生产要素在京津冀自由流动和优化配置。

6.2.3 优先解决自然环境问题

无论是从时间维度来看，还是从空间维度来看，京津冀都市圈自然环境子系统的脆弱性最为明显，应予以优先解决。

---

① 新华社. 优势互补互利共赢扎实推进努力实现京津冀一体化发展[N]. 人民日报, 2014-02-28(01版).
② 新华社. 优势互补互利共赢扎实推进努力实现京津冀一体化发展[N]. 人民日报, 2014-02-28(01版).
③ 陈叶军. 京津冀一体化破题关键在平等协同发展[N]. 中国社会科学报, 2014-04-25(A01版).

应该说京津冀的自然环境问题一向倍受重视，新世纪以来，国家已投入大量人力、物力、资金，并辅以相关政策法规，开展生态工程建设。如河北省京津周围绿化重点工程项目(1999至2006年，总投资3.2亿元)，21世纪初期首都水资源可持续利用规划项目(2001至2005年，总投资221.47亿元)，京津风沙源治理工程项目(一期工程2002至2012年，总投资412亿元；二期工程2013至2022年，计划总投资877.92亿元)。再比如从2000年开始在坝上地区实施的退耕还林还草政策，等等。经过多年的努力，京津冀西北部地区的自然环境有了一定改观。坝上地区2008年森林覆盖率达到了35.61%，比2000年提高了9.29个百分点；天然草地植被盖度由不足45%增加到70%左右；2009年张承地区沙化土地面积比2004年减少了3.02万公顷[313]。

但是，京津冀风沙还经常肆虐，自然灾害也频繁发生，工业污染物排放总量仍然非常高。说明京津冀都市圈自然环境依然非常脆弱，而迫在眉睫的就是水和雾霾问题。

1. 水危机的化解

京津冀水危机问题可以概括为"质、量、养"。首先是"质"，即水环境质量差，污染严重，这是最为突出的问题；"量"是指京津冀水资源匮乏，总量难以满足需求；"养"是指京津冀水资源涵养，即缺乏合理的生态补偿机制协调张家口、承德的责任与权益。

化解京津冀水危机，首先要做好海河流域的水污染防治，优先确保饮用水的安全，妥善协调好上中下游的关系，实现流域内跨界水污染的协同治理。海河流域的整体治理策略可以概括为[314]：上游通过土砂总产量管控、土石潜势溪流防治、土坡地监督与管理、综合土砂治理、水库清淤等做好水源地保护；中下游则以蓄洪、山坡地水土保持、河道恢复与疏浚、稳定取水、改善水质为主；滨海地区以河口生态和滨海湿地生态系统保护为主，防止功能退化。另外，还要重点解决污染物排放问题。通过产业结构调整和相关政策法规，限制高耗水、高污染项目，发展清洁生产和循环经济，减少工业污染的排放量；完善农田水利设施、优化农业种植结构、减少化肥农药施用量，扶持发展无公害的生态农业；还要重点对农村地区生活污水集中处理、生活垃圾的无害化处理以减少居民日常生活对水体的污染。

其次是解决水资源量的问题。由于供需的不平衡，海河流域的年均缺水量约为100亿立方米，缺水率高达21%[315]，居民生活和工农业生产都受到了严重影响。

2014年9月，南水北调中线工程就可通水，京津冀的缺水问题可望得到缓解。不过，即使南水北调引水成功后，京津冀水资源承载力有所提升，社会福利水平也可能会由于人口的增长而得不到显著提高[316]。因此，京津冀都市圈还要努力开发非传统水源——海水淡化。目前，海水淡化技术已经基本成熟，天津滨海新区的海水淡化示范项目在"十一五"期间就已建成，沧州、唐山的海水淡化项目也已先后投产运行。海水淡化不仅属于战略性新兴产业，而且其成本已降至3～5元/吨，具有一定的成本优势(引滦入津2.3元/吨，南水北调至京5～20元/吨)[317]。所以，政府应该把海水淡化作为一个重要的非传统水源，进行扶持引导。"节流"与"开源"同样重要，还要通过政府、企业、居民的共同努力，在京津冀努力建成节水型社会。

第三，建立水源涵养区长效生态补偿机制。多年来，海河上游的张家口、承德为京津的蓝天碧水做出了重大牺牲，却没有得到应有的补偿，经济社会发展水平也随之受到了严重影响，"环京津贫困带"的长期存在和难以解决与此有着重要的关系[318]。通过海河水源涵养区长效生态补偿机制的建立，强化张承地区的生态屏障功能，助推"环京津贫困带"问题的解决。(详见下一小节)

2. 治理雾霾

雾霾是又一困扰京津冀的环境难题，严重威胁着公众健康。根据本章第1节关于PM2.5来源的介绍，京津冀要加快雾霾治理协作机制建立，实现京津冀的联防联控(甚至更大范围的联防联控)，做好区域内空气污染的监测、预警、预报、应急和节能减排，并把治理和扶持工作的重点放在河北各市。在政府的引导下，京津冀要大力调整能源结构，降低煤炭消费比重，以新的可再生能源发电方式替代原有的燃煤发电；压、减、限钢铁厂、水泥厂、焦化厂、制砖厂产量，并对生产过程进行脱硫脱硝防尘技术改造；推广新能源汽车，限号限行限购，严格"黄标车"通行管理，提升油品质量，减少机动车尾气排放[319]。

6.2.4 尽快降低社会子系统的敏感性

在高敏感性的作用下，近年来社会子系统的脆弱性在京津冀都市圈各城市中大都上升到第二位；而京津冀常住人口的快速增长和"环京津贫困带"则是影响敏感性的主要因素。当然，相对于京津而言，河北各市的应对与恢复能力以及敏感性都处在不利地位。但是，随着经济社会的发展，诸如居民收入、科技教育、医疗卫生、基础设施等都会得到逐步解决。近期要重点解决人口和"环京津贫困带"问题。

1. 减轻化解人口压力

根据第六次人口普查数据，2000至2010年，京津冀常住人口快速增长，而在外来人口的带动下，北京、天津2013年的常住人口与2010年相比，更是分别增加了7.8%和13.8%，而河北又是京津外来人员的第一源头。人口在京津的大规模集聚，极易诱发严重的社会问题，也会给生态环境带来更大压力，所以要积极减轻化解。

劳动力流动的根本原因是追求经济利益，河北和京津经济发展水平的巨大落差起着关键作用。所以，从长远来看，京津冀的协同发展是最终的解决之道；而现阶段可以从以下两个方面着手：

第一，以新的城市功能定位和产业分工带动人口转移。在京津冀协同发展的背景下，京津冀三地城市功能要重新定位、产业要重新分工；国家财税政策、投资政策也会随之倾斜，新项目的布局、老项目的转移改造也会随之而来。如果辅以相应的政策引导，就可以带动人力资源的重新配置，促进人口的转移。

第二，完善城市体系，以中小城市(城镇)建设吸引人口向大城市周边地区转移。京津冀常住人口规模大，增速快，但是主要还是集中在京津冀各城市的市辖区[320]，河北各市市辖区的人口密度甚至大都超过北京、天津市辖区人口密度(见表6-9)。京津冀都市圈城市体系发育不足，首位城市垄断性较强[321]。在京津这两个特大城市之间缺乏像长三角地区南京、杭州、苏州这样的大城市，也没有像常熟、江阴这样一批中小城市。中小城市(城镇)对人口的吸纳能力不足，直接原因在于京津周边经济发展水平不高和京津对周边资源的"虹吸效应"[322]。在京津冀协同发展的战略背景下，要缩小河北与京津经济社会发展差距，促进石家庄、唐山、保定发展成为京津冀都市圈的大城市、次级中心，促进张家口、承德、秦皇岛、廊坊、沧州成长为服务京津的特色功能城市。参考国外多中心大城市的空间布局模式[323]，围绕特大城市、大城市形成若干个人口规模不等、功能不同，但是又相互联系、产业上既有分工又有合作的二三级城市(城镇)群，吸引人口向周边城市(城镇)转移。河北省要把京津周边的"一批县(市)建设成规模适度、特色鲜明、设施完善、生态宜居的卫星城市"①，以吸引人口的转移。能否提供充足的就业岗位、完善的交通设施和生活服务

---

① 中共河北省委，河北省人民政府.关于推进新型城镇化的意见[N].河北日报，2014-04-11(003版).

设施是吸引人口转移的关键。

2. 解决好"环京津贫困带"问题

根据本章等1节"环京津贫困带"的分析,可以从以下几个方面着手解决这一"达摩克利斯之剑"问题:

第一,京津冀携手解决"环京津贫困带"问题。"环京津贫困带"是一种生态抑制型贫困,其产生和长时间存在都与保护京津生态环境有着因果关系,北京、天津有义务与河北携手解决"环京津贫困带"问题;在京津冀协同发展的大背景下更应如此。京津冀应该尽快制定京津冀生态环境建设跨区域综合规划,设立环京津生态建设国家试验区,统筹区域内的生态建设、扶贫、移民、公共服务等各项工作,并以生态环境的共同建设作为解决"环京津贫困带"问题的突破口;同时,国家也要对试验区给予相应的政策倾斜,力争在京津西北部尽快建立一个消除贫困的扇形生态保护区域[324]。

第二,建立长期有效的生态补偿机制。"谁保护,谁受益"原则(Provider Gets Principle,PGP)和"谁受益,谁补偿"原则(Beneficiary Pays Principle,BPP)是较为公认的生态补偿原则[325]。河北(张承地区)对京津生态环境进行保护,应该得到补偿;京津享受到了生态环境保护服务,应该对河北进行补偿。鉴于京津冀的特殊性和我国的现实情况,近期生态补偿应该在中央政府主导下强制实施。其一,在"京津冀协同发展领导小组"的领导和协调下,建立海河流域上中下游的战略合作框架,以水质、水量为度量尺度的补偿标准和补偿方式,并使之制度化和长期化。其二,建立京津冀生态建设专项资金,由中央政府按照经济社会发展水平、水资源使用规模等向京津以及河北的石家庄、唐山等受益城市收取,用于张承地区的风沙治理、水源涵养以及农牧民经济损失的补偿。其三,完善立法,明确环境资源产权制度,促进水资源使用权交易的合法化,力争逐步使水资源交易(生态补偿)走向市场。

第三,培育与生态环境协调的相关产业,带动贫困地区的发展。充分发挥贫困地区资源的比较优势,京津冀共同选择、培育与生态环境相适宜的特色产业,带动贫困地区的发展。如利用劳动力资源丰富、工资水平低的优势,发展劳动密集型产业,争取成为京津高技术产业和先进制造业的生产加工配套基地、原材料基地;开发红色资源、人文资源、旅游资源,提高基础设施和生活服务设施水平,建设现代化的红色革命教育基地、中华历史文化传承教育基地、休闲旅游度假基地等；发展适合于荒漠干旱地区的马铃薯、苜蓿、蓖麻等的种植、加工产业，以提高农民的收入水平。

6.2.5 全面促进经济协同发展

经济子系统具有物质生产和再生产功能，能够为其自身以及区域系统的发展提供物质支持。所以经济的协同发展，不仅可以降低京津冀经济子系统的脆弱性，而且也有助于自然环境子系统、社会子系统应对与恢复能力的改善提升，进而全方位降低发展的脆弱性。

1. 优化产业分工

产业结构问题不仅造成京津冀经济子系统的敏感性的提高，而且也影响着经济的发展水平。京津冀经济的发展，要根据各自的比较优势，按照区域优势互补原则和现代化产业结构要求优化产业分工。

北京要坚持和强化首都的核心功能：政治中心、文化中心、国际交流中心、科技创新中心，调整疏解非首都核心功能，转移不符合核心功能的产业[326]。2014年3月，河北省出台的《关于推进新型城镇化的意见》提出，"充分发挥保定和廊坊首都功能疏解及生态建设的服务作用，进一步强化石家庄、唐山在京津冀区域中的两翼辐射带动功能"；在产业布局方面，"京津周边地区积极主动为京津搞好服务，承接资金、人才、产业、技术等方面的转移"①。天津则起着一种承上启下的作用，既要服务北京，又要对接河北。"北京(天津)要舍，河北(天津)要得。"河北(天津)要成为首都功能疏解和京津产业转移的承载地，成为协同发展战略展开的腹地。京津冀三地产业的发展，北京服务主导和创新主导，天津高端制造和技术集约，河北打造现代制造产业带和沿海重化工产业带[327]。

京津冀产业转移有3种形式[328]：其一是产业平移，即北京将某一制造企业整体迁至河北(天津)。由于北京的制造业多数属于高新技术产业，所以产业整体平移不会很多，而且首选目的地应该是河北。其二是产业延伸，即北京某一企业把产业链条的一部分，如后方养殖基地、原材料基地等，设在河北(天津)。这种产业延伸的转移

---

① 中共河北省委，河北省人民政府. 关于推进新型城镇化的意见[N]. 河北日报，2014-04-11(003版).

形式在制造业和服务业都可以采用，而且也是河北以及天津应该重点承接的。其三是功能拓展，即北京某部委、央企在天津(河北)设立相关机构，如评估机构、验证机构等，而天津承接的应该多是功能拓展这种形式的产业转移。

河北要改善环境条件、完善基础设施、树立服务意识，展示各城市的优势和特色，吸引京津产业转移；同时，河北也要做好自身产业的转型和升级，奠定自身产业基础，主动和北京、天津的企业、产业进行对接[329]。

2. 谱写京津"双城记"

在百余公里的区域空间内，两个千万人口的特大城市并立，这在全世界范围内也是少有的。北京、天津不仅在地理位置、空间结构上处在京津冀都市圈的中心地带，而且其经济实力更是突出，2013年，北京天津地区生产总值之和占到都市圈(不包括河北南部三市)的63.6%和京津冀总和的54.5%。"谱写新时代社会主义现代化的京津'双城记'"①，是京津冀协同发展的关键之所在，而且还可以为并立特大城市的可持续发展提供典范。

北京、天津各具优势：北京是共和国的首都，其总部优势、科技人才优势、全国交通枢纽优势明显，应该是京津冀都市圈的首位和核心城市；而天津的现代制造业优势、港口优势以及科技人才优势等也使其在全国名列前茅[327]。京津联动意义重大。

北京、天津要重点加强技术创新方面的联系和协作。天津可以以天津未来科技城(坐落于滨海新区)为主要依托，以雄厚的科技资源和产业基础为后盾，加速原始高科技创新成果的孵化、转化、产业化，形成北京科技研发—天津应用研究转化与高端制造的京津对接模式[330]；北京天津要在新能源与新能源汽车、电子信息与通讯设备、航空航天、生物医药、国防科技、光机电一体化等战略性新兴产业领域重点协作，加强对河北和京津冀沿海地区的辐射带动作用[324, 331]。为此，天津要做好区域规划研究，主动为京津"双城记"提供服务与保障。

3. 共同推动沿海经济区的发展

京津冀都市圈沿海地区的经济发展水平都较高，但是在现有行政体制的约束下，各城市之间、各个国家级高新技术开发区和经济技术开发区之间、各个港口之

---

① 新华社. 优势互补互利共赢扎实推进努力实现京津冀一体化发展[N]. 人民日报，2014-02-28(01版).

间，独自发展，甚至存在重复建设和无序竞争。在协同发展的背景下，京津冀要共同推动沿海经济区的发展。

在"京津冀协同发展领导小组"的领导下，借助于市场力量，引导各种生产要素自由流动和优化配置，整合津冀港口体系，协同资源开发利用和公共交通系统建设，优化京津冀沿海经济区的产业发展战略和产业准入标准，在沿海地区形成以滨海新区为龙头、具有世界水平的现代制造业基地和战略性新兴产业示范区，推动钢铁、石化等传统高耗能、高耗水、高排放产业的技术改造，以京津冀沿海地区经济的发展辐射带动腹地，全面缩小京津冀经济发展的差距[324]。

第7章 总结与展望

　　本书以京津冀都市圈为例，按照脆弱性研究范式，研究区域可持续发展的"反问题"——脆弱性问题，旨在通过降低脆弱性促进区域系统的可持续协同发展，是一种新的探索与尝试。本章对研究的内容加以总结，并在此基础上，提出今后应进一步深入研究的内容与方向。

▦ 7.1 研究总结

通过研究，笔者得出以下主要结论。

1. 相关领域脆弱性研究成果的梳理

对灾害学、生态学、地下水3个经典领域以及区域系统、人地系统两个新拓展领域脆弱性相关研究成果的梳理表明：脆弱性的研究视野在逐步扩大；作为一个相对概念，脆弱性随之发展演变成了一个概念体系，脆弱性大都被认为是系统测量标准或应对能力的集合或系统在扰动下遭受损失的可能性、遭受损失程度以及状态等的整合；敏感(性)是几乎所有领域脆弱性研究都涉及的要素，其次是应对(能力)，部分涉及恢复(能力)，近年来暴露(性)鲜有涉及。

2. 区域发展脆弱性理论

笔者认为区域发展脆弱性，是可持续发展的时间函数和空间函数，是衡量区域系统可持续发展水平、趋势、可能性的一种量度，是区域系统发展过程中遭受内外部扰动时表现出来的固有属性，和敏感性正相关，和应对与恢复能力负相关；时间性、空间性和可调控性是其主要特征。就区域发展脆弱性的形成而言，扰动是诱因，敏感性是前提，应对与恢复能力是决定脆弱性的根本，而区域系统整体脆弱性则是由自然环境、经济、社会3个子系统的脆弱性演化而来的。区域发展脆弱性又可以区分为累积式脆弱性、冲击式脆弱性和复合式脆弱性。

3. 区域发展脆弱性评价模型

在借鉴相关领域脆弱性分析框架、概念模型和评价方法的基础上，根据不同类型脆弱性的特征和形成机理，笔者提出了不同类型脆弱性评价的基本思路，建立了基于熵权法和集对分析法的累积式脆弱性评价模型、基于自组织特征映射神经网络(SOFM)的冲击式脆弱性评价模型以及复合式脆弱性评价分析流程。

4. 京津冀都市圈发展脆弱性评价

基于时间维度的累积式脆弱性评价结果表明，京津冀都市圈各城市整体脆弱性大都呈下降趋势；但是，由于自然环境子系统、社会子系统脆弱性变化的影响，2010年后，各城市整体脆弱性都出现了明显的波动，甚至上升。具体评价结果是，除北京、天津、承德、张家口基本未变外，其余城市自然环境子系统脆弱性明显增加；各城市社会子系统脆弱性总体上呈一种下降趋势，但从2010年前后开始，包括北京、天津在内，多数城市社会子系统脆弱性处在波动变化中；只有经济子系统脆弱性呈现大幅下降。造成时间维度脆弱性这种不利变化的直接原因在于敏感性累积增加，尤其是在近期，河北的秦皇岛、唐山、廊坊、保定、沧州自然环境和社会子系统的敏感性都有一个较大幅度的提高。这意味着，河北各市遭受扰动损害的可能性以及损害的程度也会较大，存在着脆弱性产生以及累积的"不利"前提。

基于空间维度的累积式脆弱性评价结果表明，北京、天津与其他城市经济子系统和社会子系统的脆弱性差距明显，自然环境子系统同样脆弱，以致都市圈整体脆弱性累积增大，京、津、冀脆弱性由高到低的梯度格局始终维持；而河北内部也出现了分化，石家庄"一枝独秀"，其他城市相对脆弱，且与石家庄的脆弱性差距在逐渐拉大。空间维度上的脆弱性的这种累积增加的直接原因在于，相对于京津而言，河北各市敏感性高，而应对与恢复能力又普遍相对偏低。这意味着，河北各市遭受扰动损害的可能性以及损害的程度大，应对扰动并从扰动的不利影响中恢复的能力又较弱。河北各市既存在脆弱性产生和累积的前提，又缺乏消除扰动不利影响及其累积的坚实能力。即同样的扰动，相对于京津而言，河北各市可能会遭受更大的损失，具有更高的脆弱性。

冲击式脆弱性评价结果显示，伴随着应对与恢复能力的提升，自2007年起京津冀都市圈各城市冲击式脆弱性先后都有所降低，但是京、津、冀的梯度差距同样明显存在。同时，京津冀都市圈每年都遭受着不同程度、不同类型自然灾害扰动的影响，其中干旱造成的经济损失最为严重，而且河北各市的损失程度要高于京津。

复合式脆弱性评价分析结果表明，相对脆弱的河北各市以及北京、天津，面临着生态环境恶化(土地退化、水资源短缺、沙尘暴频发、雾霾日益加重等)的现实扰动、"环京津贫困带"的潜在扰动以及华北地震带的可能扰动，脆弱性在一定条件下可能会随时提高。

5. 降低脆弱性促进京津冀都市圈可持续协同发展

基于京津冀都市圈各城市自然环境、经济、社会各子系统在敏感性、应对与恢复能力方面的差距分析和政策因素的影响分析，笔者认为可以从以下几个方面着手降低脆弱性，促进京津冀都市圈可持续协同发展：第一，把握京津冀协同发展上升为国家战略的战略契机，"着力加强顶层设计""自觉打破自家'一亩三分地'的思维定式，抱团朝着顶层设计的目标一起做"；第二，以水危机化解、长效生态补偿机制建立和雾霾治理等为切入点，优先解决自然环境问题；第三，通过减轻人口压力和解决好"环京津贫困带"等，尽快降低社会子系统的敏感性；第四，以优化产业分工、谱写京津"双城记"和共同推动京津冀沿海经济区发展等为抓手全面促进京津冀(都市圈)的协同发展。

7.2 研究不足与展望

区域发展脆弱性是脆弱性研究的一个新领域，无论在理论上还是在实际应用上，都有待进一步的发展和完善。

1. 区域发展脆弱性理论方面

笔者分析了区域发展脆弱性与可持续发展的关系，认为脆弱性是可持续发展的时间函数和空间函数，但还需深入研究脆弱性与可持续协同发展的关系。笔者初步确立了区域发展脆弱性的形成机理，但是这种机理是基于区域系统功能维度的，暂未考虑空间维度上各行政单元对区域发展脆弱性的影响；同时，也未区分系统内扰动和系统外扰动对脆弱性影响的不同。

2. 区域发展脆弱性评价方面

脆弱性评价结果是建立在现有指标体系之上的，但是囿于数据的可获得性，指标体系的协调性和齐备性还很不够。脆弱性阈值的确定对累积式脆弱性而言，无论是理论研究还是应用研究都较为重要，本书在这方面的研究明显不足。GIS技术代表着脆弱性评价的一种潮流，如何与现有的评价方法链接以动态直观地反映评价结果需要深入探讨。

3. 京津冀(都市圈)的协同发展方面

京津冀的协同发展已经上升为重要的国家战略,是一个政府部门和专家学者等都在关注的焦点。本书探索的目的在于找到阻碍可持续协同发展的关键因素作为政策措施的着力点。关键因素准确与否、对策建议可行性与否,都需要进一步深入研究。

按照脆弱性研究范式,探讨区域发展问题是一种全新的探索与尝试;同时,由于笔者能力与精力的限制,本书也只是"抛砖引玉"之作。错误与不足之处,敬请读者、同行批评斧正!

参考文献

[1] 汤润清，张书泽. 京津冀"连城诀"谋篇[N]. 河北日报，2005-06-10.

[2] 方创琳，宋吉涛，张蔷，等. 中国城市群结构体系的组成与空间分异格局[J]. 地理学报，2005，60(5)：827-840.

[3] 郭劲光. 脆弱性贫困[M]. 北京：中国社会科学出版社，2011：14-16.

[4] Kates R W, Clark W, Corell R, et al. Environment and Development: Sustainability Science [J]. Science, 2001, 292(5517): 641-642.

[5] 冯振环，赵国杰. 区域经济发展的脆弱性及其评价体系研究——兼论脆弱性与可持续发展的关系[J]. 现代财经，2005，25(10)：54-57.

[6] Janssen M A, Schoon M L, Ke W, et al. Scholarly Net Works on Resilience, Vulnerability and Adaptation Within the Human Dimensions of Global Environmental Change[J]. Global Environmental Change, 2006, 16(3): 240-252.

[7] Martha G. Roberts, 杨国安. 可持续发展研究方法国际进展——脆弱性分析方法与可持续生计方法比较[J]. 地理科学进展，2003，22(1)：11-21.

[8] 张平宇，李鹤，佟连军，等. 矿业城市人地系统脆弱性[M]. 北京：科学出版社，2011：1-34.

[9] 曾珍香，段丹华，张培，等. 基于复杂系统理论的区域协调发展机制研究[J]. 改革与战略，2008，24(1)：89-92.

[10] 冯振环，王莉娜，冯领香. 京津冀都市圈自然环境系统脆弱性评价[J]. 自然灾害学报，2013，22(4)：65-74.

[11] 新华社. 优势互补互利共赢扎实推进努力实现京津冀一体化发展[N]. 人民日报，2014-02-28(01).

[12] 赵国杰，张炜熙. 区域经济脆弱性研究[J]. 上海经济研究，2006，(1)：65-69.

[13] Mitchell J, Devine N, Jagger K. A Contextual Model of Natural Hazards[J].

Geographical Review, 1989, (79): 391-409.

[14] O'Keefe P, Westgate K, Wisner B. Taking the Naturalness out of Natural Disasters [J]. Nature, 1976, (260): 566-567.

[15] Pelanda C. Disaster and Sociosystemic Vulnerability [M]. Gorizia: Disaster Research Center, 1981.

[16] Kenneth Hewitt. Regional of Risk: A Geographical Introduction to Disasters [M]. London: Routledge Press, 1997.

[17] 孙蕾，石纯. 沿海城市自然灾害脆弱性评估研究进展[J]. 灾害学，2007，22(1)：102-105.

[18] 周利敏(2012a). 从自然脆弱性到社会脆弱性：灾害研究的范式转型[J]. 思想战线，2012，38(2)：11-15.

[19] Timmerman P. Vulnerability, Resilience and the Collapse of Society: a Review of Models and Possible Climatic Applications (Environmental Monograph 1) [M]. Toronto: Institute for Environmental Studies, University of Toronto, 1981.

[20] Dow K. Exploring Differences in Our Common Futures: the Meaning of Vulnerability to Global Environmental Change [J]. Geoforum, 1992, 23(3): 417-436.

[21] Blaikie P, Cannon T, Davis I, et al. At Risk: National Hazards, People's Vulnerability and Disasters [M]. London: Routledge Press, 1994.

[22] Xi Yu, Yandong Tang, Huiyan Wang. Basic Connotation of Vulnerability in the Context of Disasters[A]. Chinese Perspective on Risk Analysis and Crisis Response (RAC-2010) [C]. Changchun: Northeast Normal University Press, 2010: 525-529.

[23] Warmington, V. Disaster Reduction: A Review of Disaster Prevention, Mitigation and Preparedness[R]. Ottowa: Reconstruction and Rehabilitation Fund of the Canadian Council for International Co-operation，1995: 615-640.

[24] Cutter S L. Vulnerability to Environmental Hazards [J]. Progress in Human Geography, 1996, 20(4): 529-539.

[25] Zapata R, Caballeros R. A Systemic Synthesis of the Relations Between Vulnerability, Hazard, Exposure and Impact, Aimed at Policy Identification [G]. Handbook for Estimating the Socio-Economic and Environmental Effects of Disasters, ECLAC,

Mexico, D. F., 2000.

[26] Cannon T, Twigg J, Rowell J. Social Vulnerability, Sustainable Livelihoods and Disasters [R]. Report to DFID Conflict and Humanitarian Assistance Department(CHAD) and Sustainable Livelihoods Support Office, University of Greenwich, 2002: 1-63.

[27] Turner II B L, Kasperson R E, Matson P A, et al. A Framework for Vulnerability Analysis in Sustainability Science [J]. Proceedings of the National Academy of Sciences US, 2003, 100(14): 8074-8079.

[28] Cutter S L, Boruff B J, Shirley W L. Social Vulnerability to Environmental Hazards [J]. Social Science Quarterly, 2003, 84(2): 242-261.

[29] 石勇. 灾害情景下城市脆弱性评估研究——以上海为例[D]. 上海：华东师范大学博士学位论文，2010.

[30] 刘毅，黄建毅，马丽. 基于DEA模型的我国自然灾害区域脆弱性评价[J]. 地理研究，2010，29(7)：1153-1162.

[31] 于瑛英. 城市脆弱性评估体系[J]. 北京信息科技大学学报，2011，26(1)：57-62.

[32] 商彦蕊. 灾害脆弱性概念模型综述[J]. 灾害学，2013，28(1)：112-116.

[33] 李鹤，张平宇. 全球变化背景下脆弱性研究进展与应用展望[J]. 地理科学进展，2011，30(7)：920-929.

[34] George Abeyle D E. Race, Ethnicity and the Spatial Dynamic: Towards a Realistic Study of Black Crime, Crime Victimization and Criminal Justice Processing of Black [J]. Social Justice, 1989, 16 (4): 35-54.

[35] Bohle H G. Vulnerability and Criticality: Perspectives from Social Geography. IHDP Update2/01, article, 2001. [EB/OL]. http: //www. ihdp. uni-bonn. de/ html/ publications/update/IHD PUpdate01_02. h.

[36] 暴丽杰. 基于情景的上海浦东暴雨洪涝灾害脆弱性研究[D]. 上海：上海师范大学硕士学位论文，2009.

[37] Pelling M. The Vulnerability of Cities: Natural Disasters and Social Resilience [M]. London, UK: Earthscan, 2003.

[38] 苏桂武，高庆华. 自然灾害风险的分析要素[J]. 地学前缘，2003，10(特刊)：

272-279.

[39] 王静爱，施之海，刘珍，等. 中国自然灾害后影响能力评价与地域差异[J]. 自然灾害学报，2006，15(6)：23-27.

[40] Gallopín G C. A Systemic Synthesis of the Relations between Vulnerability, Hazard, Exposure and Impact, Aimed at Policy Identification [G]. Handbook for Estimating the Socio-Economic and Environmental Effects of Disasters, E-CLAC, Mexico, D. F. , 2003.

[41] Gallopín G C. Linkages between Vulnerability, Resilience and Adaptive Capacity [J]. Global Environmental Change, 2006, 16(3): 293-303.

[42] 尹占娥. 城市自然灾害风险评估与实证研究[D]. 上海：华东师范大学博士学位论文，2009.

[43] 石勇，许世远，石纯，等. 自然灾害脆弱性研究进展[J]. 自然灾害学报，2011，20(2)：131-137.

[44] 李朝奎，李吟，汤国安，等. 基于文献计量分析法的中国生态脆弱性研究进展[J]. 湖南科技大学学报(社会科学版)，2012，15(4)：91-94.

[45] Adger N, Kelly P. Social Vulnerability to Climate Change and the Architecture of Entitlements [J]. Mitigation and Adaptation Strategies for Global Change, 1999, 4(3): 253-266.

[46] 徐广才，康慕谊，贺丽娜，等. 生态脆弱性及其研究进展[J]. 生态学报，2009，29(5)：2578-2588.

[47] 靳毅，蒙吉军. 生态脆弱性评价与预测研究进展[J]. 生态学杂志，2011，30(11)：2646-2652.

[48] 周嘉惠，黄晓霞. 生态脆弱性评价方法评述[J]. 云南地理环境研究，2008，20(1)：55-59，71.

[49] 牛文元. 生态环境脆弱带ECOTONE的基础判断[J]. 生态学报，1989，9(2)：97-105.

[50] Barrow C J. Land Degradation [M]. Cambridge: Cambridge University Press, 1991.

[51] B. Kochunov. 脆弱生态的概念及分类[J]. 李国栋，译. 地理译报，1993，

(2)：36-43.

[52] 刘燕华，李秀彬. 脆弱生态环境与可持续发展[M]. 北京：商务印书馆，2007：1-4.

[53] Metzger M J, Schoroter D. Towards a Spatially Explicit and Quantitative Vulnerability Assessment of Environmental Change in Europe [J]. Regional Environmental Change, 2006(6): 201-216.

[54] 刘秀华. 脆弱性生态环境初探[A]. 生态环境综合整治与恢复技术研究[C]. 北京：科学技术出版社，1995：1-10.

[55] 赵平，彭少麟，张经炜. 生态系统的脆弱性与退化生态系统[J]. 热带亚热带植物学报，1998，6(2)：179-186.

[56] 赵坷，饶鼓，王丽丽，等. 西南地区生态脆弱性评价研究——以云南、贵州为例[J]. 地质灾害与环境保护，2004，15(2)：38-42.

[57] 刘燕华，李秀彬. 脆弱生态环境与可持续发展[M]. 北京：商务印书馆，2007：6-7.

[58] 乔青，高吉喜，王维，等. 生态脆弱性综合评价方法与应用[J]. 环境科学研究，2008，21(5)：117-123.

[59] 肖磊，黄晋，刘影. 湿地生态脆弱性研究综述[J]. 江西科学，2012，30(2)：152-167.

[60] Houghton J T, Meiro Filho L G, Callander B A, et al. Climate Change 1995: The Science of Climate Change: Contribution of Working Group I to the Second Assessment Report of the Intergovernmental Panel on Climate Change [M]. UK Cambridge: Cambridge University Press, 1996.

[61] McCarthy J J, Osvaldo F. Canziani, et al. Climate Change 2001: Impacts, Adaptation, and Vulnerability: Contribution of Working Group II to the Third Assessment Report of the Intergovernmental Panel on Climate Change [M]. UK Cambridge: Cambridge University Press, 2001.

[62] 赵慧霞，吴绍红，姜鲁光. 自然生态系统响应气候变化的脆弱性评价研究进展[J]. 应用生态学报，2007，18(2)：445-450.

[63] Luers A L. The Surface of Vulnerability: an Analytical Framework for Examining

Environmental Change [J]. Global Environmental Change, 2005, 15(3): 214-223.

[64] 李克让，曹明奎，於琍，等. 中国自然生态系统对气候变化的脆弱性评估
[J]. 地理研究，2005，24(5)：653-663.

[65] Field C B, Barros V, Stocker T F, et al. Managing the Risks of Extreme
Events and Disasters to Advance Climate Change Adaptation: Special Report of the
Intergovernmental Panel on Climate Change [M]. Cambridge, UK: Cambridge University
Press, 2012: 42-43.

[66] Bohle H G, Downing T E and Watts M J. Climate Change and Social
Vulnerability: the Sociology and Geography of Food Insecurity [J]. Global Environmental
Change, 1994, 4(1): 37-48.

[67] Downing T E. Climate Change and Vulnerable Places: Global Food Security and
Country Studies in Zimbabwe, Kenya, Senegal and Chile [R]. Oxford, UK: University of
Oxford, 1992.

[68] Downing T E, Ringius L, Hulme M, et al. Adapting to Climate Change in Africa
[J]. Mitigation and Adaptation Strategies for Global Change, 1997, 2(1): 19-44.

[69] 王小丹，钟祥浩. 生态环境脆弱性概念的若干问题探讨[J]. 山地学报，
2003，21(特刊)：21-25.

[70] 王介勇，赵庚星，王祥峰，等. 论我国生态环境脆弱性及其评估[J]. 山东农
业科学，2004，(2)：9-11.

[71] 於琍，曹明奎，李克让. 全球气候变化背景下生态系统的脆弱性评价[J]. 地
理科学进展，2005，24(2)：61-69.

[72] 孔庆云. 生态脆弱区森林资源及其管理综合分析的研究[D]. 北京：北京农业
大学博士学位论文，2005.

[73] 蔡海生，张学玲，周丙娟. 生态环境脆弱性动态评价的理论与方法[J]. 中国
水土保持，2009，(2)：18-22.

[74] 于波涛，王成成. 基于熵权灰度关联法的国有林区生态环境脆弱性分析[J].
中国林业经济，2011，(11)：20-23.

[75] 田亚平，向清成，王鹏. 区域人地耦合系统脆弱性及其评价指标体系[J]. 地
理研究，2013，32(1)：55-63.

[76] Schroter D, Polsky C, Patt A G. Assessing Vulnerabilities to the Effects of Global Change: An Eight Step Approach [J]. Mitigation and Adaptation Strategies for Global Change, 2005, 10(4): 573-595.

[77] 余中元，李波，张新时. 社会生态系统及脆弱性驱动机制分析[J]. 生态学报，2014-01-08.

[78] Brooks N W, Adger W N, Kelly P M. The Determinants of Vulnerability and Adaptive Capacity at the National Level and the Implications for Adaptation [J]. Global Environmental Change, 2005, 15(2): 151-163.

[79] Metzger M J, Rounsevel M D A, Acosta-Michlik L, et al. The Vulnerability of Ecosystem Services to Land Use Change [J]. Agriculture, Ecosystems & Environment, 2006, 114(1): 69-85.

[80] 刘利. 北京典型山地森林生态脆弱性的研究[D]. 北京：北京林业大学博士学位论文，2011.

[81] 姚建，艾南山，丁晶. 中国生态环境脆弱性及其评价研究进展[J]. 兰州大学学报(自然科学版)，2003，39(3)：77-80.

[82] 李翠娥. 生态环境脆弱性及其测度[D]. 上海：华中师范大学博士学位论文，2007.

[83] 夏军，邱冰，潘兴瑶，等. 气候变化影响下水资源脆弱性评估方法及其应用[J]. 地球科学进展，2012，27(4)：443-451.

[84] 王宏伟，刘萍，吴美琼. 基于地下水脆弱性评价方法的综述[J]. 黑龙江水利科技，2007，35(3)：43-45.

[85] 范庆莲，窦艳兵，范庆广，等. 地下水脆弱性研究进展综述[J]. 北京水务，2009，(3)：15-17.

[86] 张殷钦，刘俊民，尹丽娜. 地下水脆弱性评价研究进展[J]. 灌溉排水学报，2012，31(5)：127-131.

[87] 郭晓静，周金龙，靳孟贵，等. 地下水脆弱性研究综述[J]. 地下水，2010，32(3)：1-5.

[88] 王红旗，陈美阳，李仙波. 顺义区地下水源地脆弱性评价[J]. 环境工程学报，2009，3(4)：755-758.

[89] 孙才志，潘俊. 地下水脆弱性的概念、评价方法与研究前景[J]. 水科学进展，1999，10(4)：444-449.

[90] 邹君，杨玉蓉，谢小立. 地下水资源脆弱性：概念、内涵及定量评价[J]. 水土保持通报，2007，27(2)：132-145.

[91] 刘仁涛，付强，李伟业，等. 地下水脆弱性研究与探讨[J]. 水资源与工程学报，2006，17(6)：1-5.

[92] 马芳冰，王烜，李春晖. 水资源脆弱性评价研究进展[J]. 水资源与水工程学报，2012，23(1)：30-37.

[93] 马金珠，高前兆. 干旱地区地下水脆弱性特征及评价方法探讨[J]. 干旱区地理，2003，26(1)：44-49.

[94] 阮俊. GIS技术应用于地下水脆弱性评价编图中的示范[A]. 中国地理信息系统协会第四次会员代表大会暨第十一届年会论文集[C]. 2007：433-439.

[95] 王维琦，杜新强，吕航，等. 基于GIS的DRASTIC模型评价延吉市河谷地区地下水脆弱性[J]. 节水灌溉，2013，(10)：44-48.

[96] 孟宪萌，束龙仓，卢耀如. 基于熵权的改进DRASTIC模型在地下水脆弱性评价中的应用[J]. 水利学报，2007，38(1)：94-99.

[97] 雷静，张忠聪. 唐山市平原区地下水脆弱性评价研究[J]. 环境科学学报，2003，23(1)：94-99.

[98] 孙才志，林山杉. 地下水脆弱性概念的发展过程与评价现状及研究前景[J]. 吉林地质，2000，19(1)：30-36.

[99] 姚文锋，唐莉华，张思聪. 过程模拟法及其在唐山平原区地下水脆弱性评价中的应用[J]. 水力发电学报，2009，28(1)：119-123.

[100] 姚文锋. 基于过程模拟的地下水脆弱性研究[D]. 清华大学博士学位论文，2007.

[101] Barnali Dixon(贝娜里·迪克森)，李大秋，Julie Earls(朱丽·艾尔思)，等. 地下水脆弱性评价方法研究[J]. 环境保护科学，2007，33(5)：64-67.

[102] 杨旭东，孙建平，魏玉梅. 地下水系统脆弱性评价探讨[J]. 安全与环境工程，2006，13(1)：1-4.

[103] Gogu R C, Dassargues A. Current Trends and Future Changes in Groundwater

Vulnerability Assessment Using Overlay and Index Methods [J]. Environmental Geology, 2000, 39(6): 549-559.

[104] 付素蓉，王焰新，蔡鹤生，等. 城市地下水污染敏感性分析[J]. 地球科学——中国地质大学学报，2000，25(5)：482-486.

[105] 姜桂华. 地下水脆弱性研究进展[J]. 世界地质，2002，21(1)：33-38.

[106] 陈攀，李兰，周文财. 水资源脆弱性及评价方法国内外进展[J]. 水资源保护，2011，27(9)：32-38.

[107] 夏军，陈俊旭，翁建武，等. 气候变化背景下水资源脆弱性研究与展望[J]. 气候变化研究，2012，8(6)：391-396.

[108] 夏军，翁建武，陈俊旭，等. 多尺度水资源脆弱性评价研究[J]. 应用基础与工程科学学报，2012，20(9)：1-14.

[109] 谢轶，彭跃，石敏，等. 地下水脆弱性评价进展与存在问题探讨[J]. 农业与技术，2012，32(2)：152-153，198.

[110] Niu Wenyuan, W Harris. China: The Forecast of Its Environmental Situation in the 21st Century [J]. Journal of Environmental Management. 1996, 42(2): 101-114.

[111] Patrick Guillaumont. On the Economic Vulnerability of Low Income Countries [R]. Report prepared for the United Nations, 2000.

[112] Whelan C T, Maitre B. Economic Vulnerability, Multidimensional Deprivation and Social Cohesion in an Enlarged European Community [J]. International Journal of Comparative Sociology, 2005, 46(3): 215-239.

[113] Guillaumont P. Economic Vulnerability, Persistent Challenge to African Development [J]. African Development Review, 2007, 19(1): 123-162.

[114] Katia Rocha, Ajax Moreira. The Role of Domestic Fundamentals on the Economic Vulnerability of Emerging Markets [J]. Emerging Markets Review, 2010, 11(2): 173-182.

[115] 杨爱婷，武剑. 我国经济系统脆弱性与可持续发展牵扯：15年样本[J]. 改革，2012(2)：25-33.

[116] 李锋. 基于集对分析法(SPA)的中国旅游经济系统脆弱性测度研究[J]. 旅游科学，2013，27(1)：15-28，40.

[117] 冯振环. 西部地区经济发展的脆弱性与优化调控研究[D]. 天津：天津大学博士学位论文，2003.

[118] 李尊实，刘艳红，高铭杉. 区域经济系统脆弱性的内涵与界定[J]. 经济论坛，2005，(20)：9-11.

[119] 赵国杰，张炜熙. 河北省海岸带经济脆弱性评价[J]. 河北学刊，2006，26(2)：227-229.

[120] 曲波，丁琳. 对区域经济脆弱性内涵的理论阐释[J]. 当代经济，2007，(2)：62-63.

[121] 李鹤，张平宇. 东北地区矿业城市经济系统脆弱性分析[J]. 煤炭学报，2008，33(1)：116-120.

[122] 王士君，王永超，冯章献. 石油城市经济系统脆弱性发生过程、机理及程度研究——以大庆市为例[J]. 经济地理，2010，30(3)：397-402.

[123] 孙平军，修春亮(2010a). 辽宁矿业城市经济系统应对能力分析及其脆弱性评价[J]. 云南地理环境研究，2010，22(2)：47-53.

[124] 苏飞，张平宇. 基于集对分析的大庆市经济系统脆弱性评价[J]. 地理学报，2010，65(4)：454-464.

[125] 孙平军，丁四保. 阜新市经济发展脆弱性的动态演变与关联分析[J]. 辽宁工程技术大学学报(自然科学版)，2011，30(4)：634-637.

[126] 李博，佟连军. 阜新市社会系统的脆弱性研究[J]. 安徽农业科学，2008，36(14)：6078-6079.

[127] 苏飞，张平宇. 矿业城市社会系统脆弱性研究——以阜新市为例[J]. 地域研究与开发，2009，28(2)：71-74，89.

[128] 孙良书，刘大千，杨凤敏. 基于脆弱性理论的东北地区典型煤炭城市社会系统研究[J]. 现代农业科学，2009，16(6)：119-122.

[129] 李丽娜，达良俊，由文辉. 城市脆弱性驱动因子分析[J]. 城市问题，2009(11)：18-21.

[130] 刘继先，那伟，房艳刚. 辽源市社会系统的脆弱性及其规避措施[J]. 经济地理，2010，30(6)：944-948.

[131] 周利敏(2012b). 社会脆弱性：灾害社会学研究的新范式[J]. 南京师大学报

(社会科学版)，2012(4)：20-28.

[132] Feng Zhenhuan, Lu Zheng, Zhang Huafeng (2012a). Evaluation on the Vulnerability of Beijing-Tianjin-Hebei Metropolitan Circle's Social System [A]. Soft Power Study from Culture, Education and Social System Perspective [C]. Sydney Australia: Aussino Academic Publishing House, 2012: 156-160.

[133] 束良勇，苏飞，张靓. 我国中部地区煤炭城市社会脆弱性评价[J]. 北方经贸，2013(4)：29-31.

[134] 夏建新，杨若明. 西部地区社会经济系统的脆弱性及生态风险评估方法[J]. 中央民族大学学报(自然科学版)，2003，12(4)：331-335.

[135] 于维洋. 河北省区域社会经济系统脆弱性综合评价[J]. 燕山大学学报(哲学社会科学版)，2012，13(1)：64-66.

[136] 王红毅，于维洋(2012a). 基于灰色聚类法的河北省区域社会经济系统脆弱性综合评价[J]. 生态经济(学术版)，2012(5)：58-62.

[137] 于维洋，王红毅(2012b). 河北省区域社会经济系统脆弱性的综合评价[J]. 统计与决策，2012(13)：69-71.

[138] 张显东. 试论区域科学学科体系[J]. 经济地理，1998，18(4)：38-43.

[139] 冯振环，刘玉霞，杨亚柳. 京津冀经济圈发展的累积式脆弱性评价[J]. 现代财经，2010，30(10)：63-68.

[140] Feng Zhenhuan, Wang Lina, Feng Lingxiang (2012b). Analysis of the Causes of Vulnerability Level Difference within the Beijing-Tianjin-Hebei Metropolitan Circle [A]. Industrial Technology of Economic Management Institutions [C]. Hong Kong: Education and Research Press, 2012: 152-156.

[141] 张炜熙. 区域脆弱性与系统恢复机制[M]. 北京：经济科学出版社，2011.

[142] 尹航，石光，李柏洲. 基于Entropy-Topsis的区域系统发展脆弱性分析与测评[J]. 运筹与管理，2011，20(1)：78-86.

[143] 哈斯巴根. 区域发展脆弱性研究述评[J]. 经济论坛，2013，(2)：68-70.

[144] 吴传钧. 论地理学的研究核心——人地关系地域系统[J]. 经济地理，1991，11(3)：1-6.

[145] 蔡博峰，张力小，宋豫秦. 我国北方农牧交错带人地系统脆弱性研究刍议[J].

环境保护，2002，(11)：22-27.

[146] 史培军，王静爱，陈婧，等. 当代地理学之人地相互作用研究的趋势——全球变化人类行为计划(IHDP)第六届开放会议透视[J]. 地理学报，2006，61(2)：115-126.

[147] 那伟，刘继先. 矿业城市人地系统的脆弱性及其评价体系[J]. 城市问题，2007，(7)：43-48.

[148] 辛馨，张平宇. 基于三角图形法的矿业城市人地系统脆弱性分类[J]. 煤炭学报，2009，34(2)：284-288.

[149] 李博，韩增林. 沿海城市人地关系地域系统脆弱性研究——以大连市为例[J]. 经济地理，2010，30(10)：1722-1728.

[150] 孙平军，修春亮(2010b). 脆弱性视角的矿业城市人地耦合系统的耦合度评价——以阜新市为例[J]. 地域研究与开发，2010，29(6)：75-79.

[151] 韩瑞玲，佟连军，佟伟铭，等. 基于集对分析的鞍山市人地系统脆弱性评估[J]. 地理科学进展，2012，31(3)：344-352.

[152] 王乃举，周涛发，黄翔. 矿业城市人地系统脆弱性评价——以安徽省铜陵市为例[J]. 华中师范大学学报(自然科学版)，2012，46(6)：774-779.

[153] 哈斯巴根，李同昇，佟宝全. 生态地区人地系统脆弱性及其发展模式研究[J]. 经济地理，2013，33(4)：149-154.

[154] 李鹤，张平宇，程叶青. 脆弱性的概念及其评价方法[J]. 地理科学进展，2008，27(2)：18-25.

[155] 杨青山，丛东来. 从区域系统的视角看区域开发[J]. 地理教学，2004，(3)：1-4.

[156] 郑冬子，陈慧琳. 地理学区域概念的哲学思考[J]. 自然辩证法研究，1999，15(4)：27-30.

[157] 钱学森，于景元，戴汝为. 一个科学新领域——开放的复杂巨系统及其方法论[J]. 自然杂志，1990，13(1)：3-10.

[158] 顾培亮. 系统分析与协调[M]. 天津：天津大学出版社，2008.

[159] 任启平. 人地关系地域系统构成要素及结构研究[M]. 北京：中国财政经济出版社，2007.

[160] 聂华林，王水莲. 区域系统分析[M]. 北京：中国社会科学出版社，2009.

[161] 武京涛，李敏. 基于系统论的区域经济发展浅析[J]. 经济研究导刊，2013，(19)：96-97.

[162] 孙桂娟，叶峻. 社会·生态·经济复合系统解析[J]. 社会科学研究，2008，(3)：92-95.

[163] 杨青山，刘继斌. 区域人类社会与自然环境相互作用的类型分析及其实践意义[J]. 人文地理，2005，(6)：111-114.

[164] 赵国杰，冯石岗. 建构基于人本导向的企业发展战略体系初探[J]. 大连理工大学学报(社会科学版)，2002，23(4)：34-37.

[165] 田喜洲. 试论生态旅游资源的脆弱性及其保护[J]. 生态经济，2001，(12)：56-58.

[166] 冯领香，冯振环. 脆弱性视角下京津冀都市圈自然灾害特性分析[J]. 自然灾害学报，2013，22(4)：101-107.

[167] 王祥荣，王原. 全球气候变化与河口城市脆弱性评价——以上海为例[M]. 北京：科学出版社，2010：53-55.

[168] 于波涛. 基于可持续发展的国有林区系统脆弱性成因及路径解决研究[M]. 北京：中国林业出版社，2013：31-36.

[169] 黄俊华. 2012年桂林市旅游总收入占GDP比重是18.1%[EB/OL]. 国际在线 http://gb. cri. cn/27824/2013/03/26/3365s4064960. htm.

[170] 李军，保继刚. 旅游经济脆弱性特点与产业联系——基于张家界旅游经济的实证研究[J]. 旅游学刊，2011，26(6)：36-41.

[171] 李珂，唐林洪. 非典时期的桂林旅游[N]. 中国旅游报，2003-05-23.

[172] 李银雁，尚志新. "非典"时期的桂林旅游业[N]. 中国经济时报，2003-05-19.

[173] 汪小勤，汪红梅. "人口红利"效应与中国经济增长[J]. 经济学家，2007，(1)：104-110.

[174] 杨艳茹，王士君，宋飏. 石油城市人地系统脆弱性及规避机理研究[J]. 云南师范大学学报(哲学社会科学版)，2009，41(2)：72-77.

[175] 孙平军，修春亮. 基于PSE模型的矿业城市经济发展脆弱性研究[J]. 地理研

究，2011，30(2)：301-310.

[176] 张平宇，李鹤，佟连军，等. 矿业城市人地系统脆弱性[M]. 北京：科学出版社，2011：58-72.

[177] 马世骏，王如松. 社会—经济—自然复合生态系统[J]. 生态学报，1984，4(1)：1-9.

[178] 郝振纯，于翠松，王加虎，等. 变化环境下水资源系统脆弱性和恢复力研究[M]. 北京：科学出版社，2011：43-45.

[179] 王元林. 唐至元时黄土高原腹地植被变迁[J]. 宁夏社会科学，2006，(2)：97-101.

[180] 郭风平，安鲁. 黄土高原植被变迁及其恢复重建刍议[A]. Proceedings of the 7th International Conference of the East-Asian Agriculture History[C]. 2007: 221-236.

[181] 金勇强. 军事屯田背景下北宋西北地区生态环境变迁[J]. 古今农业，2010，(1)：45-53.

[182] 张维邦. 论黄土高原生态环境遭到彻底破坏的祸根[J]. 水土保持通报，1989，9(1)：21-27.

[183] 张建香，张勃，尹海霞，等. 2000—2011年黄土高原植被景观格局变化[J]. 生态学杂志，2013，32(2)：452-458.

[184] 信忠保，许炯心，余新晓. 近50年黄土高原水土流失的时空变化[J]. 生态学报，2009，29(3)：1129-1139.

[185] 桑广书. 黄土高原历史地貌与土壤侵蚀演变研究进展[J]. 浙江师范大学学报(自然科学版)，2004，27(4)：398-402.

[186] 高维英，李明，杜继稳，等. 黄土高原地质灾害气象预报预警模型研究新思路[J]. 安徽农业科学，2010，38(23)：12588-12591.

[187] 周鸿. 生态文化与生态文化建设[N]. 中国环境报，2007-3-20(003).

[188] 任意. 印尼暴乱的背后[N]. 中国妇女报，2001-03-07(004).

[189] 黄昆章. 论印尼五月暴乱的性质和影响[J]. 八桂侨刊，2000，(2)：45-50.

[190] [德]阿尔伯特·赫尔曼. 楼兰[M]. 姚可崑，高中甫，译. 乌鲁木齐：新疆人民出版社，2013：48.

[191] 谢丽. 绿洲农业开发与楼兰古国生态环境的变迁[J]. 中国农史，2001，

20(1)：16-26.

[192] 李晓英，许丽. 楼兰城的兴衰与塔里木盆地环境演变之间的关系[J]. 干旱区资源与环境，2008，22(8)：124-128.

[193] 朱绍侯. 两汉屯田制研究[J]. 史学月刊，2012，(10)：26-37.

[194] 高玉山，桑琰云，徐刚，等. 楼兰的兴衰与环境变迁、灾变[J]. 阜阳师范学院学报(自然科学版)，2004，21(3)：59-61.

[195] 宋晓梅. 历史时期罗布泊地区环境演变过程[J]. 干旱区地理，2009，32(1)：107-111.

[196] 张书颖. 对楼兰古城废弃原因的思考[J]. 丝绸之路，2012，(16)：52-55.

[197] 路甬祥. 寻求一条理性的发展途径[N]. 光明日报，2000-03-02(Z08).

[198] 胡鞍钢. 地区与发展：西部开发新战略[M]. 北京：中国计划出版社，2001：72-76.

[199] Burton I, Kates R W and White G F. The Environment as Hazard (Second Edition) [M]. New York: The Guilford Press, 1993.

[200] 黄建毅，刘毅，马丽，等. 国外脆弱性理论模型与评估框架研究评述[J]. 地域研究与开发，2012，31(5)：1-5.

[201] Chambers R, Conway G. Sustainable Rural Livelihoods: Practical Concepts for the 21st Century, IDS Discussion Paper 296, Brighton, 1992 [EB/OL]. http://www. ntd. co. uk/idsbookshop/details. asp?id=35.

[202] 唐丽霞，李小云，左停. 社会排斥、脆弱性和可持续生计：贫困的三种分析框架及比较[J]. 贵州社会学科，2010(12)：4-10.

[203] Birkmann J. Measuring Vulnerability to Natural Hazards: Toward Disaster Resilient Societies [M]. Tokyo: United Nations University Press, 2006.

[204] 王祥荣，王原. 全球气候变化与河口城市脆弱性评价——以上海为例[M]. 北京：科学出版社，2010：57-59.

[205] Füssel H M, Klein R J T. Climate Change Vulnerability Assessments: an Evolution of Conceptual Thinking [J]. Climatic Change, 2006, 75(3): 301-329.

[206] Pelling M. Visions of Risk: A Review of International Indicators of Disaster Risk and Its Management [R]. ISDR/UNDP: King's College, University of London, 2004.

[207] Ursula Kaly, Lino Briguglio, Helena Mcleod, et al. Environmental Vulnerability Index (EVI) to Summaries National Environmental Vulnerability Profiles [R]. SOPAC Technical Report 275, 1999.

[208] Moss R H, Brenkert A L, Malone E L. Vulnerability to Climate Change—A Quantitative Approach [R]. US Department of Energy, 2001.

[209] 王效科，白艳莹，欧阳志云，等. 陆地生物地球化学模型的应用和发展[J]. 应用生态学报，2002，13(12)：1703-1706.

[210] 江培龙，方凤满. 自然灾害脆弱性研究进展[J]. 防灾科技学院学报，2012，14(4)：54-59.

[211] Metzger M J, Leemans R, Schroter D. A Multidisciplinary Multi-scale Framework for Assessing Vulnerabilities to Global Change [J]. International Journal of Applied Earth Observation and Geoinformation, 2005, 7(4): 253-267.

[212] Acosta-Michlik L, Espaldon V. Assessing Vulnerability of Selected Farming Communities in the Philippines Based on A Behavioural Model of Agent's Adaptation to Global Environmental Change [J]. Global Environmental Change, 2008, 18(4): 554-563.

[213] 陆守一. 地理信息系统[M]. 北京：高等教育出版社，2004：8.

[214] 章远钰，李远华. 遥感与GIS技术在生态环境脆弱性评价中的作用[J]. 世界地质，2009，28(2)：249-253.

[215] Cutter S L, Mitchell J T, Scott M S. Revealing the Vulnerability of People and Places: A Case Study of Georgetown County, South Carolina [J]. Annals of the Association of American Geographers, 2000, 90(4): 713-737.

[216] 郝璐，王静爱，史培军，等. 草地畜牧业雪灾脆弱性评价——以内蒙古牧区为例[J]. 自然灾害学报，2003，12(2)：51-57.

[217] 吴登定，谢振华，林健，等. 地下水污染脆弱性评价方法[J]. 地质通报，2005，24(10-11)：1043-1047.

[218] 张保祥，万力，JADE Julawong. DRASTIC地下水脆弱性评价方法及其应用——以泰国清迈盆地为例[J]. 水资源保护，2007，23(2)：38-42.

[219] 郝静，张永祥，丁飞，等. 改进的DRASTIC模型在地下水易污染性模糊评价中的应用[J]. 水文地质工程地质，2013，40(5)：34-39.

[220] 魏权龄. 评价相对有效性的DEA方法——运筹学的新领域[M]. 北京：中国人民大学出版社，1988.

[221] 石勇，许世远，石纯，等. 基于DEA方法的上海农业水灾脆弱性评估[J]. 自然灾害学报，2011，20(5)：188-192.

[222] 詹巍，徐福留，赵臻彦. 区域生态系统景观结构演化定量评价方法[J]. 地理学报，2004，24(10)：2263-2268.

[223] 卢万合，李国柱，那伟. 基于DEMATEL法的辽源市经济系统脆弱性影响因素识别[J]. 吉林师范大学学报(自然科学版)，2012，(3)：73-76.

[224] 张平宇，李鹤，佟连军，等. 矿业城市人地系统脆弱性[M]. 北京：科学出版社，2011：101-111.

[225] 罗纳德·G·伊兰伯格，罗伯特·S·史密斯. 现代劳动经济学[M]. 刘昕，译. 北京：人民大学出版社，2011：261-263.

[226] 马定国，刘影，陈洁，等. 鄱阳湖区洪灾风险与农户脆弱性分析[J]. 地理学报，2007，62(3)：321-332.

[227] 章穗，张梅，迟国泰. 基于熵权法的科学技术评价模型及其实证研究[J]. 管理学报，2010，7(1)：34-42.

[228] 苏为华. 我国多指标综合评价技术与应用研究的回顾与认识[J]. 统计研究，2012，29(8)：98-107.

[229] 邱菀华. 管理决策熵学及其应用[M]. 北京：中国电力出版社，2011：168-172.

[230] 赵克勤. 基于集对分析的方案评价决策矩阵与应用[J]. 系统工程，1994，12(4)：67-72.

[231] 任化准，温忠辉，束龙仓，等. 基于熵权的集对分析方法在地下水脆弱性评价中的应用[J]. 工程勘察，2010，(4)：44-47.

[232] 代维，肖长来，梁秀娟. 基于DRASTIC的集对分析在地下水脆弱性评价中的应用[J]. 节水灌溉地理学报，2012，(8)：50-52.

[233] 李昌彦，王慧敏，佟金萍，等. 气候变化下水资源适应性系统脆弱性评价——以鄱阳湖流域为例[J]. 长江流域资源与环境，2013，22(2)：172-181.

[234] Su Meirong, Yang Zhifeng, Chen Bin. Set Pair Analysis for Urban Ecosystem

Health Assessment[J]. Communication in Nonlinear Science and Numerical Simulation, 2009, 14(4): 1773-1780.

[235] 赵克勤. 集对分析及其初步应用[M]. 杭州：浙江科学技术出版社，2000.

[236] 王明全，王金达，刘景双. 基于集对分析和主成分分析的吉林西部生态承载力演变研究[J]. 中国生态农业学报，2009，17(4)：795-799.

[237] 石勇，石纯，孙蕾，等. 沿海城市自然灾害脆弱性评价研究——以上海浦东新区为例[J]. 中国人口·资源与环境，2008，18(4)：24-27.

[238] 冯领香，冯振环. 基于故障树法的防震减灾系统脆弱性评估[J]. 世界地震工程，2013，29(1)：34-37.

[239] 石勇，孙蕾，石纯，等. 上海沿海六区县自然灾害脆弱性评价[J]. 自然灾害学报，2010，19(3)：156-161.

[240] 王静静，刘敏，权瑞松，等. 上海市各区县自然灾害脆弱性评价[J]. 人民长江，2011，42(17)：12-15.

[241] 邵传青，张芳，易立新. 沿海城市自然灾害脆弱性评价研究——以天津滨海新区为例[J]. 防灾科技学院学报，2008，10(4)：88-92.

[242] 冯领香，冯振环. 京津冀都市圈地震灾害脆弱性评价及城际差异分析[J]. 自然灾害学报，2013，21(3)：160-167.

[243] 苏桂武，朱林，马宗晋，等. 京津唐地区地震灾害区域宏观脆弱性变化的初步研究——空间变化[J]. 地震地质，2007，29(1)：15-33.

[244] 贺新春，邵东国，陈南祥，等. 几种评价地下水环境脆弱性方法之比较[J]. 长江科学院院报，2005，22(3)：17-21.

[245] 李梅，孟凡玲，李群，等. 基于改进BP神经网络的地下水环境脆弱性评价[J]. 河海大学学报(自然科学版)，2007，35(3)：245-250.

[246] 李双成，吴绍洪，戴尔阜. 生态系统响应气候变化脆弱性的人工神经网络模型评价[J]. 生态学报，2005，25(3)：621-626.

[247] 王治平. 基于BP神经网络的高勘探开发油区脆弱性协同评价[J]. 中国石油大学学报(自然科学版)，2012，36(4)：171-182.

[248] 付博，姜琦刚，任春颖，等. 基于神经网络方法的湿地生态脆弱性评价[J]. 东北师大学报中(自然科学版)，2011，43(1)：139-143.

[249] 范嫦娥，李德华. 基于自组织特征映射神经网络的路面使用性能评价方法[J]. 重庆交通大学学报(自然科学版)，2013，32(1)：80-83.

[250] Kohonen T. Self-organized Formation of Topologically Correct Feature Maps [J]. Biological Cybernetics, 1982, 43, (1): 59-69.

[251] 郝俊卿，王雁林. 基于自组织映射神经网络模型的区域经济评价——以延安市为例[J]. 地域研究与开发，2005，24(1)：58-61.

[252] 李双成. 中国可持续发展水平区域差异的人工神经网络判定[J]. 经济地理，2001，21(5)：523-526.

[253] 陈明. MATLAB神经网络原理与实例精解[M]. 北京：清华大学出版社，2013：425-430.

[254] 赵忆宁，朱剑. "九大都市圈"——21世纪中国区域布局的构想(访著名经济学家王健)[J]. 瞭望，1996，(37)：9-10.

[255] 北京市政务门户网站，http://www. beijing. gov. cn/.

[256] 倪鹏飞. 城市竞争力蓝皮书：中国城市竞争力报告(No. 11)[M]. 北京：社会科学文献出版社，2013.

[257] 天津市政务门户网站，http://www. tj. gov. cn/.

[258] 河北政府网，http://www. hebei. gov. cn/.

[259] 常兴华. 京津冀都市圈发展的SWOT分析[J]. 经济研究参考，2007，(8)：28-37.

[260] 石家庄政府网，http://www. sjz. gov. cn/.

[261] 承德政府网，http://www. chengde. gov. cn/.

[262] 张家口政府网，http://www. zjk. gov. cn/.

[263] 秦皇岛政府网，http://www. qhd. gov. cn/.

[264] 唐山政府网，http://www. tangshan. gov. cn/.

[265] 廊坊政府网，http://www. langfang. gov. cn/.

[266] 保定政府网，http://www. bd. gov. cn/.

[267] 沧州政府网，http://www. cangzhou. gov. cn/.

[268] 冯振环，赵国杰. 基于DEA和广义BCG模型的中国区域投资有效性评价[J]. 经济地理，2000，20(4)：10-15.

[269] 殷杰, 尹占娥, 许世远. 沿海城市自然灾害损失分类与评估[J]. 自然灾害学报, 2011, 20(1): 124-128.

[270] 王成金, 金凤君, 何丹. 自然灾害承险体的分类技术与方案[J]. 地理研究, 2013, 32(3): 431-440.

[271] 郑兵云. 多指标面板数据的聚类分析及其应用[J]. 数理统计与管理, 2008, 27(2): 265-170.

[272] 范军利, 晓晰. "环京津贫困带"难题待解[N]. 中国改革报, 2005-08-22 (007版).

[273] 国务院扶贫开发领导小组. 国家扶贫开发工作重点县名单[EB/OL]. http://www.cpad.gov.cn/publicfiles/business/htmlfiles/FPB/fpqy/201203/175445.html.

[274] 刘金龙, 马程, 王阳, 等. 基于径向基函数网络的京津冀地区生态系统服务脆弱性评估[J]. 北京大学学报(自然科学版), 2013, 49(6): 1040-1046.

[275] 孙建中, 杨明华, 盛学斌, 等. 河北坝上地区脆弱生态环境特征[J]. 中国沙漠, 1994, 14(4): 37-46.

[276] 袁金国, 王卫, 龙丽民. 河北坝上生态脆弱区的土地退化及生态重建[J]. 干旱区资源与环境, 2006, 20(2): 139-143.

[277] 牟永福, 胡鸣铎. 河北省生态建设面临的三大挑战及其对策[J]. 河北大学学报(哲学社会科学版), 2013, 38(3): 148-153.

[278] 郭志起, 王秀茹. 河北省地区50年来降水变化特征分析[J]. 南水北调与水利科技, 2012, 10(3): 67-72.

[279] 李玄姝, 常春平, 王仁德. 河北坝上土地利用方式对农田土壤风蚀的影响[J]. 南水北调与水利科技, 2014, 31(1): 23-28.

[280] 王玫, 李文廷. 环京津贫困带生态环境现状及发展对策[J]. 河北学刊, 2008, 28(6): 143-146.

[281] 昝国盛, 王君厚. 坝上地区土地利用及沙化动态原因分析[J]. 林业资源管理, 2009, (6): 34-38.

[282] 张小曳, 孙俊英, 王亚强, 等. 我国雾-霾成因及其治理的思考[J]. 科学通报, 2013, 58(13): 1178-1187.

[283] 陈仁杰, 阚海东. 雾霾污染与人体健康[J]. 自然杂志, 2013, 35(5):

342-344.

[284] 刘鹃，李永. 中国地震损失分布与巨灾债券定价研究[J]. 财贸研究，2009，(6)：82-89.

[285] 安徽科技编辑部. 中国地震带分布[J]. 安徽科技，2008，(6)：12.

[286] 李延兴，徐杰，陈聚忠，等. 邢台、渤海、海城和唐山大地震震中区现今应变场的基本特征[J]. 华北地震科学，2006，24(2)：36-39.

[287] 樊杰. 京津冀都市圈区域综合规划研究[M]. 北京：科学出版社，2008：29-31.

[288] 王洪翠，许维，张世禄. 海河流域水资源质量现状及变化趋势分析[J]. 河南科技，2013，(11)：170-171.

[289] 国家海洋局北海分局. 2009年渤海海洋公报[R]. 青岛：国家海洋局北海分局，2010.

[290] 段丽茜. 京津冀区域所有城市空气质量PM2.5和PM10年均浓度超标[N]. 河北日报，2014-03-26(002版).

[291] 唐傲寒，赵婧娴，韩文轩，等. 北京地区灰霾化学特性研究进展[J]. 中国农业大学学报，2013，18(3)：185-191.

[292] 范引琪，李春强. 1980—2003年京、津、冀地区大气能见度变化趋势研究[J]. 高原气象，2008，27(6)：1392-1400.

[293] 绿色和平和IPCC气象第五工作小组. 雾霾真相——京津冀地区PM2.5污染解析及减排策略研究[J]. 低碳世界，2013，(12)：21-23.

[294] 郭克莎. 中国工业化的进程、问题与出路[J]. 中国社会科学，2000，(3)：60-71.

[295] 祝尔娟. 京津冀一体化中的产业升级与整合[J]. 经济地理，2009，29(6)：881-886.

[296] 陈晓永，张会平. 基于梯度差异视角的京津冀产业同构及成因的新认识[J]. 改革与战略，2012，28(6)：98-100.

[297] 梁晓林，谢俊英. 京津冀区域经济一体化的演变、现状及发展对策[J]. 河北经贸大学学报，2009，30(6)：66-70.

[298] 王宇新. 我国固定资产投资与经济增长之间的关系[J]. 合肥工业大学学报

(自然科学版)，2009，32(8)：1212-1214.

[299] 叶裕民，李彦军，倪稞. 京津冀都市圈人口流动与跨区域统筹城乡发展[J]. 中国人口科学，2008，(2)：57-64.

[300] 张贵军，张蓬涛，周智. 环京津贫困地区退耕调查分析及农户生计出路研究[J]. 林业经济问题，2013，33(1)：45-51.

[301] 刘子倩. 京冀的贫困壕沟[N]. 中国新闻周刊，2010-04-16：21-23.

[302] 陈洁，陆锋. 京津冀都市圈城市区位与交通可达性评价[J]. 地理与地理信息科学，2008，24(2)：53-56.

[303] 张换兆，霍光峰，刘冠男. 京津冀区域科技创新比较的实证分析[J]. 科技进步与对策，2011，28(2)：43-48.

[304] 庄士英，周俊琴，崔艳明. 京津冀区域高等教育现状分析[J]. 党史博采(理论)，2009，(11)：32-33.

[305] 高兵. 京津冀高等教育空间布局与区域发展：关系、特点与构想[J]. 河北经贸大学学报(综合版)，2013，13(3)：106-111.

[306] 钟茂初，潘丽青. 京津冀生态—经济合作机制与环京津贫困带问题研究[J]. 林业经济，2007，(10)：44-47.

[307] 阮加，李欣. 从产业转移与人才转移的互动机制看京津冀区域一体化[J]. 中国行政管理，2011，(2)：71-75.

[308] 冯振环，王莉娜，冯领香. 京津冀都市圈脆弱性水平差异的致因分析[A]. 第十一届全国经济管理院校工业技术学研究会论文集[C]. 西安：教育研究出版社，2012：152-156.

[309] 邢华. 推进京津冀协同发展的理论思考[J]. 前线，2014，(3)：18-21.

[310] 叶峻. 协同发展：可持续发展的创新战略[J]. 烟台大学学报(哲学社会科学版)，1997，(1)：39-47.

[311] 叶峻. 协同发展论与科学发展观[J]. 鲁东大学学报(哲学社会科学版)，2011，28(5)：16-19.

[312] 郑统. 京津冀城市群府际合作面临的阻碍及对策思考[J]. 石家庄城市职业学院教学与研究，2012，8(3)：5-13.

[313] 田勤科，李大林，王玉忠. 河北省京津风沙源区沙化土地治理现状与对策[J].

河北林业科技，2011，(8)：49-51.

[314] 李孟颖. 京津冀区域发展与生态环境控制[J]. 北京规划建设，2012，(4)：48-53.

[315] 李孟颖，朱战强. 京津冀地区面向节水型社会水资源问题初探[J]. 北京规划建设，2013，(2)：110-114.

[316] 封志明，刘登伟. 京津冀地区水资源供需平衡及其水资源承载力[J]. 自然资源学报，2006，21(5)：689-699.

[317] 冯朵. 京津冀区域海水淡化产业的协同发展思考[A]. 2010年度京津冀区域协作论坛论文集[C]. 北京：北京社科联，2010：385-389.

[318] 焦君红，王登龙. 环京津贫困带的环境权利与义务问题研究[J]. 改革与战略，2008，24(1)：96-98.

[319] 孙楠，谢盼. 再探京津冀雾霾[N]. 中国气象报，2013-03-26(003版).

[320] 封志明，杨玲，杨艳昭，等. 京津冀都市圈人口集疏过程与空间格局分析[J]. 地球信息科学学报，2013，15(1)：11-18.

[321] 曾鹏，陈芬. 我国十大城市群等级规模结构特征比较研究[J]. 科技进步与对策，2013，30(5)：42-46.

[322] 李建民. 京津冀城镇化及其与长三角和珠三角的比较[J]. 人口与经济，2014，(1)：3-7.

[323] 谢菲. 中国城市化发展道路评析——以国外大城市"多中心空间模式"为基点[J]. 福州大学学报(哲学社会科学版)，2013，(2)：77-81.

[324] 吴良镛. 京津冀地区城乡空间发展规划研究三期报告[M]. 北京：清华大学，2014：133-148.

[325] 秦艳红，康慕谊. 国内外生态补偿现状及其完善措施[J]. 自然资源学报，2007，22(4)：557-567.

[326] 北京日报评论员. 要在调整疏解非首都核心功能上有新认识[N]. 北京日报，2014-03-07(001版).

[327] 首都经济贸易大学课题组(祝尔娟). 扎实推进京津冀协同发展[N]. 经济日报，2014-04-01(015版).

[328] 周立群. 以产业延伸和功能拓展为主流承接京津产业转移[N]. 天津日报，

2014-05-12(009版).

[329] 陈婧. 京津冀一体化需要建立完善的体制机制[N]. 中国经济时报，2014-04-14(010版).

[330] 江曼琦. 承接首都功能疏解和产业转移实现天津城市定位[N]. 天津日报，2014-05-12(009版).

[331] 周立群，王金杰. 天津"十二五"工业标准化战略的分析与建议[J]. 天津经济，2011，(7)：5-7.

[332] 夏征农，陈至立. 辞海(第6版)[M]. 上海：上海辞书出版社，2010-08.

[333]《中国大百科全书》总编委会. 中国大百科全书(第2版)[M]. 北京：中国大百科全书出版社，2009-05.

[334] 不列颠百科全书公司. 不列颠简明百科全书[M]. 中国大百科全书出版社，译. 北京：中国大百科全书出版社，2005-09.

[335] 中国社会科学院语言研究所. 现代汉语词典(第6版)[M]. 北京：商务印书馆，2012-06.

[336] 中国社会科学院语言研究所. 新华字典(第11版)[M]. 北京：商务印书馆，2011-06.

[337] [英]霍恩比. 牛津高阶英汉双语词典(第7版)[M]. 王玉章，等译. 北京：商务印书馆，香港：牛津大学(中国)出版社，2009-04.

[338] 李柯勇，胡梅娟，马书平. 京津冀都市圈发展纳入国家战略，一体化大势所趋[EB/OL]. http://www. tj. xinhuanet. com/2006-12/30/content_8928153. htm.

[339] 罗丹阳. 关心京津冀协同发展 习近平十个月内分赴三地考察[EB/OL]. http://bj. people. com. cn/n/2014/0228/c233086-20667896. html.

[340] 北京市统计局，国家统计局北京调查总队. 北京市2013年国民经济和社会发展统计公报[EB/OL]. http://www. bjstats. gov. cn/xwgb/tjgb/ndgb/201402/t20140213_267744. htm.

[341] 天津市统计局，国家统计局天津调查总队. 2013年天津市国民经济和社会发展统计公报[EB/OL]. http://www. stats-tj. gov. cn/Article/tjgb/stjgb/201403/24063. html.

[342] 河北省统计局，国家统计局河北调查总队. 河北省2013年国民经济和社会发

展统计公报[EB/OL]. http://gov. hebnews. cn/2014-03/03/content_3810546. htm.

[343] 石家庄市统计局. 2013年1—12月份全市主要经济指标[EB/OL]. http://www. sjztj. gov. cn/col/1302168458427/2014/02/08/1391841607129. html.

[344] 承德市统计局. 承德市2013年国民经济和社会发展统计公报[EB/OL]. http://www. cdtj. gov. cn/index. aspx.

[345] 张家口市政府. 2014年张家口市政府工作报告[EB/OL]. http://zjk. hebnews. cn/2014-01/28/content_3756515. html.

[346] 秦皇岛市政府. 2014年秦皇岛市政府工作报告[EB/OL]. http://www. qhdcm. com/xinwen/2014-02/18/cms126721article. shtml.

[347] 唐山市统计局,国家统计局唐山调查队. 唐山市2013年国民经济和社会发展统计公报[EB/OL]. http://tangshan. huanbohainews. com. cn/system/2014/04/08/011334622. shtml.

[348] 廊坊市统计局. 2013年廊坊国民经济月报(第十二期)[EB/OL]. http://www1. lf. gov. cn/WebSite/Item/51219. aspx.

[349] 保定市政府. 2014年保定市政府工作报告[EB/OL]. 保定频道长城网http://bd. hebei. com. cn/system/2014/02/21/013229274. shtml.

[350] 沧州市统计局,国家统计局沧州调查队. 沧州市2013年国民经济和社会发展统计公报[EB/OL]. http://www. cangzhou. gov. cn/zwbz/zwdt/gggq/268097. shtml.

[351] 承德政府网. 丰宁满族自治县基本情况及产业发展现状、规划[EB/OL]. http://www. chengde. gov. cn/jjhsdjjq/2010-12/29/content_37747. html.

[352] 赵喜斌. 钟南山：雾霾危害甚过非典[EB/OL]. http://scitech. people. com. cn/BIG5/n/2013/0820/c1007-22634199. html.

[353] 肖媛媛. 环保部：个别城市雾霾超200天，京津冀等地最严重[EB/OL]. http://www. chinanews. com/gn/2013/03-15/4648184. shtml.

[354] 赵博. 1月京津冀重污染天气超四成，未来一周持续雾霾[EB/OL]. http://www. he. xinhuanet. com/gongyi/2014-02/21/c_119439124. html.

[355] 孙秀艳. 污染最重城市为何扎堆河北[EB/OL]. http://paper. people. com. cn/rmrb/html/2013-06/17/nw. D110000renmrb_20130617_2-02. html.

[356] 地震百科. 中国地震带分布图[EB/OL]. http://www. cnr. cn/2013zt/yadz/.

[357] 北京市第六次全国人口普查领导小组办公室，北京市统计局，国家统计局

北京调查总队. 北京市2010年第六次全国人口普查主要数据公报[EB/OL]. http://www. bjstats. gov. cn/xwgb/tjgb/pcgb/201105/t20110504_201363. html.

[358] 天津市统计局. 天津市2010年第六次全国人口普查主要数据公报[EB/OL]. http://www. stats-tj. gov. cn/Article/tjgb/pcgb/201105/17511. html.

[359] 张淑会. 合作共建维护京津冀区域生态环境[N]. 河北日报，2009-08-07 (002版).

[360] 张洪河，张涛，霍小龙，等. 京津冀都市圈正在形成"产业悬崖"[N]. 经济参考报，2010-08-09(005版).

[361] 刘莉. 温家宝：只有一流的教育才能培养一流人才建设一流国家[EB/OL]. http://2010lianghui. people. com. cn/GB/181624/11080916. html.

[362] 陈叶军. 京津冀一体化破题关键在平等协同发展 [N]. 中国社会科学报，2014-04-25(A01版).

[363] 中共河北省委，河北省人民政府. 关于推进新型城镇化的意见[N]. 河北日报，2014-04-11(003版).

[364] 新华社. 优势互补互利共赢扎实推进努力实现京津冀一体化发展[N]. 人民日报，2014-02-28(01版).